조선
역사의
비밀 下

이우각 지음

新 진리탐구

이름속에 숨겨진
조선역사 비밀 하
머리말

　이름을 보면 그 사람의 운세를 엿볼 수 있다.

　사주팔자를 놓고 손가락을 짚어보는 일보다도 더 또렷하게 엿볼 수 있다.

　신문의 정치면과 사회면을 채우는 무수한 이름들과 부음란과 인사이동란, 혹은 동정란을 보면 어떤 이름이 출세하고 어떤 이름이 죄인이 되어 세상을 떠들썩하게 하는가를 똑똑히 알 수 있다. 아무나 백년해로하는 것이 아니다. 로또 복권 번호 고르듯이 결혼이 맺어지는 것이 절대 아니다. 오래 살고 잘 지내고 남부럽지 않게 출세하는 일도 그저 가위 바위 보 하듯이 그렇게 아무렇게나 이루어지는 게 결코 아니다.

　이름은 그 사람의 타고난 성품과 운명을 강하게 암시하고 있다.

　성씨와 돌림자를 빼면 겨우 한 글자밖에 안 되는 이름이지만 그 속에는 아무나 볼 수 없는 거울이 있다. 그 거울을 보면 그 사람의 타고난 성격과 그 성격이 만들어갈 진로가 훤히 보인다.

　누구나 그럴듯한 뜻을 지닌 한자를 이름으로 지니게 마련이다.

　하지만 그 그럴듯한 의미 속에서 삶과 부딪치며 만들어낼 어떤 형상을 볼 수 있고 세상과 맞닥뜨리며 만들어낼 두꺼운 더께가 일찌감치 보이게 마련이다.

　하지만 보는 '눈'이 있어야 한다. 신기(神氣)가 발동한 무녀(巫女)처럼, 기억의 창고에서 뭔가를 끄집어내려 안간힘을 쓰는 수험생처럼, 마음과 혼을 집중하는 '지극한 정성과 집중'이 있어야 한다.

조선의 역사를 채워낸 무수한 조상들 중에서 특별히 기억될만한 이름들을 골라 역사적 사실과 각자의 이력을 비교하며 이름과 자(字)와 아호(雅號)를 통해 끈끈한 함수관계를 파헤쳐 보았다. 무릎을 탁 칠만큼 딱 들어맞는 함수관계가 드러나는 일이 너무도 많았다. 혀를 내두를 정도로 기가막힌 함수관계가 맺어진 이름들, 자(字)들, 아호들이 너무도 많았다.

누구나 평생 동안 지니고 사는 '보물 같은 글자'가 바로 이름이다.

좋으나 싫으나 남들이 평생 기억하며 불러주는 이름이다. 성격과 전도를 짐작하고 지어준 자(字)이고 아호(雅號)이다. 따라서 그 속에는 각자의 취향과 목표와 소망이 들어있고 주위 사람들의 기대와 축원이 똬리처럼 칭칭 감겨 있다.

제 이름이 아니라고 함부로 볼 수 있는가?

인생을 결판 짓고 결딴내는 일들이 너무 많다고 이름 따위는 그저 허드렛물처럼 함부로 쏟아버려도 아무 상관이 없다는 말인가?

모든 사람이 귀한 팔자를 타고 난 것이다. 하지만 처한 환경에 따라 한 번 구겨지거나 펴지고, 지닌 성격에 따라 멋대로 오그라들거나 아니면 선로처럼 곧게 펴질 수도 있다.

이름은 분명 각자가 타고난 성격을 강하게 암시하고 있다.

예전 사람들의 자(字)나 아호(雅號)에는 각자의 소질과 취향, 그리고 주위 사람들이 바라본 '그 사람'의 됨됨이와 전망이 뜨거운 김처럼 서려있다.

이름이던 자(字)던 아호(雅號)던, 각자에게는 장기(臟器)만큼이나 소중하고 입, 코, 귀, 눈, 손, 발만큼이나 늘 붙어 다니던 존재들이다.

조선 역사를 새롭게 볼 수 있었다. 조선의 이름들을 살펴보며 조선을 더 잘 알게 되었다.

몇 남매를 두고 얼마만큼 긁어모았느냐나 어느 정도까지 출세했느냐는 별 게 아니었다.

"몇 살에 죽고 어떤 일을 하며 살았느냐?"하는 그 간단한 서술로 한 사람의 평생이 마감되고 말았다.

"잘 살아야 한다!"는 생각이 폐부를 찌를 수밖에 없었다.

"어떻게 살아야 가장 의미있는가?"를 깊이 생각해 볼 수밖에 없었다.

조선의 이름들은 "태어나 죽는" 그 엄연한 두 개의 길 사이에 어지럽게 펼쳐진 낙서 같은 뭔가를 느끼게 해주었다. 오늘날의 총리, 장관에 해당되는 정승, 판서쯤은 되어야 간신히 역사기록에 나타나지만, 그 얼마 안 되는 대표급 이름들 속에서도 "인생의 수수께끼"와 인생의 로또복권이 선명하게 드러났다.

과거를 알아야 현재를 알고 미래를 내다볼 수 있다는 말이 있다.

예전의 대표급 이름들 속에서 역사적 사실 이상의 오묘한 인생이치, 인생 비밀을 캐볼 수 있어야만 비로소 "지혜있는 후손"이라는 말을 들을 수 있을 것이다.

앞으로도 계속해서 이름 속에 든 인생의 비밀과 운명의 열쇠를 엿보고 싶다.

누가 앞장을 서고 누가 뒤로 쳐지는가를 이름으로 뜯어보고 싶다.

누가 평생동안 감옥을 지키고 누가 못된 짓으로 자신과 이웃을 망치는가를 각자의 이름을 통해 미리 미리 내다보고 싶다.

얼굴이나 말씨나 몸가짐이 바로 각자의 명함이고 거울 속 모습이라면, 평생 달고 다니는 이름 또한 틀림없이 글자가 지닌 의미 이상의 그 어떤 비밀을 지니고 있을 것이다.

보고자 하면 보일 것이다. 볼 수 있는 '마음의 눈' 즉, 심안(心眼)을 지니고 있는 이라면 누구나 똑똑히 들여다볼 수 있을 것이다.

"누구든 이름을 들고 오면 그 사람의 어제와 오늘과 내일을 말해 줄 수 있다"며 호언장담할 수는 없지만, 그래도 각자의 타고난 기질과 그 기질이 암시하는 인생진로를 해 뜰 녘 안개 속에서나마 또렷하게 엿볼 수 있다고는 말할 수 있다.

수 십만 년 동안 우리의 선조들도 그런 식으로 "아침 안개를 통해 인생을 보고" 저녁 안개를 뚫어 길을 밝혔었다. 햇살 속에 휩싸여 있다고 어떻게 해가 되려 할 수 있는가?

해도 달도 별도 우리의 손끝에서는 너무도 멀리 멀리 떨어져 있지 않은가?

우리는 그저 우리에게 달아진 "이름"이나 때 낀 손으로 주물럭거리며, 앞도 보고 뒤도 살피고 옆도 가끔 눈여겨보자!

2014년 갑오년 정월

지은이 **이우각**(국제정치학박사, 전문전술가)

이름속에 숨겨진
조선역사 비밀 상

상권에 나오는 내용들

이름속에 숨겨진
조선역사 비밀 하

차례

01 | 조선의 고시, 과거시험
–그것이 알고 싶다

녹명錄名이라는 등록 절차를 마치면 초장, 중장, 종장의 3단계
시험을 치러야 했다. 그리고 최종시험인 문과 전시殿試는 합격,
불합격을 나누는 것이 아니라 33명을 성적순으로 등급을 매기는
시험이었다. 이를테면 33명을 갑과, 을과, 병과로 나눠
각각에 정해진 품계를 주었다.

조선의 엘리트 관료 선발 과정인 과거를 한 번 살펴보자. 양반을 중심으로 교육이 이뤄졌기 때문에 양반에 초점을 맞추고 되돌아보면 대단히 체계적인 교육제도였다고 할 수도 있을 것이다.

여덟 살이 되면 중앙에서는 사학四學에 진학하고 지방에서는 향교鄕校에 진학했다. 그리고 어느 정도 학업이 완성되어 사회에 진출할 준비가 되면 우선 소과小科(생원 및 진사과) 초시初試(보통 1,500여 명을 합격시킴)를 보게 되고 이에 합격하면 소과小科 복시覆試(생원, 진사 각각 100명씩 선발)를 보게 되었다.

소과 복시에 합격하여 생원과 진사가 되면 첫째 성균관에 진학할 자격과 둘째 문과(초시, 복시, 전시의 3단계 절차로 이뤄짐)초시를 볼 자격이 주어졌다.

먼저 문과 초시를 살펴보자.

첫째, 성균관 유생들을 위한 관시館試, 둘째, 서울의 일반 유생과 성균관 진학을 포기한 생원과 진사를 대상으로 한 한성시漢城試, 셋째, 지방 8도에 사는 일반 유생과 성균관 진학을 포기한 생원과 진

사를 대상으로 한 향시鄕試로 분류되어 있었다.

*향시 140명 : 경기, 황해, 함경도에서 각각 10명씩, 강원과 평안도에서 각각 15명씩, 충청과 전라도에서 각각 25명씩, 경상도에서 30명을 선발

관시에서 50명, 한성시에서 60명, 향시에서 140명*을 뽑아 결국 문과 초시에서 250명이 선발되었다.

문과 복시는 문과 초시 합격자 총 250명을 대상으로 치르는데 복잡한 과정을 거쳐 최종적으로 33명을 선발했다. 즉, 250명을 대상으로 구두시험인 조흘강照訖講을 치러 이에 합격하면 비로소 등록 절차를 거치게 했다.

녹명錄名이라는 등록 절차를 마치면 초장, 중장, 종장의 3단계 시험을 치러야 했다. 그리고 최종시험인 문과 전시殿試는 합격, 불합격을 나누는 것이 아니라 33명을 성적순으로 등급을 매기는 시험이었다. 이를테면 33명을 갑과*, 을과*, 병과*로 나눠 각각에 정해진 품계를 주었다.

*갑과 : 3명: 1등은 종6품, 2등과 3등은 정7품을 줌
*을과 : 7명: 전원에게 정8품을 줌
*병과 : 23명: 전원에게 정9품을 줌
*4관 : 서적의 인쇄, 교정, 반포를 맡은 교서관, 교육을 맡은 성균관, 외교문서의 작성을 맡은 승문원, 왕명의 제찬과 사초의 기록을 맡은 예문관을 합쳐서 부르는 말

품계를 주되 실제 직책은 갑과 3명에게만 주었다. 나머지 을과와 병과에게는 4관四館*에 시보(인턴) 즉 권지權知로 일정기간 근무하게 한 후 자리가 나면 충원하는 식이었다.

대과大科에는 문과文科와 무과武科가 있다.

무인을 선발하는 무과도 문과처럼 초시, 복시, 전시의 3단계 절차로 구성되는데, 우선 초시에서는 서울과 지방을 합쳐 270명을 선발했다. 그리고 복시에서는 28명을 뽑은 다음 최종 단계인 전시를 통해 갑과(3명), 을과(5명), 병과(20명)로 등급을 나눴다.

중인 계급을 대상으로 한 잡과는 초시와 복시의 2단계로 되어있기 때문에 복시가 곧 최종시험이었다.

과거시험을 정기 시험(본과本科라고도 함)과 부정기 시험(별과別科라고도 함)으로 나누면, 우선 3년마다 정기적으로 보는 식년과式年科가

있었다.

부정기 시험으로는 증광시增廣試* 별시別試* 알성시謁聖試* 등이 있었다.

현직 관료(당하관)를 대상으로 한 중시는 이유 없이 응시하지 않으면 처벌을 받았다. 보통 3명에서 19명 정도를 선발했다.

합격 등급은 을과 제1등(제1인은 4계급 특진, 제2인과 제3인은 3계급 특진), 을과 제2등(모두 2계급 특진), 을과 제3등(모두 1계급 특진)으로 나눠, 1계급에서 4계급까지 특별 승진을 시켰다. 하지만 정3품 당하관까지로 승진의 한도를 정했다.

정7품 이하는 모두 6품*으로 승진시켰다.

무과의 경우는 문과와 많이 달랐다.

예를 들어 부정기 시험인 알성시와 정시의 경우, 문과는 단 1회로 결판을 내나 무과는 초시, 전시의 2단계 절차를 밟았다. 무과의 2차 시험인 복시에는 무예 이외에 강서*가 있었다.

정기 시험인 식년시 무과의 경우에는 문과와 마찬가지로 초시, 복시, 전시의 3단계가 있었다.

초시에는 훈련원에서 치르는 원시院試(70인 선발)와 지방 8도에서 치르는 향시鄉試(10인에서 30인까지 총 120명 선발)가 있었다.

원시, 향시를 합하여 무과 초시의 총 합격자는 190명이 되는 셈이었다. 최종 시험인 전시에서는 복시를 통해 뽑힌 28인을 갑과(3인), 을과(5인), 병과(20인)로 등급을 매겼다.

전쟁이 나서 무관이 많이 필요할 경우에는 1만여 명까지 합격자를 내는 경우가 있어 무과를 만과萬科로 낮추어 부르는

*증광시 : 나라에 큰 경사가 있을 때나 작은 경사들이 겹칠 때 실시; 소과, 문과, 무과, 잡과 등이 있었음; 초시에서 240명을 선발하고 복시에서 33명을 선발. 전시에서는 갑, 을, 병으로 등급만 매김

별시 : 나라에 작은 경사가 있을 때와 정3품 이하의 당하관을 대상으로 한 중시重試가 있을 때 실시; 문과와 무과만 있었음; 초시에서 300명 내지 600명을 선발하고 복시에서는 3명 내지 30명을 선발. 전시를 통해 갑, 을, 병으로 등급 매김.

*알성시 : 왕이 문묘에 참배한 뒤 명륜당에서 실시; 문과와 무과만 있었음; 문과의 경우 단 한번의 시험으로 당일 날 등락 결정 후 발표. '등록' 절차 없이 아무나 볼 수 있었기 때문에 영조 때는 응시자가 몰려 1만 7천 명이 넘기도 했음.

*6품 : 정3품 이하의 당하관을 다시 6품 이상의 참상관(參上官)과 6품 이하의 참하관(參下官)으로 나눴음

*강서 : 사서오경四書五經 중 하나, 무경칠서武經七書 중 하나, 자치통감, 역대병요(歷代兵要), 장감박의(將鑑博議), 소학(小學), 무경(武經) 중 하나를 각각 희망대로 선택하여 경국대전과 함께 출제

경우까지 있었다.

이런 경우에는 문과와 병행하지 않고 무과만 단독으로 치르고 응시 자격도 완전 개방하여 천민에게도 응시 기회를 주었다. 일이 이에 이르자 사대부의 자제들은 자연히 무과를 기피하게 되었다.

기술 관료의 등용문인 잡과에는 역과譯科(한학, 몽학, 왜학, 여진학), 의과, 음양과(천문학, 지리학, 명과학), 율과 등 4가지가 있었다. 잡과는 정기 시험인 식년시와 부정기 시험인 증광시에만 치러졌다. 잡과에서 향시가 있는 것은 한어과漢語科뿐이었다.

시험과목은 각 과의 전공서적과 경서, 그리고 경국대전을 필수과목으로 했다. 합격자에게는 종7품에서 종9품까지를 주어 해당관청의 권지權知 시보試補로 임명했다.

부정기 시험에는 정시庭試도 있었는데 현직 관료들을 승진시키기 위해서나 성균관 유생들을 격려하기 위해 궁정에서 시험을 치렀다.

*상피제 : 가까운 인척이 근무하는 관청과 연고지 관청에 발령 내는 것을 금하는 인사관리 원칙

상피제相避制*가 적용되지 않아 시험관의 자제나 친인척도 볼 수 있었고 알성시처럼 단 1회 시험으로 당락을 결정지었다. 그러다 보니 부정기 특별시험인 정시는 서울 문벌 자제들의 관계 진출 통로로 활용되게 되었다.

조선 초기(세종 20년 1438년에 폐지)에는 고려 때처럼 열 번 이상 낙방한 응시자(십거부중자十擧不中者로 불렸음)에게 특별히 은전(합격자를 의미하는 출신出身을 줌)을 주는 은사급세恩賜及第가 있었다.

그리고 복시 합격자를 등급매기는 최종 시험인 전시에서 시간이 모자라 미처 답안을 완성하지 못한 경우에는 다음 전시에 다시 응시할 수 있게 했다. 또한 이런저런 이유*로 문과 초시나 복시를 면제시키는 경우, 이를 직부直赴라 불렀다.

*이유 : 성균관 유생들을 대상으로 성균관 최고위직인 대사성이 직접 문제를 내고 시험을 치르게 하는 경우

초시와 복시를 면제받고 최종 시험인 전시로 직행하

는 직부전시인直赴殿試人이 있을 경우에는, 해당자의 이름을 방에 써 붙일 때 병과 합격자의 맨 끝에 열외로 첨가했다.

그리고 문과, 무과, 잡과에 합격하고도 아직 관직에 못나간 이를 일러 출신出身이라 불렀다. 문과와 무과의 최종 시험인 전시 합격자에게는 홍패紅牌를 주고 진사와 생원 시험 합격자에게는 백패白牌를 주었다.

대역죄, 살인죄, 위조죄 등을 저지른 중죄인의 자손이나, 뇌물수수, 관물 유용 등의 죄를 지은 자의 아들에게는 응시 자격을 주지 않았다. 또한 죄를 짓고 평생 관직에 나가지 못하게 된 자나 말썽을 피운 유생들도 시험을 치를 수 없었다. 재가한 여자나 품행이 방정하지 못한 여자의 자손도 응시 자격을 갖지 못했다.

태종 이후 서얼은 시험을 못 치게 되어있었지만 명종(1553년)은 양첩良妾의 자손에 한해 손자 때부터 문, 무과의 응시 자격을 주었고, 인조(1625년)는 천첩賤妾 자손이라 해도 증손자부터는 응시할 수 있게 했다.

향시는 시험관의 상피인을 제외하고는 타도 사람의 응시를 금지했다. 하지만 원적을 속이고 향시를 보는 자가 생기게 되자 영조(1744년)는 원적原籍에 없는 타도인他道人이 향시에 응시할 경우 3식년 즉, 9년 동안 응시 자격을 박탈했다.

두 차례의 왜란 이후 관학이 쇠퇴해지자 효종(1651년)은 재학생 일람표인 도목都目에 이름이 올려 있지 않으면 응시 자격을 주지 않았다. 즉, 서울과 지방의 유생들을 대상으로 소학과 가례, 그리고 4서書 중 1서書를 출제하여 통通, 약略, 조粗, 불不로 채점한 후 조粗 이상을 선발하여 4학四學 혹은 향교에 귀속시켜 면역免役 특전을 주었다. 그리고 청금록靑衿錄이나 유안儒案에 들어 있지 않은 자에게는 과거 응시 자격을 주지 않았다.

과거 때가 되면 서울은 4관원四館員, 지방은 수령이 학교의 재적생 일람표인 도목을 작성하여 시험 장소로 보내 도목에 실려 있는 자만 등록(녹명)을 받아주게 했다.

불미스러운 짓을 저지른 유생이나 성균관 유생들의 자치기구인 재회齋會에서 제적이나 유벌儒罰을 받으면 응시에 제약을 받았다.

부모의 상을 당하거나 종손이 조부모의 상을 당하면 3년상(2년 3개월)이 끝나야 응시할 수 있었다.

초시 합격자가 상을 당했을 경우에는 거주지 수령의 공문을 받아 예조에 제출하면 다음의 복시에 바로 응시할 수 있었는데 이를 진시陳試라 했다. 종친은 1471년 이후부터는 과거를 볼 수 없었다.

수험생은 4조단자四祖單子*와 보단자保單子*를 제출해야 했다. 등록을 접수하는 녹명관錄名官은 수험생을 녹명책에 올린 후 명지名紙*에 답인踏印한 뒤 시험 장소를 배정했다.

수험생은 시험지 머리에 등록시 제출했던 사조단자의 내용을 다섯줄로 적은 후 그 위를 종이로 붙여 봉해야 했다. 이를 피봉皮封 혹은 비봉이라 하고 이런 규약을 봉미법封彌法이라 했다.

수험생들은 시험을 볼 때 여섯자 간격으로 떨어져 앉아야 했다. 답안지 제출은 식년시, 증광시, 별시에서는 밤 9시(인정人定)까지 내야 했고, 당일로 합격자 발표를 하는 알성시, 정시廷試, 춘당대시春塘臺試의 경우에는 2시간(후에는 3시간으로 연장) 동안에 완료해야 했다.

제출된 답안지는 제출한 순서대로 100장씩 묶어 책을 만들고, 시험지의 피봉(수험생의 성명 등을 적은)부분과 제문製文(답안)을 분할한 후 서리書吏에게 제문을 붉은 글씨로 베끼게 했다.

*4조단자 : 자신의 성명, 본관, 거주지와 부친, 조부, 증조부의 관직, 성명 그리고 외조부의 관직, 성명, 본관을 기록
*보단자 : 6품 이상의 조관(朝官)이 서압(署押), 수결(手決)한 신원 보증서
*명지 : 시험지; 수험생이 직접 구입하되 품질이 하하품(下下品)인 도련지여야 했음
*춘당대시 : 선조가 창경궁 춘당대에 나와 과거를 보게 한 데서 시작됨. 최종시험인 전시와 동일하게 취급

이를 역서易書라 했는데, 식년시, 증광시, 별시에서만 그렇게 하고, 왕이 친히 동석하는 알성시, 정시, 춘당대시와 소과小科(생원, 진사시)에서는 역서를 만들지 않았다.

역서가 끝나면 우선 본초本草(본 시험지)와 주초朱草(붉은 글씨로 베낀 답안지)를 대조하여 틀린 곳이 없나 확인한 후 주초만 시험관에게 넘겨주었다.

시험관은 주초를 가지고 채점하여 과科(갑, 을, 병과)와 차次(제1인, 제2인, 제3인)를 정한 후 합격된 시험지에 대해서는 다시 한 번 본초와 주초를 대조했다. 합격자 명단을 왕에게 보고한 뒤 발표했는데, 생원, 진사시와 잡과의 경우에는 합격이라 하고, 문과와 무과의 경우에는 급제及第 혹은 출신出身이라 했다.

합격하면 우선 문과와 무과의 경우에는 근정전에서 홍패를 받고 임금으로부터 어사화御賜花(모화帽花와 개蓋, 일산日傘)와 주과酒果를 하사받았다.

생원, 진사의 경우에는 예조에서 백패를 받고 모화帽花와 주과酒果를 받았다.

문과, 무과의 경우에는 조정에서 은영연恩榮宴(축하연)을 베풀어주었다. 이튿날에는 문, 무과의 경우에는 문과에 장원한 사람의 집에 모여 그의 인솔 하에 임금에게 사은례를 올렸고, 그 다음날에는 무과에 장원한 사람의 집에 모여 그의 인솔 하에 문묘文廟에 알성례를 올렸다.

생원, 진사의 경우에는 첫날에는 생원 장원 집에 모여 그의 인솔 하에 사은례를 올렸고 다음날에는 진사 장원 집에 모여 그의 인솔에 알성례를 올렸다.

소과, 대과를 막론하고 시가행진인 유가遊街를 3일 내지 5일간 할 수 있었다. 지방 출신인 경우에는 고향에 내려가는 날 그곳 수령과

향리들의 환영을 받고 시가행진을 했다. 이를 영친의榮親儀라 했다.

예문관에서는 급제자를 합격 순위에 따라 성명, 본관, 거주지 및 부친의 관직과 성명 등을 적어 반포했는데, 문과와 무과는 용호방목龍虎榜目이라 부르고 생원과 진사의 경우에는 사마방목司馬榜目*이라 불렀다.

다섯 아들들이 모두 급제하는 5자등과五子登科의 경우에는 부모가 생존해 있으면 쌀(세미細美) 20석을 주고 작고 했으면 벼슬을 내려 주었다.

합격, 불합격을 나누는 정도가 아니라 출세하느냐 못하느냐의 갈림길이었기 때문에 갖가지 부정행위가 저질러졌다. 시험장에 잡인의 접근을 금했는데도 왜란 이후 분위기가 느슨해지자 시험지를 베끼는 자, 책을 감추고 가지고 들어오는 수험생들이 왕왕 있었다.

잡인이 너무 많아 밟혀 죽는 예도 있었으니 실로 그 해이된 분위기가 짐작이 가고도 남는다.

잡인(수종인隨從人)을 붙잡으면 수험생과 함께 형조에 보내 수군水軍으로 삼기도 했지만 별로 효과가 없었다.

수험생의 숫자가 너무 많아 시험관이 채점을 건성 건성으로 하는 폐단이 생기자 응시생들도 글을 잘 짓는 사람을 몇 명 데리고 들어와 답안을 상, 하로 나누어 적게 한 뒤 이를 합쳐서 되도록 빨리 제출하고자 다투게 되었다.

일찍 낸 시험지만 정성 들여 채점한다고 보았기 때문에 그러한 폐단이 생겼던 것이다. 어떤 경우에는 시험장의 군졸을 매수하여 자기 시험지를 일찍 낸 쪽에 끼워 넣어 달라고 청탁하기도 했다.

폐단이 어찌나 심했던지 영조 때는 시험관의 허락이 있기 전까지는 제출하지 말라고 엄명을 내렸고, 정조 때는 최소한 3시간이 지나야 답안지를 낼 수 있다고 제한을 가하기도 했다.

시험장 안에 책이나 문서를 갖고 들어가면 2식년式年* 즉, 6년간 응시자격을 박탈했는데도 왜란 이후에는 버젓이 책을 갖고 들어와 베껴 쓰는 이들이 있었다.

그리고 시험장 안에서 남의 답안지를 베끼거나 대리시험을 보게 하면 곤장 100대에 도徒*3년의 형을 주도록 했는데도, 권문세도가의 자제들은 문장가 몇 명을 데리고 들어와 각자 답안지를 완성하게 한 뒤 그 중 제일 잘 된 것을 골라 제출하기도 했다.

혹은 시험장 밖에서 답안지를 쓰게 한 뒤 시험장의 서리나 군졸을 매수하여 그 답안지를 시험장 안으로 가져오게 하기도 했다. 더 심한 경우에는 수험생이 아예 제 집으로 빠져나가 집에서 답안지를 써 오기도 했다.

그 폐단이 얼마나 가관이었던지 영조 때는 면시법面試法이라 하여 합격자 발표 다음날 소과小科와 대과大科의 합격자들을 모두 전정殿庭에 모아 자기 답안지를 암송하면 합격이지만 암송하지 못하면 남이 대신 쓴 것으로 보고 불합격시키겠다고 했다.

참으로 기가 막힌 일은 시험관이 수험생과 짜고 시험문제를 미리 가르쳐주거나 아예 집에 가서 답안지를 써오게 하기도 했다. 그리고 이름이 피봉에 가려진 탓에 답안지에 시험관이 알아보도록 특별한 표시를 하는 방법을 동원하기도 했다.

심지어는 빨간 글씨로 답안지를 베껴 쓰는 서리書吏를 자기가 잘 아는 자로 미리 심어놓고는 '내가 미리 표시해둔 답안지를 잘 골라 내어 베껴 쓸 때 잘 고쳐주시오'라고 당부하기도 했다.

아주 악질적인 케이스는 남의 합격을 가로채는 것이었다. 즉, 감합勘合*할 때 자기 피봉을 남의 합격 답안지에 붙이게 하는 것이다. 이를 절과竊科 혹은 적과賊科라 했다.

*2식년 : 과거보는 해로 3년마다 돌아오는데 12지(支)가 자(子), 묘(卯), 오(午), 유(酉)인 해에 해당

*도 : 5형의 하나인 도형으로 1년에서 3년의 복역을 의미

*감합 : 채점할 때 분할했던 이름 등을 적어 종이로 가린 피봉과 답안인 제문을, 채점 완료 후 합격한 답안지와 피봉을 짝을 맞춰 원래의 모습으로 복원하는 것

이런 개판 시험은 끝내 곪아터져 숙종 때에 두 차례의 과옥科獄(과거시험의 부정으로 일어난 옥사)으로 드러나고 말았다.

지방의 8도에서 보는 향시鄕試의 경우에는 그 부정행위나 폐단이 더욱 심하여 어떤 경우에는 수험생들이 작당하여 시험장을 습격한 후 시험관을 두들겨 패기도 했다.

숙종 때(1699년 10월) 단종을 왕으로 추존하고 이를 경축하기 위해 증광시增廣試를 실시했는데 34명이 최종 합격했다. 그런데 정언正言* 李坦이탄이 부정행위가 있었다며 상소를 올렸다.

*정언 : 사간원의 정6품 벼슬로 간관, 언관, 대간으로도 부름

이로 인해 시험지 바꿔치기 등의 사실이 밝혀져 아예 모든 합격자들을 무효화시킨 적도 있었다.

뿐만 아니라 李濟이제와 尹貴說윤귀열 등은 3년간 병역에 근무하게 했고, 安龜瑞안구서와 崔錫基최석기는 가족과 함께 추방되었다. 자기 주인을 도와 부정행위를 하게 한 종들은 제주도로 보내져 3년 동안 병역에 종사하게 했다. 이 때의 일을 두고 사람들은 기묘과옥己卯科獄(1699년 숙종 25년)이라 부르게 되었다.

이중에서 이제(1654-1724)는 전주 이씨 종친인데 33세의 늦은 나이에 진사가 되고 45세에는 부정행위로 증광시 문과에 장원급제했다. 즉, 공조좌랑에 재직하며 증광시增廣試 문과를 치렀는데 결과는 장원급제였다.

그러나, 이듬해인 46세 때에 남의 답안지를 훔쳐내서 장원급제한 사실이 들통나 그만 탄핵을 받았다. 그렇지만 얼마 안지나 승지로 복귀한 후 그런 대로 벼슬길을 다시 잘 이어갈 수 있었다.

50세 되던 해에는 당상관인 충청도 관찰사를 지냈고, 그 후 황해도 관찰사, 대사성을 거치며 그런대로 잘 나갔지만 55세에 다시 탄핵을 받고 말았다. 다시 이듬해에 승지로 복귀하여 전라도 관찰사와 평안도 관찰사를 지냈다. 58세에는 대사간에 올랐는데 과거시

험의 부정을 임금에게 상소했다가 도리어 자신이 그만 파직되고 말았다.

그러나 10년 뒤인 68세 때에 대사간으로 복직했다가 70세 되던 해에 소론이 실각하자 그도 개마고원이 있는 갑산甲山으로 귀양 가서 다시는 복귀하지 못하고 그곳에서 죽고 말았다.

그래도 그는 글쓰기를 좋아한 탓에 자신의 아호를 딴『성곡유고 星谷遺稿』와『관서일기關西日記』를 남겼다.

『성곡유고』는 당대의 지인들과 나눴던 편지 등을 모은 책이고, 『관서일기』는 자신이 평안도 관찰사(56세 때부터 58세 때까지)를 지낼 때 기록한 정무일기인 셈이다.

그가 편지를 나눴던 지인들 중에는 최명길의 손자로 자그마치 8 번이나 영의정을 지낸 여덟 살 위인 崔錫鼎최석정(1646-1715)도 있고, 71 세에 중추부판사를 지내고 78세로 장수한 열네 살 위인 趙相愚조상 우(1640-1718)도 있다.

최석정은 55세에 영의정이 되어 '장희빈을 처형하는 것은 절대 안 됩니다' 라고 강력하게 주장했다가 유배를 갔었고, 조상우는 35 세 때에 스승인 송준길이 삭탈관직 당하자 洪得雨홍득우와 함께 반대하는 상소를 올렸다가 유배를 갔었다.

이제 부정행위로 장원 급제한 일이 뒤늦게 들통나 탄핵을 받았음에도, 큰 탈 없이 승승장구하다가 끝내 70세로 귀양지에서 객사하고만 이제에 대해 살펴보자.

이제(濟건널 제)라는 이름은 들이닥친 위기를 무사히 잘 넘기고 얼른 다시 일어서서 끝끝내 목적한 바를 이루고야마는, 그런 적극적인 성격을 암시한다. 어쩌면 그의 과거시험 부정행위도 수단방법을 안가리고 목적을 향해 내달리는 그의 톡톡 튀는 성격에서 기인했는지도 모른다.

자는 경인(景별 경 仁어질 인)이고, 아호는 성곡(星별 성 谷골 곡)이다. '밝은 기질에 어진 마음씨'라는 자의 의미는 아마도 그가 지향하던 생활자세를 암시하고 있을 것이다. 그리고 '별빛이 가득한 골짜기'라는 아호는 그가 마음속으로 그리던 이상향을 나타내고 있다.

이름에서 암시되듯 타고난 성품은 욕심도 많고 위험을 무릅쓰는 배짱도 있는 편이다. 그러나 자에서 암시하는 자기 노력으로 고비를 넘기려는 끈기나 억척스런 기질이 별로 없었던 것 같다. 아호에서 나타나듯 가고자 하는 길은 멀고 이루고자 하는 목표는 너무 높아 휴먼 네트워킹에 주력하는 처세술에만 지나치게 의지했던 것 같다. 그 결과 가장 중요한 일생일대의 고비인 과거시험에서 그만 부정행위를 저지르고만 것이다.

金成一김성일이란 자는 과거科擧와 인연이 없어 기이하고 슬픈 일에 얽히고 말았지만, 억울하게 죽은 아버지의 혼령이 도와 그나마 벼슬길도 열리고 나라 임금의 총애도 받을 수 있었던 사람이다.

36세의 늦은 나이에 과거를 보려고 서울에 간 사이에 아버지가 숙부의 노복인 金伊김이에게 피살되셨다는 슬픈 소식을 듣게 되었다.

그는 과거시험 준비로 그 많은 세월을 죽인 것을 안타까워하면서도 아버지의 억울한 혼령을 위로해 드려야 한다는 일념으로 모든 걸 접고 고향으로 내려왔다. 동생 성구를 데리고 숙부 댁으로 찾아가 음침한 곳에 숨어 있는 노복 김이를 죽이고 그의 부모도 자식을 잘못 둔 죄를 물어 함께 없애버렸다.

형제는 그 길로 담양부潭陽府를 찾아가 부사에게 자수했다. 부사는 이를 전라도 감사에게 알리고 감사는 다시 서울의 조정에 보고했다.

담양에서 올라온 특이한 연쇄 살인사건 소식을 접한 조정 대신들과 당시 34세의 인조 임금은 형제의 효심을 높이 사 용서해 주는 것이 좋겠다고 결론을 내렸다.

더욱이 형인 성일은 후일 조정 대신들이 추천하여 관직에 나가게 되었다. 살인은 분명히 중죄로 다스려야 하나 아버지의 원수를 갚기 위해 살인한 것이니 그 효심을 살인보다 높이 보는 것이 좋겠다고 하여 기회를 준 것이다. 그리고 과거를 놓쳤으니 천거 케이스로 벼슬길을 열어주는 것이 좋겠다고 의견을 모았던 것이다.

살인을 하고도 임금의 특사를 받고 벼슬자리까지 얻었으니 김성일과 과거시험은 참으로 기이한 인연을 맺고 있었던 셈이다.

김성일은 43세에 병자호란이 일어나 나라가 풍비박산이 나자 임금을 남한산성으로 호종했다. 그 공로로 그는 선전관이 되었다.

뒤에는 중년을 훌쩍 남긴 나이임에도 무과에 응시하여 급제하기도 한 그는 오위도총부五衛都摠府 경력經歷(종4품 행정 실무직)을 역임한 뒤 영원寧遠 군수와 삭주도호부사朔州都護府使(삭주는 압록강 근처에 위치)를 지내고 65세에 생을 마쳤다.

김성일(成이룰 성 一한 일)의 자는 응건(應응할 응 乾하늘 건)이고, 아호는 세한재(歲해 세 寒찰 한 齋재계할 재)이다.

'오로지 한 길을 걷는다' 는 이름에서 단단한 각오와 동요하지 않는 단호한 결의를 엿볼 수 있다. 타고난 성격이 외곬으로 파고드는 스타일이었을 테니 어떻게 종에게 죽은 아버지의 억울한 혼령을 가만히 보고만 있었겠는가.

그의 자의 의미가 참으로 비장하다. '하늘의 뜻에 전적으로 따른다' 는 의미이니 그는 머뭇거리는 동생에게 '원수를 갚는 것은 천륜이다. 법을 지키는 것은 그저 인륜일 뿐이니 너와 나는 천륜을 따르자' 고 설득했을 것이다.

'하늘 건乾' 에는 하늘도 있고 임금도 있으니, 그는 결국 하늘의 뜻을 좇는다며 살인을 했다가 뜻하지 않게 임금의 뜻에 따라 용서를 받고 벼슬을 시작하게 되었던 것이다.

벼슬에 나서서는 아호에서 암시되듯 그는 격한 가슴을 차게 식히고 차가운 머리, 차가운 이성으로 살자며 자신을 수없이 가다듬었을 것이다.

'세월을 차게 식히는 경건한 장소'라는 아호의 의미가 그를 잘 붙잡아준 탓에 그는 아마도 큰 탈 없이 65세의 짧지 않은 생애를 나름대로 잘 살았을 것이라 짐작된다.

그는 사람을 셋이나 죽인 손과 가슴과 눈길을 늘 붙들어 매고 억눌러 주저앉히며, 무사의 길을 걸어 나라와 임금의 은혜에 보답하고자 부단히 애썼을 것이다.

그래서 김성일은 과거시험과 맺어진 슬픈 인연을 조상의 음덕과 임금의 은혜로 해피 앤드로 끝낼 수 있었다.

02 조선의 해외파 인사들

민영환은 특명 전권 공사로 러시아 황제 니콜라이 2세의
대관식에 참석하여, 근대화와 자유화에 쫓기고 있는 무너져 내리는
동토凍土 제국을 엿보았다. 그 후 내친김에 미국과 영국을 둘러보고
이어 일본을 두루 살펴본 후 귀국했다. 36세에는
6개국(영국, 독일, 프랑스, 이탈리아, 오스트리아 등)의 특명을 띤
전권 공사가 되어 영국의 여왕의 즉위 축하행사에 참석했다.

명나라와 청나라를 오고간 이들이 모두 해외파에 해당된다고 볼 수 있다. 그리고 일본을 다녀온 이들이나 네덜란드인들인 박연 일행과 하멜 일행을 만나 간접적으로라도 여러 견문을 넓힌 이들이 모두 넓은 의미의 해외파에 속한다고 볼 수 있을 것이다.

그러나 여기서는 적극적으로 해외 문물을 배우고 익혀 조선에 심고 뿌리려 했던 선각자들만을 손꼽아보고자 한다. 물론 기록에 나오지 않는 수많은 해외파들이 있었을 것이다.

왜란과 호란으로 인해 포로로, 혹은 인질로, 혹은 노예로 끌려가고 붙잡혀간 이들이 그 얼마나 많았겠는가. 역사의 뒷장에 숨어있는 이야기들이 역사의 전면에 기록된 이야기들보다 훨씬 더 많을 것이다.

명성황후 민씨의 친척인 閔泳翊민영익(1860-1914)은 여러모로 흥미진진한 이력을 가지고 있는 인물이다.

17세에 과거에 급제하여 관직에 나갔으니 보통의 양반 자제들보다 최소한 십여 년 가까이 빨리 벼슬길을 시작한 셈이다.

22세에 임오군란*으로 살던 집이 박살이 났는데도 군란이 수습

된 후 그는 사죄사절謝罪使節로 일본을 방문하여 '군란으로 일본 공사관이 습격당하고, 별기군 교관 호리모토 레이조(굴본예조掘本禮造) 소위 등 일본인 13명이 살해된 것에 대해 심심한 유감을 표합니다' 라며 극구 사죄해야 했다.

그가 23세에 전권 대신으로 미국에 갈 때 일본 게이오의숙義塾에서 수학하고 귀국하여 외무랑관外務郎官으로 있던 27세의 俞吉濬유길준(1856-1914)과 도화서圖畵署(예조에 속한 탓에 예조판서가 최고 책임자인 제조를 겸했음) 화원畵員(직업화가)으로 있던 40세의 楊基薰양기훈이 동행했다.

양기훈은 미국 풍속 화첩을 남겼고, 유길준은 미국에 남아 보스턴대학에서 수학하고 2년 뒤인 29세에 귀국했지만 개화당의 일원이 아니냐는 공격을 받고 옥에 갇히게 되자 옥중에서 『서유견문西遊見聞』 집필(39세에 탈고)을 시작했다.

민영익의 미국 여행으로 두 사람(유길준, 양기훈)의 해외파가 역사의 전면에 등장하게 되었던 것이다.

민영익은 그 후 일본에 망명 중인 金玉均김옥균(1851-1894)을 죽이기 위해 자객을 밀파하는 등 개화당 탄압에 앞장서다가 고종을 폐위시키고자 음모를 꾸몄다는 공격을 받았다. 그는 홍콩으로 망명하여 일년 내내 후텁지근한 그곳에서 54세로 생애를 마쳤다.

유길준은 '아관파천' 으로 친러파가 득세하자 40세의 나이로 일본으로 망명했다가 51세 되던 해에 순종 임금의 특사를 입어 귀국했다. 54세에 조선을 강제로 합친 일본제국이 '남작' 에 봉했으나 그는 단호히 거절하고 빼앗긴 나라의 앞날을 걱정하며 58세로 눈을 감았다.

민영익(永헤엄칠 영 翊도울 익)의 자는 우홍(遇만날 우 鴻큰 기러기 홍)이고, 네 개나 되는 아호는 각각 '향초 이름 운미(芸향초 이름 운 楣문설주 미),

죽미(竹대 죽 楣문설주 미), 원정(園동산 원丁네째간 정), 천심죽재(千일천 천 尋찾을 심 竹대 죽 齋재계할 재)이다.

이름에는 '헤엄친다' 는 의미와 '날개로 날아간다' 는 의미가 포함되어 있다. 해외파에 딱 어울리는 이름인 셈이다.

자의 의미 또한 심상치 않다. '멀리 날아가는 커다란 철새를 우연히 만난다' 는 의미이니 자신이 먼저 하늘을 날아가야만 어디에선가 우연하게 만날 수 있지 않겠는가. 조선반도에 태어난 그가 어떻게 그런 범상치 않은 자를 지니게 되었는지 참으로 신기하기만 하다.

네 개의 아호들을 살펴보자. '이상한 풀로 출입구를 장식한다' 는 운미芸楣, '대나무로 문설주를 댄다' 는 죽미竹楣, '동산에 사는 씩씩한 사내' 라는 원정園丁, '하늘에 높이 솟아 수많은 것들을 찾고 있는 대나무가 있는 곳' 이라는 천심죽재千尋竹齋에서 유별나게 대나무와 문설주가 등장하는 것을 볼 수 있다.

대나무는 높이 솟는 성질과 멀리 뻗어나가는 특성이 있다. 문설주는 누가 뭐라 해도 들어오고 나가는 출입구인 셈이다.

앞의 두 아호는 결국 출입구를 특이한 풀로 장식한다, 출입구에 대나무를 덧대 리모델링한다는 의미로 풀어볼 수 있다. 그리고 뒤의 두 아호는 새로운 땅을 갈아엎고 흙을 잘 골라 아름다운 동산을 만든다는 뜻과 대나무처럼 높이 솟아올라 더 멀리 내다보고 더 많은 것들을 바라본다는 뜻을 지니고 있다.

역시 해외파다운 아호들이다. 비록 말년을 무더운 이국의 남방홍콩에서 두렵고 외로운 가운데 살아야 했지만, 많은 것들을 새롭게 체험하며 이국적인 온갖 풍물에 흠뻑 빠졌을 것이다.

유길준(兪길할 길 濬칠 준)의 자는 성무(聖성스러울 성 武굳셀 무)이고, 아호는 구당(矩굽은 자 구 堂집 당)이다.

먼저 그의 이름을 자세히 보면 '도랑을 깊이 쳐내서 새로운 일을 도모한다'는 의미이니 어떻게 일본과 미국을 넘나들지 않을 수 있었겠는가. 그저 순수하게 연구하기만을 좋아했으니, 500년을 넘겨 유지된 한 왕조가 망하는 격변기에서도 그나마 목숨을 부지할 수 있었을 것이다.

일본과 청나라와 러시아가 멋대로 넘나드는 그 세계적 혼란기에서 목숨을 부지하려면 그저 순수 해외파로 남아 신기하고 배울 것 많으니 연구한다는 자세를 지켜나가는 것이 상책이었을 것이다.

자는 '완벽하고 도도하다'는 의미이니 일본과 미국을 가장 많이 알면서도 배우고 돌아오는 그 주인 자세, 주인으로서의 자존심을 끝끝내 지키지 않았을까.

선진 이국 문물에 현혹되기보다는 어떻게 하면 내 나라에 가져다 심을까 하며 응용하고 정착시키는 쪽에 보다 큰 관심을 두었을 것이다.

'잣대로 다시 재서 새로운 아이디어를 구체화시킨다'는 뜻의 아호는 뭐든지 리모델링한다는 의미이니, 가장 바람직한 해외파 기질을 지니고 있었던 셈이다. 즉, 아이덴티티(identity)가 아주 확실한 해외파였던 것이다.

중년의 나이에 미국을 여행하고 『미국 풍속 화첩』을 그려 남긴 양기훈(基터 기 薰향풀 훈)은 '새로운 곳을 꿈꾸는 풀'이라는 이름 뜻에서 이미 해외파다운 취향이 느껴진다.

그리고 그의 치남(痴어리석을 치 南남녘 남) 자에서 보듯이 '다들 어리석다고 해도' 가보지 않은 미지의 땅인 미국을 마음속으로 그리며, 잔뜩 호기심에 부풀어 올라 흔쾌히 따라나섰을 것이다.

세 개의 아호는 각각 '돌이 바람과 비와 세월에 깎이고 변하듯 그렇게 순리대로 산다'는 석연(石돌 석 然그러할 연), '강물에 누운 채

떠내려가는 인어 한 마리' 라는 패상어인(浿강이름 패 上위 상 魚물고기 어 人사람 인), '물 속 바윗돌처럼 온갖 풍상에도 꿈쩍 않는 늙은 어부' 라는 석연노어(石돌 석 然그러할 연 老늙은이 노 漁고기 잡을 어)이다.

역시 해외파다운 사고의 탄력과 기이한 것을 그대로 받아들이는 생활자세가 물씬 풍겨난다. 여유를 지니려 애쓰는 스타일이니 가다가 죽을 수도 있고 가서 죽어 못 돌아올 수도 있는 그 위험하고 지루한 여행길을 스스로 택한 것이다.

마음속에 이미 가보지 않은 땅과 보지 못한 새 하늘이 생생하게 들어있었던 셈이다.

조선의 해외파라면 누가 뭐라 해도 閔泳煥민영환(1861-1905.11)과 閔泳瓚민영찬을 빼놓을 수 없을 것이다. 두 사람은 친형제임에도 형인 민영환이 여섯 살 때에 큰아버지인 閔台鎬민태호(1834-1884)의 양자로 입적되었기 때문에 생부인 閔謙鎬민겸호(1838-1884)를 떠나야 했고 친동생인 민영찬과도 헤어져 살아야 했다.

민영환과 민영찬은 다 함께 17세의 어린 나이로 과거에 급제했다. 형은 정시 문과에, 아우는 알성시 문과에 합격했는데 똑같이 병과 합격이다. 나이가 어린 탓인지 갑과나 을과에 속하지 못하고 20여 명이 넘는 병과에 속했다.

형인 영환이 21세 때, 동생인 영찬이 9세 때에 생부인 민겸호가 구식 군대 강경파에게 경우궁景祐宮*앞에서 피살되고 말았다.

고종이 개화파의 강압에 의해 경우궁으로 옮겨 와 있었으니, 갑신정변이 일어난 밤에 개화파가 동원한 행동대원들에게 피살된 민태호, 민겸호 형제와 閔泳穆민영목(1826-1884), 趙寧夏조영하*등의 수구파는 결국 임금이 묵고 있던 사당 앞에서 날카로운 비명을 남긴 채 죽어갔던 것이다.

*경우궁 : 순조의 생모이자 정조의 후궁인 수빈 박씨의 사당. 임금의 후궁들이 죽으면 위패를 종묘 대신 별묘를 지어 안치했음
*조영하 : 1845-1884; 헌종의 생모이자 순조의 정비인 신정왕후(神貞王后) 조대비의 조카

형 영환은 비록 큰아버지인 민태호에게 입적된 처지였지만 생부가 피살되자 모든 걸 때려치우고 3년 동안 생부의 묘소를 지켰다. 26세에 예조판서, 27세와 28세에 병조판서 두 차례, 32세와 33세에 형조판서 두 차례 등등 실로 전형적인 벼락출세요, 대단한 승승장구였던 셈이다.

특명 전권 공사로 러시아 황제 니콜라이 2세*의 대관식(1894년)에 참석하여, 근대화와 자유화에 쫓기고 있는 무너져 내리는 동토(凍土) 제국을 엿보았다.

*니콜라이 2세 : 1868.5. 18-1918.7.17; 304년간 이 어진 로마노프 왕조의 마지막 황제

그 후 내친김에 미국과 영국을 둘러보고 이어 일본을 두루 살펴본 후 귀국했다. 36세에는 6개국(영국, 독일, 프랑스, 이탈리아, 오스트리아 등)의 특명을 띤 전권 공사가 되어 영국의 빅토리아 여왕*의 즉위 60주년 축하행사(1897년)에 참석했다.

그의 다양한 해외 경험은 결국 그를 외척 세력인 여흥 민씨(명성황후의 친정 식구들) 일족의 수구적 국정운영에 반기를 들고 그 대신 독립협회를 노골적으로 후원하게 만들었다. 그 결과 그는 친척들의 미움을 받아 파면당하게 되었다.

30대 중반 이후에는 그의 다양한 해외 경험이 오히려 그를 슬럼프에 빠뜨리고 말았던 셈이다. 결국 그는 일본 제국의 조선 침탈을 전면에서 막지 못하고 이후 10여 년 동안 실세의 위치에서 밀려나 허세로 머물 수밖에 없었다.

그가 44세에 일본의 노골적인 속셈을 보게 되었다. 1905년 늦가을에 '을사보호조약'이 맺어지자 그는 78세의 趙秉世조병세(1827-1905.12.1 '표훈원'에서 음독 자결)와 함께 백관을 인솔하고 대궐로 들어가 임금(고종) 앞에서 '굴욕적인 조약을 파기하기 전까지는 절대로 물러설 수 없습니다. 통촉하옵소서'라고 간청하려 했으나 일본 헌병들의 방해로 무위로 돌아가고 말았다.

집으로 돌아와 마음을 정리한 후, 부디 조선의 독립을 지켜주소
서 라고 천지신명 앞에 눈물로 빌며 자결했다.

동생 영찬은 22세 되던 해(1895년)에 명성황후의 주선으로 미국 유
학을 떠났으나 그 해 가을에 황후가 일본의 낭인들에 의해 비참하
게 시해 당하자(을미사변), 그는 모든 걸 접고 급히 귀국했다.

자신을 총애하던 황후의 억울한 혼령을 가슴에 품고 그는 젊은
열정을 다해 개화운동에 뛰어들었다.

그후 27세 되던 해(1900년)에는 프랑스 파리에서 열린 만국박람회
특파 대사로 임명되어 19세기 인류 문명의 발자취를 일목요연하게
정리해 놓은 파리 만국박람회를 둘러보았다.

29세에는 주 프랑스 공사가 되어 유럽의 심장부인 파리에 입성
했다. 이듬해에는 적십자 회원이 되어 스위스에서 열린 국제적십
자회의에 참석하여 평화와 박애를 지향하는 인류의 헌신을 체험
했다.

1905년 늦가을에 을사보호조약이 체결되어 일본의 야욕으로 조
선의 독립이 유명무실해지자 그는 32세의 젊은 나이로 정계를 은
퇴했다. 친형인 민영환의 자결이 그를 조기은퇴로 내몰았던 것이
다.

격변기를 온몸으로 헤쳐나가야 했던 형제의 이야기는, 대단원의
막을 내리고 있던 조선의 슬픈 이야기이자 급류를 타고 정신없이
흘러가던 동북아시아의 이야기였던 셈이다.

형인 민영환(泳헤엄칠 영 煥불꽃 환)은 벌써 '헤쳐나가야 길이 열리는
운세' 라는 이름 뜻에서 그의 가파른 생애를 짐작할 수 있다. 그리
고 '다양한 색깔을 지니되 항상 같아지고자 애쓴다' 는 문약(文무늬
문 若같을 약)이라는 자에서는 그의 온유하고 겸손하나 한없이 강직
하고 엄숙한 선비기질과 무인기질을 동시에 엿볼 수 있다.

생부(민겸호)와 양부(민태호)를 함께 생각해야 하고 열두 살 아래인 친동생(민영찬)과 한살 위인 이복형(민영익:1860-1914)을 똑같이 아껴야 했을테니, 자연히 성격과 처세가 외유내강형으로 굳어지게 되었을 것이다.

그의 아호는 계정(桂계수나무 계 庭들 정)이다. '계수나무가 있는 뜰'이니 겉으로는 부드러워 누구나 접근 가능해도, 속으로는 자신만의 높은 이상을 고이 간직한 채 자신의 이상을 지키기 위해 끊임없이 노력했을 것이다.

이름은 위기에 강한 야심만만한 기질을 암시하고, 자는 강한 독자성을 지니되 남과 같아지고자 노력하는 화합의 리더십, 민주적 카리스마를 보여준다. 그리고 아호에서는 세상의 너저분하고 시끌시끌한 시시비비와 잇속다툼을 벗어나 세상과 자연과 삶의 비밀스러운 이치를 깨닫고자 하는 버릴 수 없는 소망을 말하고 있다.

역사의 분수령에 놓여 고심하는 대표적인 해외파의 비장한 마음가짐까지를 어렴풋이 엿보게 한다.

동생 민영찬(泳헤엄칠 영 瓚옥으로 만든 제기 찬)의 자는 국보(國나라 국 寶보배 보)인데, '귀하게 태어났으나 세상에 잘 쓰이지 못해 결국은 이상한 결말로 끝나게 된다'는 이름에서 그의 뜻대로 잘 안 되는 답답한 삶의 발자취를 엿볼 수 있다.

하지만 특이한 자의 의미에서 그가 지향하는 바가 은근히 대단하고 거창하다는 것을 짐작해 볼 수 있다. '나라의 보배, 나라를 지키는 귀신'이라는 뜻이니, 그 얼마나 목표하는 바가 엄청났겠는가. 실로 조선의 대표적인 해외파, 조선의 마르코 폴로로서 그는 참으로 많은 계획과 포부를 지니고 있었을 것이다.

선진 각국의 문명을 두루 살피며 조선의 피폐하고 고루한 모습을 바꿔놓고자 했을 테니, 실로 혁명가적인 생각으로 똘똘 뭉쳐 있었을 것이다.

나라의 보배가 되어 나라를 더욱 보배롭게 만들어 놓고자 했지만 열두 살 위인 친형이 44세로 자결하자 조선의 운명은 이미 끝이 났다고 결론짓고 32세의 젊은 나이로 세상을 아예 등지고 살기로 마음먹게 되었던 것이다.

꼭 십 년 전에 일본 깡패들에게 무자비하게 죽고만 조선의 국모(명성황후 민씨)를 가슴에 지니고 살았던 그에게, 그가 늘 존경하며 따르던 친형의 비장한 자결은 더 이상 감당할 수 없는 슬픔으로 다가왔을 것이다.

아홉 살 때 겪은 아버지의 비참한 죽음, 스물두 살에 겪은 국모의 비극적인 최후, 그리고 서른두 살에 당한 친형의 비장한 자결…

아무리 견문이 넓고 생각과 지혜가 깊고 높아도, 더 이상 참아 넘기기 어려웠을 것이다.

무엇으로 연속적인 비극과 꼬리를 물고 이어지는 슬픔의 고리를 뛰어 넘을 수 있었겠는가? 사랑하는 이들의 죽음 앞에서는 실로 백약이 무효였을 것이다.

맨손으로 별을 딴 조선의 여인들

장희빈의 아들 '윤'이 세자로 책봉되고 꼭 4개월만에 인현왕후 민씨가
왕비의 자리에서 쫓겨나 친정으로 거처를 옮기게 되었다.
22세의 젊디젊은 여인이 하루아침에 임금의 곁으로부터 일반백성의
자리로 그 신세가 돌변하고만 것이다. 이로써 희빈 장씨의
신데렐라 꿈은 새로 깔아놓은 아스팔트처럼 시원하게 뚫리고 말았다.

조선이라고 왜 신데렐라가 없었겠는가.

어느 왕조, 어느 시대에서나 신분의 벽을 뛰어넘어 급부상 한 예
는 실로 부지기수일 것이다. 하지만 평범한 여인에서 왕의 부인으
로까지 그 신분과 팔자가 급변하는 경우는 아마도 열 손가락으로
꼽을 정도에 그칠 것이다.

조선 왕조의 넘볼 수 없는 둥지이자 아지트인 대궐에서 기적적
인 신분향상을 이룬 여인들이 있었다.

조선의 여인들은 두 가지 통로를 통해 품계로 표시된 벼슬을 하
게 되어 있었다. 임금의 여인들은 내명부內命婦의 품계를 받았다. 반
면에 임금의 아버지 쪽 친척들인 종친과 일반 문·무관의 여인들
은 외명부外命婦의 품계를 받았다.

내명부 품계에도 엄연히 두 종류가 있어서 관리직 여인들과 진
짜 왕의 여인들을 엄격히 구별했다. 즉, 관리직에 해당하는 궁관宮
官(궁녀)과 진짜 왕의 여인들인 내관內官이 있었다.

먼저 왕의 여인들인 내관을 살펴보자.

정1품 빈嬪, 종1품 귀인貴人, 정2품 소의昭儀, 종2품 숙의淑儀, 정3품

소용昭容, 종3품 숙용淑容, 정4품 소원昭媛, 종4품 숙원淑媛이 있었다.

결국 왕의 여자들은 정1품에서부터 종4품의 품계를 받은 고위직 여관女官(여성 관료)이었던 셈이다.

관리직 여성들인 궁관 즉, 궁녀에는 정5품인 상궁尙宮에서 종9품 주변관奏變官까지로 품계가 비교적 넓게 퍼져 있었다.

상궁의 우두머리가 제조상궁提調尙宮인데 그 어떤 경우이든 종4품 이상으로 그 품계가 올라갈 수는 없었다. 물론 이들 관리직 여성 관료들은 품계가 없는 하층 궁녀*들을 관리하며 내명부에 속한 모든 일들을 책임지고 처리했다. 상궁尙宮 이하의 궁녀를 상공尙功으로도 불렀다.

> *하층 궁녀 : 내명부에 속한 내인(內人) 혹은 홍수(紅袖)들의 세숫물을 담당하는 무수리

세자궁에도 내명부 품계가 주어졌는데, 임금과 마찬가지로 세자의 여인들과 세자궁의 심부름꾼들로 정확히 나뉘어졌다.

먼저 세자의 여인들에는 양제良娣(종2품), 양원良媛(종3품), 승휘承徽(종4품), 소훈昭訓(종5품)이 있었다. 그리고 세자궁을 관리하는 내명부 행정직으로는 수규守閨(종6품), 수칙守則(종6품), 장찬掌饌(종7품), 장정掌正(종7품), 장서掌書(종8품), 장봉掌縫(종8품)이 있고 종9품에 해당하는 장장掌藏, 장식掌食, 장의掌醫가 있었다. 세자궁에도 물론 품계가 주어지지 않는 하층 궁녀들이 많이 있었을 것이다.

이제 외명부의 품계(남편이나 아버지의 품계를 따라 봉작)를 받은 여인들을 살펴보자.

우선 임금의 적녀, 서녀인 공주, 옹주는 품계品階를 초월한 무계無階로 다뤄졌다.

정1품 부부인府夫人*, 종1품 군부인郡夫人*과 봉보부인奉保夫人*, 정2품 군주郡主, 종2품 현주縣主*, 현부인縣夫人*, 정경부인貞敬夫人*, 정부인貞夫人*, 숙부인淑夫人*, 숙인淑人*, 혜인惠人*, 순인順人*….

> *정1품 부부인 : 임금의 적자인 대군의 처와 왕비의 친정어머니
> *종1품 군부인 : 임금의 서자인 왕자 즉, '군'의 처
> *봉보부인 : 임금의 유모
> *정2품 군주 : 왕세자의 적녀
> *종2품 현주 : 왕세자의 서녀; 왕세자가 왕이 되면 옹주로 승격하고 남편은 종2품을 받음
> *현부인 : 정, 종2품인 종친의 처

*정경부인 : 정, 종1품
문, 무관의 처; 공주, 옹
주, 부부인, 임금의 유모
인 '봉보부인'과 동격
*정부인 : 정, 종2품 문,
무관의 처
*숙부인 : 정3품 문, 무
당상관의 처
*숙인 : 종3품 문, 무 당
하관의 처
*혜인 : 정, 종4품 종친
의 처
*순인 : 정6품 종친의
처

남자들의 품계 못지않게 여성들에 대한 품계 또한 대단히 체계적임을 알 수 있다. 일단 첩의 소생이나 남편이 살아 있을 때 개가한 여자는 품계에서 제외시켰다.

또한 남편의 사후에 개가를 하면 남편이 살아있을 때 주었던 봉작을 박탈했다. 그리고 2품 이상의 외명부는 본관本貫과 읍호邑號를 붙이도록 허락했다. 예를 들면 '여흥 민씨 부부인府夫人'으로 부르는 식이다.

종친에 대한 관리도 대단히 체계적이었다. 임금의 부계父系 친척을 이르는데, 적자 자손의 경우에는 4대 손까지, 서자 자손의 경우에는 3대 손까지 '군君'으로 봉하여 종친으로 예우했다.

3,4대 손을 지나 종친의 한계를 벗어나면 일반 문, 무관의 자손들과 똑같이 취급했다.

양민 출신의 첩에서 난 종친은 품계를 1등급 낮추고 천민 출신의 첩에서 난 종친은 품계를 2등급 낮추었다.

조선의 품계는 의외로 복잡해서 한 번에 선명하게 꿰기가 그리 수월하지 않았다. 정1품부터 종9품까지 퍼져 있으니, 18품계로 이뤄진 듯해도 사실은 종6품부터 정1품을 다시 상계와 하계로 양분했으니 정확히 말하면 30품계였던 셈이다.

정3품 상계 이상은 당상관, 정3품 하계부터 종6품까지는 당하관 참상參上으로 불렀다. 정7품부터 종9품까지는 참하參下 혹은 참외參外로 불렀다.

이제 조선의 신데렐라를 골라보자. 먼저 후궁에서 중궁(중전)으로 올라간 임금의 여인들을 살펴보자. 조선의 519년 역사에서 단 여섯 명만이 그런 식의 샛별운세를 타고났었다.

제5대 문종文宗비인 현덕왕후 권씨, 제8대 예종睿宗의 계비인 인순왕후 한씨, 제9대 성종成宗의 두 번째 계비인 정현왕후 윤씨, 제10대 중종中宗의 계비인 장경왕후 윤씨, 제19대 숙종肅宗의 후궁인 희빈禧嬪 장씨가 그런 기적의 운세에 해당된다.

먼저 문종(1414-1452; 재위=1450-1452)비 현덕顯德왕후 권씨(1418-1441)의 스토리를 풀어보자.

열네 살에 세자궁의 궁녀로 들어와 세자의 눈에 들어 승진을 거듭했다. 우선 종4품 승휘承徽가 되었다가 곧 이어 종3품 양원良媛이 되었다.

당시 어진 임금님으로 통하던 세자의 아버지 세종은 이미 두 명의 세자빈을 내쫓은 상태였다. 김오문의 딸인 휘빈 김씨는 세자가 15세 때인 1429년에 폐위되고 봉여의 딸인 순빈 봉씨는 세자가 22세 때인 1436년에 폐위되었다. 투기가 심하다는 이유와 행실이 방정하지 못하다는 이유로 대궐에서 쫓겨난 것이다.

권씨는 결국 한창 때인 19세에 23세의 세자와 짝꿍이 되어 꿈에 그리던 세자빈에 책봉되었다. 하지만 호사다마好事多魔인지, 권씨는 23세에 요절하고 만다. 아들(단종)을 낳고 산후병으로 죽고 말았던 것이다. 9년 뒤에 세자가 문종으로 즉위하자 왕비로 추봉되었지만 그녀의 불행은 거기서 끝나지 않았다.

아들이 11살에 왕(단종)이 되었지만 14살에 38세의 삼촌(수양대군)에게 쫓겨나 허수아비 신세인 상왕으로 물러앉아야 했다.

임금으로 올라앉은 삼촌은 신하들의 매서운 눈치가 두려워 어린 조카를 다시 상왕上王에서 노산군魯山君으로 강등시키고 말았다. 사육신, 생육신의 불사이군不事二君의 충성서약에 겁을 잔뜩 집어먹고 말았던 것이다. 그후 수양대군보다 아홉 살 아래인 작은삼촌 금성대군*이 유배지인 경상도 순흥에서 순흥부사 이보흠과 함께 어린 조카(단종)의 복위를 모의하다 들통나자, 다시 한 번 서인庶人으로 강등되고 말았다.

*금성대군 : 1426-1457; 세종의 6남으로 11살에 제1차 왕자의 난에 희생당한 방석芳碩의 후사로 입적됨

그 뒤로도 여러 차례 차라리 자결하라는 강요를 받다가 16살 되던 해에 억지로 인연이 닿게 된 '영월'에서 쓸쓸히 죽고 말았다.

그래도 그의 부인(정순왕후 송씨 : 1440-1521)은 소생이 없는 상태로 81세까지 장수했다.

자그마치 세 임금들(세조, 예종, 성종)이 연이어 바뀌고, 한 폭군(연산군)이 12년만에 쫓겨나는 것을 지켜본 후 또 다시 새 임금(중종)이 들어와 15년간 통치하는 것을 보았다.

단종이 왕에서 쫓겨나자 예조판서로 있던 친정 동생 권자신도 '조카를 다시 왕에 앉혀야 한다'며 사육신과 은밀히 모의하다 처자와 함께 고문을 받았다.

그는 쫓겨난 왕의 외삼촌이라는 이유로 사지가 찢기는 거열형車 列刑을 당했다. 도대체 그녀의 무엇이, 한 때는 그녀를 왕비의 자리에까지 밀어 올렸다가 얼마 뒤에는 휙 몸을 돌려 그녀와 그녀 주위의 피붙이들을 모조리 비참한 지경으로 내몰았는가. 현덕황후 권씨의 친정아버지의 이름은 전(專오로지 전)이다.

일체의 사심이 없이 오로지 맏딸의 행복만을 위해 살았던 친정 아버지였을 것이다. 그러기에 어린 딸을 세자궁으로 들여보내 일찌감치 대궐의 내명부에 올려놓았을 것이다.

임금의 여인이 되어 타고난 고귀한 운세를 마음껏 펼쳐보라며 어린 딸의 가녀린 등을 마구 떠밀었을 것이다.

남편인 문종은 이름이 향(珦옥 이름 향)이고, 자는 휘지(輝빛날 휘 之갈지)이다.

이름은 문종의 '단아한 성품'을 의미하고, 자는 겨우 2년 3개월로 왕의 자리에서 사라지는 덧없는 운세를 암시한다.

자는 '빛을 길게 늘어뜨리며 사라지는 혜성'을 생각하게 하는 의미이니, 곧 큰 이변이 생길 조짐을 미리 엿보게 해 준 셈이다.

결국 진평晉平에서 함평咸平으로, 다시 함양咸陽에서 수양首陽으로 대군大君 칭호가 바뀐 동생(수양대군, 세조 : 1417-1468)의 야심과 패기에 부부(문종과 현덕왕후 권씨)가 함께 단단히 주눅이 들었던 셈이다.

수양대군의 자는 수지(粹순수할 수 之갈 지)이니, 불순물이 전혀 없는 순수함을 유지한다는 의미인 셈이다.

결국, 순수함을 고집하는 살아 있는 동생(수양대군)이 빛나고자 꿈꾸다가 죽은 형(문종)을 날름 통째로 삼켜버린 것이다. 분명히 살아 숨쉬고 있다는 것 자체가 바로 힘이고 백이다.

예종의 부인이 된 안순安順왕후 한씨의 경우를 살펴보자.

세자의 후비로 뽑혀 소훈昭訓(세자궁 내명부로 종5품)에 책봉되었다가 정비인 장순章順왕후*가 인성仁城대군을 낳고 요절하자 세자빈에 간택되었다.

*장순왕후 : 1445-1461; 한명회의 딸로 성종비 공혜왕후의 11세 위 언니

세자로 있던 해양海陽대군 晄황이 18세에 왕(예종 : 1450-1469)이 되자 그녀도 당연히 안순왕후에 봉해졌다. 하지만 왕이 13개월만에 요절하자 그녀 앞에는 갑자기 먹구름이 몰려들기 시작했다.

그녀는 51세 된 시어머니 정희貞熹왕후(세조비) 윤씨(1418-1483)가 당대의 권력 실세인 54세 된 韓明澮한명회(1415-1487)와 짜고 이상야릇한 게임을 했던 것이다.

겨우 스무 살에 불과한 그녀는 속수무책으로 그저 지켜보고만 있어야 했다. 시어머니는 38세 된 남편(수양대군, 세조)을 도와 어린 조카를 몰아내고 왕이 되게 했던 맹렬 여성이었다. 1455년 10월 10일 밤으로 거사일자를 잡았지만 그만 비밀이 누설되고 말았다.

남편은 뒤로 미루고자 했지만 그녀는 오늘밤에 해치워야 한다며 머뭇거리는 남편에게 손수 갑옷을 입혀주며 성공을 빌어 주었던 것이다. 실로 대담한 여장부였던 셈이다.

시어머니는 결국 그녀의 세 살 된 아들인 제안齊安대군(1466-1525)을 건너 뛰어 완전히 새 판을 짜고 있었던 것이다. 그녀는 그러한 시어머니의 엉뚱한 게임을 속절없이 지켜보고만 있어야 했다.

의경懿敬세자*와 소혜昭惠왕후* 한씨 사이에는 월산군月山君(1454-1489)과 자산군者山君(1457-1494)이 있었다.

*의경세자 : 예종의 형으로 1457년 9월에 요절;후일 덕종으로 추존
*소혜왕후 : 1437-1504; 남편이 덕종으로 추존되자 인수(仁粹)왕비에 진책(進冊)됨. 손자 연산군이 폭력을 가해 그 후유증으로 죽음
*공혜왕후 : 1456-1474; 자산군이 열 살 때 열한 살로 부부가 되었으나 소생 없이 18세로 요절
*평원대군 : 1427-1445; 세종과 소헌왕후 심씨의 8남 2녀 중 하나로 18세에 천연두로 죽음

그런데 시어머니는 겨우 12세 된 둘 째 자산군(성종)을 새 임금으로 앉혔던 것이다. 실세 정객이었던 한명회는 자신의 딸이 이미 자산군의 부인(공혜왕후)*이었기 때문에 15세 된 월산군을 건너뛰어 열두 살 된 어린 자산군을 적극적으로 밀었던 것이다.

시어머니는 그녀의 둘째 아들(예종)을 대신해 조선왕조 최초로 수렴청정을 했던 야심만만한 여성정치가였다. 아니나 다를까, 그녀는 어린 손자를 새 임금(성종)으로 앉힌 후에도 7년간이나 수렴청정을 하며 막강한 실세로 군림했다.

안순왕후 한씨의 외아들인 제안대군(1466-1525)은 17세에 평원대군*의 양자로 입적되었다.

그는 金守末김수말의 딸과 朴仲善박중선의 딸을 각각 본처와 재취로 맞았지만, 32세 되던 해에 어머니가 40대 후반의 나이로 타계(1498년 연산군 4년)하자 평생 여색女色을 멀리하고 오로지 학문에만 전념했다.

친정아버지 韓伯倫한백륜(1427-1474)은 17세의 어린 나이로 과거에 급제하여 다양한 관직을 거치며 승승장구했다. 35세에 딸이 예종비로 책봉되는 것을 지켜보았고, 42세에는 우의정에 올라 어린 나이로 임금이 된 성종을 열심히 보필했다.

비록 47년간의 길지 않은 생애였지만, 사위(예종)가 왕으로 있던

13개월 동안이 그나마 가장 긴장되고 위급한 순간이었다.

27세에 병조판서를 지낸 영웅 남이 장군과 영의정 강순 등이 연루된 역모사건을 해결할 때가 가장 힘들고 괴로웠다.

친정아버지 한백륜(伯맏 백 倫인륜 륜)의 자는 자후(子아들 자 厚두터울 후)이고, 아호는 의암(毅굳셀 의 菴풀이름 암)이다.

'인륜을 가장 중요시하는 사람'이라는 이름 뜻에서 알 수 있듯이 그는 아주 반듯하고 올곧은 인품을 지니고 있었을 것이다. 아마도 융통성이 약간 부족한 아주 고지식한 사람이었는지도 모른다.

자의 의미는 '후손이 잘 되기를 간절히 바라고 죽은 뒤에도 후손을 돕는 혼령이 된다'는 식으로 풀어볼 수 있을 것이다. 그리고 아호는 '여간한 비바람에도 결코 꺾이거나 눕지 않는 억센 풀처럼 산다'는 의미로 해석해 볼 수 있을 것이다.

후손을 지극히 생각하는 자와 강인한 의지를 과시하는 듯한 아호에서, 시집간 딸에 대한 친정아버지의 한없는 사랑을 읽을 수 있다.

스무 살 전에 청상과부가 되어 세 살 난 어린 아들을 보살피게 된 딸을 생각하며, 마흔 두 살의 친정아버지는 수많은 밤을 긴 한숨으로 지새웠을 것이다. 친정아버지의 애끓는 염려 덕분에 그녀도 오십 가까이 살 수 있었고, 그녀의 외아들 또한 59세까지 잘 살 수 있었을 것이다.

그녀의 큰동서인 덕종비 소혜왕후*는 스무 살에 청상과부가 되어 67세로 장수했지만, 며느리 윤씨를 폐위시켜 사사한 탓에 폭군 중의 폭군인 손자(연산군)의 주먹질과 욕설에 그만 욕된 목숨을 단축하고 말아야 했다.

*소혜왕후 : 1537-1504; 성종의 생모로 인수대비로 불림

하지만 그녀(안순왕후)는 친정아버지의 음덕으로 폭군 연산군이 아직 제 정신을 잘 차리고 있을 때(1498년 연산군 4년)에 생애를 마쳐, 천

만다행으로 핏빛으로 물든 붉은 진흙탕에 몸과 마음을 마구 더럽히지 않아도 되었다.

연산군의 생모인 폐비 윤씨도 사실은 전형적인 신데렐라였다.

집현전集賢殿 교리敎理와 봉상시奉常寺* 판사判事를 지낸 함안 윤씨 尹起畎윤기견(기무起畝라는 기록도 있음)의 딸로 태어나 친정아버지가 작고한 뒤 성종의 후궁인 숙의淑儀*가

*봉상시 : 시호, 제사 등을 담당하는 관청
*숙의 : 종2품 내명부 후궁 작호

되었다.

성종은 16세였고 윤숙의는 그보다 몇 살 위였다. 성종의 정비인 공혜왕후(1456-1474; 한명회의 딸)가 아이를 못 낳은 채 18세로 요절한 터라 윤숙의에게는 실로 별을 딸 수 있는 절호의 찬스였던 셈이다.

중전中殿*이 죽고 없는 무주공산無主空山 상태의 내명부에서 방금 막 성년에 이른 임금의 사랑을 독차지하며 후궁에서 당당히 중전마마의 자리로 냉큼 뛰어 오를 수 있었다.

*중전 : 왕비의 거처인 중궁전中宮殿의 준말로 곤전坤殿 혹은 중궁中宮이라고도 부르는데, 왕비를 높여 부를 때 중전中殿이라 했음.

곧 이어 떡두꺼비 같은 아들까지 낳고, 말 그대로 인생역전을 이룬 '임금의 여자'가 되었다. 숙의가 된지 3년만에 중전(왕비)마마도 되고 아들 濦 융(연산군)도 낳았으니, 아무리 지엄한 대궐 분위기라 해도 그녀를 가로막을 장애물은 사실상 거의 없어진 셈이었다.

그 때 성종은 19세의 팔팔한 예비청년이었고, 윤씨는 스무 살이 약간 넘은 여러모로 원숙한 여인이었다. 하지만 아직 젊은 탓인지 아니면 타고나기를 그렇게 타고난 것인지, 중전 윤씨는 안하무인이었다. 질투가 워낙 심해 후궁들을 공연히 못살게 굴었다.

임금이 자신보다 몇 살 아래라고 친정 동생 다루듯이 했다. 그녀에게는 실제로 후일 참판을 지낸 尹濯윤구라는 친정동생이 있었다.

그러한 그녀를 가리켜 '후궁들을 독살하고 임금까지 죽이려는 악독한 계집이다. 독약을 왜 지니고 있겠느냐? 상감마마의 몸에 할

퀸 자국을 내놓고도 전혀 뉘우칠 줄 모르는 못된 계집이다. 왕비감이 전혀 아닌데 왕위를 이어갈 왕자가 없던 터라 공연히 서둘러 왕비에 책봉한 것이 크나큰 불찰이었다'는 것이 대궐 한 구석의 중론이었다.

그녀와 늘 부딪치는 이들은 그렇게 문제 있는 여자로 보았지만, 나머지 대다수 대신들은 좀 달랐다. 즉, 그녀를 잘 모르는 명분론자들은 '왕위를 이어갈 왕자를 낳은 왕자의 생모가 아니냐? 작은 실수나 과오는 일시적인 흠이지만 장차의 일을 생각하면 그렇게 속전속결로 단순하게 처리할 일이 절대 아니다'라며 폐비 결정을 최대한 미루거나 막아보려 했다.

비상(독약)을 숨겨둔 일은 그런 대로 변명의 여지가 있었다. 자기는 전혀 모르는 일이라며, 누군가가 자기를 모함하려고 일부러 자기의 소지품 속에 숨겨놓은 것이라고 극구 부인하면 왕자를 낳은 중전이라는 이유만으로도 중전에서 빈嬪으로 강등되는 모욕을 모면할 수 있었던 것이다.

그러나 임금의 얼굴을 할퀸 일은 물증이 너무도 확실하고 알리바이도 아무 소용이 없었기 때문에 결국은 인정할 수밖에 없었다.

성종은 어머니(소혜왕후였던 인수대비 한씨 : 1437-1504)의 단호한 반대에 부딪쳐 어찌해 볼 도리가 없었다. 내명부 품계를 모두 떼어내고 일반 서민으로 바꿔 일단 친정으로 내보내는 수밖에 없었다.

중전마마에서 폐비 윤씨로 처지가 급전직하急轉直下하고 말았던 것이다. 하지만 왕자를 낳은 아주 특별한 임금의 여자였기 때문에 대궐 분위기가 호전되고 시어머니(인수대비 한씨)의 진노가 누그러지면 다시 제 자리로 돌아갈 가능성은 아직 열려 있었다.

더욱이나 시어머니 자신도 일개 수빈 한씨에서 죽은 남편 의경세자懿敬世子*가 아들(성종)의 즉위 후 덕종德宗으

*의경세자 : 아들이 왕이 되기 12년 전인 1457년 9월에 20세로 요절

로 추존되자 덩달아 인수왕비로 승격된 처지였다.

하지만 분위기가 이상하게 흘러갔다. 폐비 윤씨를 다시 왕비로 복위시키느냐, 아니면 죄인으로 다스려 사약을 내려야 하느냐의 문제를 놓고 대궐 대신들의 의견이 점차 시끄러워지기 시작했던 것이다.

그 일로 국론이 분열되고 민심도 흉흉해져가는 분위기였다. 성종은 결단을 내려야 한다고 생각했다. 조정 대신들의 명분론, 동정론도 일리가 있지만 그보다는 스무 살에 청상과부가 되어 세 살 위의 형 월산군과 자신만을 믿고 살아온 홀어머니의 반대를 먼저 생각해야만 했다. 그리하여 3정승과 6조 판서들과 대간을 두루 다 모아 놓고 결론을 짓고 넘어가자며 단호한 자세를 내보였다.

결론은 '사가에 나가서도 좀처럼 뉘우치거나 바로잡지 못하고 여전히 방자하게 굴고 있다니 복위를 운운할 때가 아니다. 사약을 내려 자결하도록 함으로써 해묵은 문제와 시비를 매듭짓고 넘어가는 것이 좋겠다. 어린 왕자를 위해서나, 나라를 위해서나, 임금의 심적 고통을 덜어주기 위해서 일은 빨리 처리하는 것이 좋겠다.'는 쪽이었다.

좌승지 李世佐이세좌로 하여금 사약을 폐비 윤씨의 사가로 가지고 가 어명을 속히 집행하도록 했다.

숙의 윤씨에서 중전마마로 승격되었던 신데렐라 윤씨는 자신의 칼칼한 성깔과 짧은 인내심 때문에 끝내 남편이 내려준 사약을 마시고 피를 토하며 죽고 말았던 것이다. 결국 역사 속에 폐비 윤씨로 기록되고만 것이다.

비록 죽은 후 십수 년이 지나 왕이 된 아들이 아버지 성종 임금의 유훈을 깡그리 무시한 채 무덤을 옮겨 회릉懷陵이라 고쳐 짓고 제헌왕후齊憲王后로 부르게 했지만, 그 억지로 만든 역사는 잠시 한 때로 끝이 나고 진짜 역사는 여태껏 '폐비 윤씨'로 기록해 놓고 있지 않은가.

그리고 아들이 왕이 된 지 정확히 십년(1504년 연산군 10년;갑자사화)만에 윤씨를 죽도록 방관하거나 적극적으로 분위기를 만들었던 대신들이 모조리 도륙당하게 되었지만, 그런 뒤늦은 복수의 살육전이 대체 무슨 소용이란 말인가.

공연히 무수한 주검들을 무덤에서 다시 깨워 부관참시함으로써 떠돌이 귀신들만 양산하고, 부랑 귀신과 노숙 귀신만 많이 만들어낸 것이 아닌가. 도대체 무엇이 신데렐라 윤씨를 폐비 윤씨로 전락시켜 놓은 것인지 궁금하다.

친정아버지의 이름 때문인가?

윤기견이건 윤기무이건 '일어날 기起'와 '밭고랑과 밭이랑을 뜻하는 '밭도랑 견畎'과 '밭이랑 무畝'로 이뤄진 이름이다. 우선 앞의 글자는 벌떡 일어나 급히 달려가는 모습을 연상시킨다.

또 다른 글자는 '너른 밭을 일궈 풍요로운 들판으로 바꿔놓는' 그 억척스러운 팔뚝과 끝이 다 닳아서 햇볕에 번쩍 번쩍 빛나는 농기구를 떠올리게 한다.

친정아버지의 이름에는 새 지평을 여는 패기와 욕심을 내다 스스로 피로해지는 운세가 함께 깃들여 있다. 급한 성격과 여간해서 차지 않는 욕망이 같이 들어있다는 뜻이다. 아마도 그는 자신의 삶도 그런 식으로 이끌었을 테고 딸에게도 은근히 그런 식으로 살기를 원했을 것이다.

패기와 욕망! 칼과 방패를 들고 나간 것이 아니라 한 손에는 칼, 다른 손에는 창을 들고 나간 꼴이다. 공격에는 쓸모가 있는 기질이지만 막상 방어하게 될 때는 무용지물이 되고 마는 기질인 것이다. 일개 궁녀에서 종2품 숙의로, 그리고 품계가 아예 없는 무품계의 왕비로 올라서기까지는 양날의 공격력이 꽤나 쓸모 있었을 것이다.

그러나 상황은 그렇게 녹녹하지가 않았다. 우선 젊고 예쁘고 섹시하기까지 한 엄嚴숙의, 정鄭숙의 등의 후궁들이 임금을 에워싸고 있었다. 그리고 무엇보다도 스무 살에 청상과부가 되어 왕비가 못 된 채 영원한 세자빈으로 머물게 된 40세의 시어머니도 어디 얼마나 잘하나 두고 보자며 날을 세우고 있었지 않은가.

보통의 시어머니가 아니었다.

대국인 명나라에도 든든한 백이 있던 특이한 가문 출신이었다.

친정아버지도 좌의정을 지낸 韓確한확(1403-1456)이지만, 특이하게도 고모가 명나라 황제인 성조(영락제)*의 비(여비麗妃)가 된 터라 조선 조정에서도 아주 어려워하는 가문이었다.

*성조(영락제): 1360.5.2 -1424.8.5; 주원장 즉, 명 태조 홍무제의 4남으로 북경에 자리잡은 연왕 燕王이었으나 16세로 제 2대 황제가 된 조카 '건문제'를 3년에 걸친 내전으로 제거하고 42 세에 제 3대 황제에 올라 수도를 남경에서 북경으로 천도. 만주, 베트남, 티베트, 일본, 몽골, 타타르, 동아프리카에 이르는 광활한 지역에 영향력 미침. 5차례나 직접 군대를 이끌고 원정에 나섰다가 끝내 64세 진중에서 죽음.

덕분에 친정아버지는 14살의 어린 나이로 명나라에 가서 '광록시光祿寺 소경少卿'이라는 벼슬까지 달고 왔고, 그 이후에도 어려운 일이 있을 때마다 명나라에 가서 남달리 공을 많이 쌓았다.

수양대군이 어린 조카 단종을 몰아내고 스스로 왕이 되었을 때는 찬탈이 아니라 양위를 받아 왕이 된 것입니다 라고 해명하고 귀국하다가 도중에 53세로 객사했다. 실로 막강한 친정(청주 한씨)을 배경으로 업고 있던 유별난 시어머니였다.

그녀의 친정아버지 이름이 '굳을 確확'이니, 그 단단히 박힌 바윗돌을 무슨 수로 파낼 수 있었겠는가.

속으로는 단단하되 겉으로는 부드럽게 하라는 친정아버지의 신신당부 덕분에, 시어머니는 자신의 시어머니(1418-1483; 정희왕후 윤씨;세조비)가 대단히 유별난 여인이었음에도, 별 탈 없이 잘 적응했던 것 같다. 남편 없이 두 아들(월산군과 후일 성종이 된 자산군)을 키우면서도 65세로 타계할 때까지, 아마도 며느리 역할을 잘 해냈을 것이다.

시어머니는 또 67세로 죽었으니, 자신의 시어머니보다 정확히 두 해를 더 산 셈이다. 그래도 52세에는 35살 먹은 큰아들(월산군 정)이 먼저 죽고 57세에는 35살 먹은 둘째 아들(성종)이 먼저 타계했으니, 비록 67년의 결코 그렇게 길지 않은 생애였지만 가슴에 못을 많이 박으며 고달프게 살았던 셈이다.

조선의 신데렐라를 꿈꾸던 윤씨는 끝내 폐비 윤씨로 종치고 말았지만 '까마귀 날자 배 떨어진다'고 남의 불행 속에서 또 하나의 행운이 싹을 틔우기도 하는 법이다.

윤씨가 중전의 자리에서 쫓겨나 폐비 윤씨가 되자 파평 윤씨 집안에서 새로운 신데렐라가 떠오르게 된 것이다.

11세 때에 다섯 살 위의 세자(성종)를 만나 내명부 숙의淑儀로 들어와 있던 아가씨인데, 그녀가 17살 되던 해에 중전(함안 윤씨)이 사가로 폐출되자 곧이어 왕비로 떠오르게 되었다.

마침내 파평 윤씨 집안의 그녀는 이듬해 18살로 23세의 임금(성종)을 섬기는 중궁전, 즉 중전(정현왕후貞顯王后; 1462-1530)이 되었다.

마음이 얼마나 따뜻했던지 세자(연산군)가 비록 자신보다 14살 어렸지만, 자신의 친아들처럼 애지중지 아껴 주었다. 성격이 본래 포악했던 연산군마저도 후일 정현왕후 윤씨를 친어머니로 알고 지냈다고 했을 정도이니, 그녀의 현명함과 성격을 익히 미루어 짐작해 볼 수 있을 것이다.

그녀의 외아들(1488-1544; 진성대군; 중종)이 세자(연산군)가 12살 되던 해에 태어났으니, 최소한 12년간은 친아들처럼 돌볼 수 있었을 것이다. 아마도 그녀의 그런 현명함 때문에 폭군 중의 폭군인 연산군도 12살 아래의 이복동생(진성대군)을 견제하지 않고 잘 지낼 수 있었을 것이다.

친정아버지의 이름이 '성채를 에워싼 깊은 도랑처럼 철저히 보호해 준다'는 의미인 호(壕해자 호)이고, 자는 숙보(叔아재비 숙 保지킬 보)이다.

참으로 신기하지 않은가. 이름에는 둘레를 에워싸 함부로 접근하지 못하게 보호해 준다는 의미가 들어있고, 자에는 항상 젊음을 유지하며 끝끝내 잘 보살펴 주고 잘 도와준다는 의미가 들어있다.

친정아버지 윤호는 딸이 11살 어린 나이로 내명부 숙의가 되자 느닷없이 과거볼 생각을 했었던 것 같다. 딸이 14살이 되던 해에 52세로 과거를 보아 급제했다.

하지만 이듬해에 정3품 벼슬인 병조의 참지參知가 된 것으로 보아 아마도 그는 과거보기 이전부터 관직에 나와 있었던 것 같다.

*돈령부 : 종친과 왕실의 외척을 예우하기 위해 만든 관청

곧 이어 종2품인 공조참판이 되고 64세에는 정1품인 돈령부敦寧府* 영사領事가 된다.

70세에 우의정을 지내고 왕비가 된 딸이 34세 일때 72세로 타계했다.

뒷날 연산군을 몰아내고 임금이 되는 외손자는 겨우 여덟 살이었다. 그는 결국 자신이 눈을 감기 전에 보았던 8살의 외손자와 34세의 딸의 앞날을 비록 혼령이 되어서라도 정말 완벽하게 지켜주고 있었던 것이다.

그 덕에 딸은 조선의 신데렐라(정현왕후)가 되었고 외손자는 임금(중종)이 될 수 있었을 것이다.

딸은 비록 32세에 과부가 되었지만 44세 되던 해에 18세 아들이 임금(중종)이 되는 것을 보고, 그 이후 24년 동안 임금이 된 아들의 효도를 받으며 잘 살다가 68세로 신데렐라의 멋진 인생역전을 마무리 지었다.

친정아버지의 완벽한 보호가 얼마나 탄탄하고 든든했던지 친정 오빠 尹湯老윤상로(1508년에 사망)마저도 죽을 고비를 무사히 잘 넘길 수 있었다. 자신의 어처구니없는 바보짓으로 하마터면 죽을 뻔했는데도 아무 탈 없이 잘 넘기고 곧 재기할 수 있었다.

훈련원訓練院 부정副正(종3품)으로 있을 때 매제인 성종이 37세로 타계했는데 그는 무관의 괄괄한 기질 때문인지 그만 기생을 끼고 술을 마시며 흥청망청 놀았던 것이다.

아니나 다를까, 그는 대간臺諫*의 탄핵을 받고 파면당해 4년여 동안 참으로 별 볼일 없이 지내야 했다. 칼자루에 녹이 시뻘겋게 쓸도록 할 일 없이 세월만 흘려보내고 있었던 것이다.

*대간 : 국왕 직속의 사간원司諫院 관리인 간관諫官과 사헌부司憲府 관리인 대관臺官을 합쳐서 부르는 말

하지만 완벽하게 보호해 준다는 아버지의 이름과 자의 든든한 뒷받침에 의해 4년 후에는 세자익위사世子翊衛司(세자 경호 및 호위를 책임짐)의 우익위右翊衛(정5품)로 복직되었다. 그리고 7년 뒤인 연산군 말기(1505년)에는 공조 참의參議(정3품)에 올랐다.

그는 여동생의 아들이 희대의 폭군인 연산군을 몰아내고 18세로 당당히 왕(중종)이 되는 것을 보고 나서 2년 뒤에 타계했다.

철저히 보호한다는 尹壕윤호의 이름과 자가 결국 딸과 외손자를 각각 왕비와 왕으로 세우고, 아들을 죽을 고비에서 살려내 끝까지 벼슬길을 잘 걸어가게 만들어 준 것이다.

매제가 죽었을 때 기생을 끼고 놀다가 탄핵받은 아들은 과연 어떤 기질의 사람이었을까.

이름이 윤상로(湯물흐를 상 老늙은이 로)의 뜻은 '물이 흘러가듯이 느긋하게 산다'이고, 자는 '제대로 관리를 안 해 허름해지고 더러워진 집'을 의미하는 상경(商헤아릴 상 卿벼슬 경), 아호는 '제대로 관리를 안 해 허름해지고 더러워진 집'을 의미하는 나헌(懶게으를 나 軒추녀 헌)

이다.

　무과시험에 장원급제한 무관인 탓인지 이름이나 자나 아호가 모두 안정감보다는 그저 개성과 독특한 취향만 물씬 묻어난다. 풍류와 여유를 좋아하면서도 다른 한편으로는 벼슬에 대한 집착과 의욕이 실로 대단하다.

　아무 것에도 매이고 싶지 않으면서도 다른 한편으로는 잔머리를 굴려 잇속을 챙기고자 하니, 매제의 상 즉, 국상을 당한 신하의 처지에서 무엄하게도 기생과 놀아나고만 것이다.

　다행히도 32세의 여동생은 죽은 임금의 계비이고, 70세인 아버지는 우의정의 자리에 있었다. 정말 살아서는 한없이 든든한 아버지였고, 죽어서는 눈물겹도록 고마운 조상귀신이었다. 홀로 된 딸(정현왕후)과 못난 아들(윤상로)과 폭군의 위태로운 그림자 속에 있는 외손자(진성대군,중종)를 완벽하게 보호해 준 대단한 조상귀신이었다.

　연산군의 이복동생인 진성대군(1488-1544)은 일단 18세에 반정에 성공하여 왕이 되었지만 개인적으로는 아주 복잡한 문제를 안고 있었다.

　그 여러 가지 문제들 중에서도 가장 큰 고민거리는 조강지처 신씨에 대한 반정공신들의 부정적인 의견이었다.

　신씨의 고모는 연산군의 부인이고 좌의정이던 친정아버지 愼守勤신수근은 '당신의 사위인 진성대군을 새 임금으로 옹립하려 하니 반정에 함께 참여합시다' 라는 박원종의 제안을 거절했다가 자신의 형제들과 함께 반정세력들에 의해 살해되고 말았다.

　반정에 성공하여 남편인 진성대군이 왕이 되자 곧 이어 왕비(단경왕후;1487-1557)에 책봉되었지만 조정 분위기가 워낙 험악하게 돌아가 이듬해에 그만 친정으로 쫓겨나야 했다.

　이런 비극적인 스토리를 딛고 새로운 신데렐라가 탄생했으니, 그녀가 바로 장경왕후 윤씨였다. 그녀는 15세의 나이로 폭군을 몰아내고 새 임금이 된 중종의 후궁(종2품 숙의)이 되었다.

그런데 이듬해에 그녀는 용꿈을 꾸게 되었다. 입에 여의주를 물고 눈물을 흘리는 용을 가녀린 손으로 어루만져 위로해 주는 한 소녀를 꿈속에서 보게 된 것이다. 그리고 그녀는 조강지처를 내쫓고 한숨과 눈물로 지새는 젊은 임금을 위로하는 어린 왕비가 되었다. 용꿈이 적중한 것이다.

19세의 젊은 왕은 20세의 조강지처를 궁궐 밖 친정으로 내보내고 하루하루를 먼 하늘만 쳐다보며 울적한 마음으로 보내고 있었다. 그 때에 조선의 신데렐라가 된 16세의 그녀는 너무도 짧은 행복을 차지하고 말았다. 24세의 젊은 나이에 불쌍한 핏덩이만 달랑 남겨둔 채 27세의 사랑하는 임금님과 영영 헤어져야 했던 것이다.

비록 그녀가 죽은 지 꼭 29년 뒤에 외롭게 자란 왕자가 임금님(인종)이 되었지만 겨우 8개월 동안의 왕이었다. 30세로 요절했으니 생모보다는 6년 더 살았지만 참으로 짧기만 한 생애였던 것이다.

그래도 자신이 없던 사이에 친정아버지 尹汝弼윤여필(1466-1555)과 네 살 위인 친정오빠 尹任윤임(1487-1545)이 어린 왕자를 지성으로 감싸주고 있었으니, 비록 저승을 떠도는 혼령이지만 안도할 수 있었을 것이다.

특히 친정아버지의 놀라운 장수야말로 가장 큰 버팀목이 되었다. 91세까지 살았으니 실로 어린 나무를 보호해 주는 전설의 낙락장송落落長松이었던 셈이다.

같은 파평 윤씨 집안이지만 그녀의 주검을 딛고 16세의 꽃다운 나이로 새 왕비가 된 문정왕후와 그녀의 친정 형제들(소윤으로 불린 윤원로, 윤원형)은 사사건건 각을 세우며 못 잡아먹어 안달이었다. 그녀의 친정아버지와 친정오빠들(대윤大尹이라 부름)은 윤가들의 10년 벼슬

전쟁에 혈안이 되어 있었던 것이다.

윤가를 뜻하는 그 윤尹자에는 분명히 벼슬아치에 대한 끝없는 욕망이 숨겨져 있었던 모양이다. 나라를 다스릴 생각은 아니하고 벼슬다툼에 나서기만 서둘렀으니 어떻게 친족의식, 피붙이 생각이 났겠는가.

그녀의 아들(인종:29세에 왕이 되어 8개월만에 타계)이 죽자 소윤小尹으로 통하던 문정왕후 세력이 조선의 마지막 참극(1545년 명종 즉위년의 을사사화)을 일으켜 조정 대신들과 그녀의 친정 식구들을 빗자루로 쓸어내듯이 깡그리 쓸어 없애려 했다.

결국 돈령부敦寧府 판사判事(종1품)를 지낸 친정아버지는 80세 고령이라 간신히 목숨을 건진 채 용인으로 귀양을 가야 했다.

5년을 객지에서 고생하다가 85세로 풀려나 91세로 긴 생애를 마감했다.

무관으로 급제하여 왜구를 쳐 없애는 일에 앞장섰던 늠름하고 씩씩한 친정오빠는 자신의 세 아들들과 함께 58세로 사사되었다. '소윤'에 의한 '대윤'의 말살이고 대 숙청이었다.

단순한 복수극이나 정권 쟁탈전이 아니었다. 역모죄로 몰아 멸문지화를 당하게 했던 것이다. 친정오빠가 '중종의 8남으로 희빈 홍氏(반정공신 홍경주의 딸) 소생인 봉성군鳳城君을 왕으로 삼으려 했다. 인종 승하 뒤에는 성종의 3남 계성군桂城君의 양자인 계림군桂林君을 왕으로 세우려 했다'고 억지 주장을 늘어놓았으니, 걸리기만 하면 모두가 그저 파리 목숨이 되고 마는 지경이었다.

결국 애꿎은 계림군은 겁이나 안변으로 도망쳤다가 현지 현감인 李坎男이감남에게 생포되어 서울에 압송된 후 군기시軍器寺(병기 제조 관장) 앞에서 효수되고 말았다. 한편 봉성군은 유배지를 옮겨 다니다가 끝내 사사되고 말았다.

24세로 신데렐라의 꿈을 접은 장경왕후의 친정아버지 윤여필(汝너 여 弼도울 필)의 이름 뜻은 '네 운세가 휘거나 꺾이지 않도록 든든하게 붙잡아 주겠다'이다. 친정아버지의 그런 이름 때문에 그녀는 비록 너무 짧게 신데렐라의 꿈을 접고 말았지만, 핏덩이였던 아들만은 온갖 어려움을 딛고 임금님이 될 수 있었을 것이다.

병약한 가운데도 잘 성장하여 비록 8개월여의 짧은 기간이지만 어엿한 왕이 될 수 있었으니, 그깟 장단이 뭐 그리 대단하겠는가.

친정오빠의 이름인 尹任윤임이나 자는 문정왕후의 친정아버지 이름 尹之任윤지임을 고스란히 닮아냈다.

참으로 신기한 일이 아닌가. 친정오빠의 자는 문정왕후의 친정아버지 이름을 완전히 뒤집어 놓은 '임지任之'이다. '맡겨 놓은 행운을 다시 맡긴다'는 뜻이라 결국은 들이닥친 불행을 최대한 연장시키는 역할을 한 셈이 아닐지….방패에 방패로 맞서고 보자기를 보자기로 오므려 싼 셈이다.

친정아버지는 돕는 힘, 버티는 힘이 되어주고, 친정오빠는 죽이려 덤비는 자를 눈 가리고 발목을 묶어 최대한 그 위급한 순간을 지연시킨 힘이 되어준 것이다. 두 남자의 그런 특별한 역할 분담 때문에, 그 집안에서 왕비가 나오고 왕이 나오게 되었던 것이다.

조선의 마지막 신데렐라는 너무도 유명한 장희빈이다. 그녀는 숙종의 후궁에서 잠시 동안이지만 왕의 사랑을 독차지하며 중궁(왕비)의 자리에까지 올라갔었다.

장희빈은 숙원淑媛(종4품)에서 소의昭儀(정2품)가 된 후 왕자 昀윤을 낳았다. 그녀의 애교나 미모가 어찌나 대단했던지 남편인 숙종(1661-1720)은 이듬해(1689년 1월)에 왕자 '윤'을 노 대신들의 반대에도 불구하고 원자元子(아직 어린 임금의 맏아들)로 책봉했다.

아직 왕세자로 책봉한 상태는 아니었지만 임금의 맏아들임을 내외에 선포한 셈이니, 왕세자로 책봉된 것이나 다를 바 없었다. 어머니 소의昭儀(정2품) 장씨는 당연히 희빈禧嬪(정1품) 장씨로 승격되었다.

82세의 宋時烈송시열(1607-1689)이나 60세의 金壽恒김수항(1629-1689) 같은 노 대신들은 목숨을 걸고 극렬하게 반대했다. 조선왕조의 정통성이 그 뿌리에서부터 흔들릴지 모른다고 생각했던 것이다.

> "아니 되옵니다. 중전(제1계비;인현왕후 민씨)께서 아직 젊으시지 않습니까? 중궁전에서 후계자가 나오시는 게 너무도 당연합니다. 더욱이나 작년에 얻으신 왕자께서는 아직 너무 어리시지 않습니까? 제발 너무 서두르지 마옵소서."

라고 간청했던 것이다.

송시열은 이미 73세에 중추부中樞府 영사領事를 지낸 후 제자 尹拯윤증(1629-1714)과의 갈등으로 서인이 노론과 소론으로 갈라지는 것을 보자 일찌감치 은퇴하고 청주 화양동으로 내려가 있던 터였다.

하지만 장희빈의 농간에 의해 나라가 흔들리고 있다고 생각하고 '아니 되옵니다'라는 격렬한 내용의 상소를 두 차례나 올려 숙종의 심기를 심하게 뒤흔들어 놓았다.

김수항은 51세에 영의정을 지낸 후 남인의 부침과 서인의 진퇴에 가랑잎처럼 실려 다니다가, 장희빈의 미인계에 놀아나고 있는 임금의 동태를 심히 걱정하여 '무엇이 급해 벌써 후계자 결정을 거론하십니까?'라고 입바른 소리를 해댔었다.

이상하게도 남인 세력은 임금의 눈치만 살피며 '전하의 뜻이 대충 옳다고 여겨집니다. 모른 척할 테니 뜻대로 하시지요. 안 보고 못 들은 걸로 하겠습니다'라는 식으로 나왔다.

80을 넘긴 송시열은 제주도로 유배를 갔다가 재조사를 받으러

서울로 압송되어 오는 중에 정읍에서 사사되고 말았다. 워낙 특이
체질이라 약발이 잘 안받아, 지켜보는 이들이나 마시는 이나 무척
애를 먹었다는 일화가 입 소문으로 퍼져 아직껏 회자되고 있을 정
도이다. 나이는 비록 여든을 넘겼지만 몸속의 정기나 마음가짐은
실로 열혈청년보다 더 강하고 뜨거웠던가 보다.

60세의 김수항은 진도로 유배를 가서 그 곳에서 사약을 받았다.

28세의 임금과 장희빈의 완승이고, 19년 전 경신대출척庚申大黜陟
에 집권에 성공한 서인들의 완패였다.

일은 거기서 끝나지 않았다.

장희빈의 아들 '윤'이 세자로 책봉되고 꼭 4개월만(1689년 5월)에
인현왕후 민씨가 왕비의 자리에서 쫓겨나 친정으로 거처를 옮기
게 되었다. 22세의 젊디젊은 여인이 하루아침에 임금의 곁으로부
터 일반백성의 자리로 그 신세가 돌변하고만 것이다. 이로써 희빈
장씨의 신데렐라 꿈은 새로 깔아놓은 아스팔트처럼 시원하게 뚫
리고 말았다.

하지만 세상은 의외로 시끄러웠다. 이씨 왕조가 선 지 이미 3백
여 년이 되는 시점이니 웬만한 진동과 바람에는 눈 하나 깜짝 하지
않는다고 하나 학문과 명분으로 똘똘 뭉친 선비사회가 아닌가.

이치에 맞지 않고 천륜과 인륜에 어긋나면 목숨을 걸고 저항하
는 것이 하나의 미덕이고 원칙이었던 사회였다. 당연히 희빈 장씨
의 농간에 의한 일련의 사태인 것을 뻔히 아는 선비, 대신들이 가
만히 있을 리 없었다. '아니 되옵니다. 그렇게는 못하옵니다' 라는
상소와 항의가 빗발치듯했다.

임금은 자신의 고집을 꺾지 않기 위해 먼저 19년 전에 실각한 남
인 세력을 자신의 주위에 포진했다. 이로써 세력 판도가 확 뒤바뀌
고만 것이다.

경신년庚申年(1680년)에 쫓겨난 남인 세력이 기사년己巳年(1689년)을 만나 꼭 19년만에 화려하게 컴백한 것이다. 해가 지고 달이 뜨자 당연히 망해가고 쫓겨가는 세력이 생기게 되었다. '아니 되옵니다'로 버티던 80여 명의 서인들이 죽거나 귀양을 가거나 벼슬에서 쫓겨났다.

의리의 대쪽 선비로 통하던 朴泰輔박태보(1654-1689; 실학 원조인 박세당의 아들) 같은 이는 되게 두들겨 맞으며 고문을 당하고는 유배길을 떠나던 중에 노량진에서 숨이 끊어지고 말았다. 그의 나이는 결코 많다고 할 수 없는 35세였다.

훗날 아버지 朴世堂박세당(1629-1703)도 74세의 나이로 '주자를 반대한 사문난적'으로 몰려 유배를 가는 도중 옥과玉果(전남 곡성)에서 죽었으니, 참으로 기구한 부자였던 셈이다.

남녀의 정분도 막기 어려운 법인데 임금님의 바람기를 무슨 수로 막을 수 있었겠는가. 더욱이나 아직 서른도 채 안 된 임금이 워낙 술수가 뛰어나 카멜레온처럼 색깔을 요리조리 바꾸는 판에, 노대신들과 책상머리에 붙어 앉아 책 읽기나 좋아하는 선비들이 무슨 수로 시시각각으로 조화를 부리는 상황 변화에 기민하게 대처할 수 있었겠는가.

희빈 장氏는 중전마마가 되어 임금을 곁에 끼고 생글생글 잘도 웃던 시절을 싹둑 끊어 정리하고는 갑자기 아주 표독스럽게 굴기 시작했다.

그녀는 '내가 왕통을 잇도록 해 주지 않았느냐? 내가 해 준 것은 이 만큼인데 어째서 내게 주어지는 것은 이리도 작으냐'는 식으로 혀를 함부로 놀리며 마구 멋대로 굴었다. 그녀의 행동은 조강지처를 흉내 내는 수준이 아니라 아예 한술 더 떠 임금의 상투 끝에 올라서려 했다.

임금은 서른을 넘기자 생각이 많이 달라지기 시작했다. 이게 아닌데 하며 자주 고개를 갸우뚱거리기 시작했다.

왕은 드디어 33세가 되던 해에 결심을 굳혔다. 사저로 쫓겨간 인현왕후 민씨가 그립기도 하고 자신의 철딱서니 없는 짓이 무척이나 부끄럽기도 했다.

눈치 빠른 대신들이 임금의 그러한 심경 변화를 눈치 못 챌 리 없었다.

"폐비 민씨는 잘 지낸다더냐? 반찬거리라도 좀 갖다주면 좋으련만…"

숙종은 가끔 혼잣말처럼 그렇게 중얼거리기도 했다. 대궐 내에서 평생 눈칫밥을 먹는 내명부 궁녀들은 눈치도 잽싸고 입도 어지간히 빨라, 척하면 삼천리고 쿡 찌르면 구만리였다.

서인들이 먼저 '이제는 사저에 나가 계신 폐비 민씨를 다시 중궁으로 불러들이시지요'라며 임금의 속마음을 떠보기 시작했다. 아니나 다를까, 임금은 못 이긴 척하며 따라나서기 시작했다.

金春澤김춘택*이 앞장서서 '폐비 민씨를 복위시키소서'라고 제안했다.

<small>*김춘택 : 1670-1717; 숙종의 첫 번째 장인인 김만기의 손자</small>

결국 숙종은 인현왕후를 복위시키고 왕후 장씨를 희빈 장씨로 강등시켰다. 숙종대의 대표적 신데렐라였던 장씨는 4년여 만에 다시 정1품 희빈으로 내려선 것이다.

하지만 신데렐라 장씨에게는 아직도 갈 길이 많이 남아 있었다. 자신이 낳은 왕자가 13세 되던 해(1701년)에 저승사자가 꿈에 자주 나타나 어서 오라며 손짓을 하고 죽은 조상들이 차례로 나타나 기이한 몸짓을 하는 것이었다.

공연히 불안해 몸을 떨면서도 그녀는 어린 왕자를 든든한 백으로 믿으며 떨리는 가슴을 어루만지고 있었다. 그런데 폐비에서 다시 중전으로 들어앉았던 인현왕후 민씨가 34세의 나이로 한 많은 생애를 마감하자 날벼락이 떨어지고 말았다.

취선당就善堂 서쪽에 신당神堂을 짓고 인현왕후를 저주한 일이 들통나고 말았던 것이다. 소문은 너무도 무서웠다. '희빈 장씨가 중전을 저주하여 불쌍한 중전마마가 일찍 죽고 말았다'며, 다들 그녀를 저승에서 막 올라온 추악한 귀신으로 여기기 시작했다.

결국 그녀는 신데렐라의 꿈을 접고 마흔 살의 임금과 열 세 살의 어린 아들(경종)을 남긴 채 무고죄로 사약을 받고 말았다. '꿈은 반드시 이루어지지만 그 끝은 항상 장밋빛일 수 없는 것인가'라는 한 마디 말을 남기고, 짧은 생애를 총총히 거둬들여야 했다.

희빈 장씨에게는 오빠 張希載장희재가 있었다. 인현왕후를 함께 해치려하다가 유배를 가기도 했지만 한 때는 잘 나가는 어엿한 실세였다.

종2품인 금군별장禁軍別將과 총융청摠戎廳 총융사摠戎使를 지낼 때는 여동생으로 인해 대궐 안을 마구 휘젓고 다녀도 누구 하나 시비를 거는 이가 없을 정도였다.

여동생보다 먼저 죽을 수도 있었지만 南九萬남구만* 등이 '어린 세자의 외삼촌이니 세자가 상처받지 않도록 처형보다는 유배가 더 낫겠다'고 하여 가까스로 목숨만을 부지할 수 있었던 것이다. 그러나 여동생이 중전 저주사건으로 사약을 받고 죽자 그도 중전 저주에 관련된 무녀, 궁녀들과 함께 처형되고 말았다.

*남구만 : 1629-1711; 58세와 65세에 영의정 지냄

인동 장씨 집안의 두 히어로는 저주와 무고로 왕비를 죽게 한 못된 남매로 뭇 사람들의 마음속에 깊이 각인되고 말았다.

오빠의 이름이 특이하다. 희재(希바랄 희 載실을 재)이니, '희망을 싣고 가는 마차'를 연상시키는 이름이다. 하지만 그놈의 희망이 지나치

게 부풀어 올라 그만 여러 사람들의 목줄을 누르고, 끝내는 자신들의 숨통도 누르게 되었던 것이다.

그래도 미움보다는 사랑이 더 위대한지, 그나마 사랑의 열매인 아들을 둔덕에 희빈 장씨는 죽은 후 꼭 19년이 지나서 임금이 된 어린 왕자를 지하세계에서 4년여 간 마음을 졸이며 바라볼 수 있었다.

22세에 임금님이 된 어린 왕자는 26세를 일기로 요절했으니, 결국 희빈 장씨와 오빠 장희재의 '희망 실어 나르기' 는 4년간의 왕 노릇으로 끝이 나고만 셈이다.

어린 왕자(경종:1688-1724)의 이름은 윤(昀햇빛 윤)이고, 자는 휘서(輝빛날 휘 瑞상서 서)이다.

'햇빛처럼 빛을 발한다' 는 이름과 '환하게 빛나는 상서로운 상징' 이라는 자에서 드러나듯 어린 왕자는 빛을 발하는 운세를 타고 났던 것이다.

어머니 희빈 장씨와 외삼촌 장희재의 희망 실어 나르기가 어린 왕자의 햇빛 같은 신비한 기운에 접목되어, 비록 4년여의 짧은 기간이지만 어엿한 임금님을 세워낸 것이다.

결국, 의지하고 기댈곳은 오로지 자신의 애교와 미모뿐이던 장씨 아가씨의 신데렐라의 꿈은 어린 왕자의 머리 위에 올려진 멋들어진 금빛 왕관을 통해 대신 이루어진 셈이다.

04 빈궁한 가정형편을 인생역전의
기회로 바꾼 사람들

김성휘는 굶어죽거나 못 먹어 죽느니 차라리 책을 덮고
돈이나 벌자며 독한 마음먹고 나섰다가, 갑자기 전란을 만나
영웅으로 떠오른 것이다. 결국 배꿃기 싫어서 돈벌이에 나섰다가,
꽤 높은 벼슬자리도 얻고 94세로 장수하는 엄청난 복도 누렸다.
그는 가난하게 산 이십여 년을 제외하면, 나머지 칠십여 년은
다 알아주는 갑부로 산 셈이다.

金成輝김성휘(1535-1629)는 광산 김씨 집안 중에서도 이름만 대면 다
아는 훌륭한 조상들을 많이 둔 명실상부한 명문가의 아들이었다.

고조부 金國光김국광(1415-1480)은 26세에 과거에 급제한 뒤 말년에
우의정, 좌의정을 지내기까지, 실로 다들 부러워할 정도의 화려한
경력을 쌓아올린 사람이다.

그가 43세 때는 崔玉山최옥산이란 자의 아버지 살해사건이 허무
맹랑한 무고였음을 만천하에 명명백백히 밝혀 임금(세조)의 신임을
톡톡히 받았다. 또한 45세 때에는 함경도를 침략한 오랑캐들을 잘
회유하여 그 공으로 병조참판에 이르고, 52세에는 병조판서로서
'이시애의 난'을 성공적으로 평정하고 적개공신敵愾功臣 2등에 책
록되기도 했다.

사은사로서 명나라를 다녀오기도 했고, 56세 때(1471년 성종 2년)는
신숙주, 한명회 등과 함께 좌리공신佐理功臣* 1등에 책록
되었다.

62세에 다시 우의정이 되었으나 대간臺諫*의 탄핵이

*좌리공신 : 1등 9명, 2
등 11명, 3등 18명, 4등
35명
*대간 : 사헌부와 사간
원을 합쳐서 부르는 말

워낙 심한 탓에 훌훌 털고 사직한 후 65세로 타계했다.

아버지 金鈞김균은 병절교위秉節校尉(종6품 무관직)를 지냈다. 아버지 대에도 나름대로 벼슬을 했는데 어째서 그토록 곤궁했을까. 할아버지가 노름이나 바람기로 다 들어먹었다는 말인가? 혹은 아버지가 병마절도사를 도와 외지로 돌아다녔기 때문에 자연히 집안을 돌볼 사람이 마땅히 없었다는 말인가?

집안 여성들이 잔병치레를 자주 하거나 재산을 증식하는 재주가 없으면 농사거리가 점점 줄어들어 자연히 빈궁해 질 수도 있을 것이다. 하여튼 김성휘는 자신의 야심을 비정통적인 방법으로 달성해 보고자 결심했다. 그리고 다음과 같이 자문자답해 보았다.

"학문으로 과거에 급제해도 별 볼일 없는 팔자가 될 수 있다. 공연히 역모에 휘말려 멸문지화를 당할 수도 있지 않은가. 내 사주팔자에 재물 운이 별나게 많이 들어있고 수명도 무척 길다니 차라리 부자가 되는 길이나 개척하자. 예나 지금이나 부귀영화라는 말을 자주 쓰지 않는가. 입신양명도 중요하지만 무엇보다도 재산이 있어야 한다. 보란 듯이 잘 살게 되면 결국 정승 대접도 받을 수 있고 판서 대접도 받을 수 있는 것이 아닌가. 자, 책을 덮고 길거리로 나서자. 공연히 찬물 마시고 이 쑤시느니 차라리 고기 실컷 씹어 먹고 트림이나 마음껏 해보자!"

그가 열 살부터 32세까지 살던 시대는 명종 임금 대였다. 24세 때는 황해도와 경기도 일원에서 의적義賊이 일어나고 있다는 소문이 파다했다.

관군들은 도적놈을 잡겠다며 자못 서슬이 시퍼랬지만 백성들은

'꼭꼭 숨어라! 머리카락 보일라' 라고 노래를 부르며 오히려 산도적떼를 응원하고 있었다.

*임꺽정 : 명종실록에는 임거질정(林巨叱正)으로 기록됨

두목은 임꺽정*이라고 했다. 3년 동안이나 서울 북방을 뒤흔들던 산적떼 이야기는 결국 구월산에서 끝이 나고 말았다. 한성부판윤을 지내고 3도 토포사討捕使가 된 무신武臣 南致勤남치근의 집요한 추격전과 심복이던 徐霖서림의 배신이 결정적인 패인이었다.

이름을 嚴加伊엄가이로 바꾸고 숭례문 밖에 숨어있던 심복이 하필이면 본격적인 활동 단계에 들어가던 시기(1560년 11월)에 관군에게 생포되어 모든 비밀 계획을 모조리 실토했던 것이다.

관군에게 붙잡혀 있던 임꺽정의 처를 구하려던 계획과 산적을 많이 토벌한 공로로 특진한 풍산군수 李欽禮이흠례(1549년에 무과급제)를 살해하려는 계획을 관군에게 자백하여 모든 모의가 그만 수포로 돌아가고 말았던 것이다.

어디 그뿐인가. 임꺽정의 형인 가도치의 얼굴을 알고 있던 터라 붙잡힌 자들 중에서 정확히 골라낼 수밖에 없었다.

관군에게 협력하고 살아나기로 마음먹은 심복은 결국 두목인 임꺽정이 달아나자 '바로 저 자가 두목입니다' 라며 지목하여 1562년 1월에 붙잡혀 처형되고 말았다.

서림도 같은 산적이니 처벌해야 마땅하다는 여론에 밀려 꼼짝없이 죽을 뻔하다가 좌의정 李浚慶이준경(1499~1572; 66세에 영의정 지냄)이 귀순한 자를 죽이는 법은 없다며 살려줄 것을 강력히 주장하여 결국 상을 받고 풀려나 자유의 몸이 되었다.

의적 임꺽정이 잡혀 죽었다는 말을 들은 때가 김성휘에게는 바로 27세 되던 해였다. 그가 32세의 나이로 한참 열심히 돈을 벌고 있을 때 선조 임금이 등극했다.

그가 50대에 들어가자 이미 세상에서 '갑부'라며 그를 알아주기 시작했다. 개처럼 벌어 정승처럼 쓰자며 길바닥, 시장바닥으로 나서기 시작한지 꼭 30여 년만이었다.

55세가 되자 일본에서 이상한 말이 들려오기 시작했다. 풍신수길이란 자가 전국을 거의 통일하고 그 늘어난 세력을 조선과 명나라로 뻗어보고자 한다는 불길한 소문이었다.

전국의 장사치들이 드나들며 온갖 소문, 풍문을 늘어놓는 통에 가만히 앉아있어도 온 세상이 훤히 다 내다보였다.

결국 그가 57세 되던 해에 난리가 나고 말았다. 수십만의 왜병들이 조총으로 무장한 채 부산에서 쳐 올라오고 있었다. 준비가 제대로 안 된 문약한 조선은 내전으로 낮과 밤을 보낸 일본의 병사들과 장수들을 도저히 당해 낼 수 없었다.

전국의 선비들이 들고일어났고, 선조는 명나라가 가까운 북쪽 압록강 방면으로 피난을 갔지만 선비들과 백성들은 각각 붓과 삽 대신 칼과 창을 들고 왜적에 맞서 강토를 지켰다.

그는 자신보다 열일곱 살 아래인 마흔 살의 임금을 원망하고 싶지 않았다. 내우도 아니고 외환인데 임금인들 무슨 뾰족한 수가 있었겠는가라며 육십을 내다보는 나이로 자리에서 벌떡 일어났다. 우선 조상귀신들 앞에서 '피땀 흘려 벌었으니 값지게 쓰겠습니다'라고 보고한 뒤 재산을 풀어 군량미를 준비했다.

그리고 굶고 있는 의병들과 관군들에게 아낌없이 나눠주었다. 사람들은 역시 명문가의 후손다운 고귀한 인품이라며 칭송을 아끼지 않았다.

"광산 김씨 집안에 복 덩어리가 왜 생겼는가 했더니 결국 좋은 일에 쓰려고 미리 예비했었구먼!"이라며 이구동성으로 칭찬을 늘어놓았다.

나라에서는 '그런 기특한 일이 있는가. 정말 본받아야 할 사람이 군' 하며 여러 차례 벼슬을 내렸다. 한 계급 한 계급 그 품계가 올라가 나중에는 정3품 형조참의가 주어졌다.

명예에 지나지 않는 상징적인 벼슬이지만 나라와 백성이 위급할 때 아무도 못할 훌륭한 일을 혼자서 거뜬히 해낸 사람이라는 일종의 칭송이었던 것이다.

그는 결국 배곯기 싫어서 돈벌이에 나섰다가, 꽤 높은 벼슬자리도 얻고 94세로 장수하는 엄청난 복도 누렸다. 굶어죽거나 못 먹어 부황浮黃 걸려 죽느니 차라리 책을 덮고 돈이나 벌자며 독한 마음 먹고 나섰다가, 갑자기 전란을 만나 영웅으로 떠오른 것이다.

결국 김성휘는 가난하게 산 이십여 년을 제외하면, 나머지 칠십여 년은 다 알아주는 갑부로 산 셈이다.

그의 이름은 성휘(成이룰 성 輝빛날 휘)이고, 자는 입부(立설 립 夫지아비 부)이다.

'반드시 꿈을 이루어 영광을 한 몸에 모은다' 는 이름이니, 사농공상士農工商으로 등급을 매기던 그 고루한 신분사회 속에서 명문가의 갑옷과 투구를 모조리 다 벗어 내던지고 감히 벌거숭이로 돈벌이에 나섰을 것이다.

그만큼 야망이 크고 타고난 에너지와 끈기가 대단했을 터이다. 하지만 어디 그것들만으로 단숨에 거부가 될 수 있는가. 남다른 판단력과 통찰력으로 돈이 오는 길목을 미리 나가서 지키고 있어야만 비로소 입에 풀칠이라도 할 수 있는 것이, 그 치열한 시장바닥, 길바닥 삶이 아니던가.

그는 분명히 뛰어난 지략과 엄청난 정열을 지니고 살았을 것이다. 반드시 뜻한 바를 이루고 그 어떤 흔들림이나 비바람에도 끄떡 않을 우람한 나무, 산 같은 바위가 되겠다는 대단한 각오가 느껴지는 자의 의미를 찬찬히 살펴보면, 굶어 죽지 않기 위해 책을 덮고 시장터로 나섰던 그의 비장한 각오와 피 끓는 젊음을 함께 엿볼 수 있다.

반드시 내 발로 서고야 말겠다는 이를 어느 누가 함부로 무릎 꿇릴 수 있겠는가.

아버지의 이름이 김균(鈞서른 근 균)이니, 아들의 어려움이나 좌절을 지긋이 눌러 안정시켜 주었을 것이다. 마구 뒤흔들린 심기를 다시 고르게 안정시킨 후 돈벌이에 나서도록 세심하게 뒷받침해 주었을 것이다.

고조할아버지의 이름은 국광(國나라 국 光빛 광)이고, 자는 '관경(觀볼 관 卿벼슬 경), 아호는 서석(瑞상서 서 石돌 석)이다.

고조부의 이름을 보라. '나라를 빛나게 한다' 는 뜻이다. 자는 또 어떠한가. '벼슬자리를 보여준다' 는 의미이다. 참으로 4대 손의 앞길을 손바닥 들여다보듯이 훤히 들여다보고 있었던 것이다.

'길조를 보여주는 주춧돌' 이라는 아호의 의미는 거부가 될 고손자를 미리 내다본 것이다. 광산 김씨 집안을 다시 한 번 일으켜 세우게 된다는 확실한 예언이었던 셈이다.

조상 없는 후손이 어디 있고 조상의 음덕을 덧입지 않은 후손이 과연 어디에 있겠는가.

05 | 조선시대의 환관들

환관에게도 문·무관과 같은 품계를 주어
'중인'에 상당하는 신분을 보장해 주었고, 심지어는 환관의
부인들에게도 사대부의 부인들처럼 남편인 환관이 정, 종 1품에
오르면 외명부의 으뜸 자리에 해당하는 정경부인貞敬夫人
칭호를 붙여주었다.

성기를 일부러 잘라내고 환관宦官이 되는 이도 있었지만 그보다
는 태어날 때부터 부실하게 지어진 이들이 환관으로 나가는 경우
가 더 많았다.

멀쩡한 성기를 싹둑 잘라내고 그 대신 평생 사용할 괴상한 대롱
을 박아 넣는다는 그 못된 궁형宮刑은 최소한 여기서는 지극히 예
외적인 특수 케이스로 치부해둬야 할 것 같다.

모든 문물이 대개 중국에서 발원하게 마련인 터라 성기가 부실
한 이들에 대한 기록도 마땅히 중국에 기대야 할 테지만 여기서는
조선의 특별한 케이스를 중점적으로 들추어보고자 한다.

즉, '거시기' 없이 벼슬길에 나섰어도 '거시기' 자랑하는 놈들보
다 더 '거시기' 답게 산 사람을 들추어내고자 한다.

이조吏曹의 6개 속아문屬衙門 중 하나인 내시부內侍府는 모조리 환
관으로만 채워지는 특수 부서였다. 궁궐에 상주하며 청소에서부터
왕명의 퀵 서비스까지 온갖 잡일을 도맡아 했던 특수직이었다. 요
즘으로 보면 궁궐의 전형적인 '3D업종'이었던 셈이다.

문지기, 숙직, 식사 감독 등, 그저 손에 잡히는 대로 눈에 띄는 대로 몸이 부서져 라고 움직여야 하던 정말 눈코 뜰 새 없던 자리였다. 잠시 쉴 참이면 「소학」과 「삼강행실」을 공부하지 않고 도대체 뭘 하는거냐 라는 불호령이 떨어지기 십상이었다.

가장 서럽고 슬픈 꾸중은 거시기 없는 놈인 주제에 왜 그리 요란하게 흔들고 다니느냐는 다분히 '속이 있는' 큰 소리였다. 또한 거시기가 없다고 혓바닥만 날름대느냐는 말을 들을 때도 종종 있었다.

환관에게도 문·무관과 같은 품계를 주어 '중인'에 상당하는 신분을 보장해 주었고, 심지어는 환관의 부인들에게도 사대부의 부인들처럼 남편인 환관이 정, 종 1품에 오르면 외명부의 으뜸 자리에 해당하는 정경부인貞敬夫人 칭호를 붙여주었다.

3품 이상은 왕의 특별한 배려(특지特旨)로서만 가능하지만 4품 이하의 품계는 여느 문, 무관처럼 근무연한이나 특별 공로에 의해 승진되었다.

선발도 대충 주먹구구식으로 하거나 '거시기'의 길고 짧음이나 실하냐, 부실하냐로 결정하지 않고 문강門講이라 하여 「사서」「소학」「삼강행실」등의 시험과목을 치렀고, 어느 때는 궁궐의 각 건물 이름이나 대문 이름을 외우게 하여 우열을 가리기도 했다.

또한 번갈아 근무하는 순번順番제도가 있어서 임금의 거처인 대전에는 42명, 왕비의 거처인 중궁전(혹은 중궁)과 세자궁에는 각각 12명, 빈궁(세자빈의 처소)에는 8명을 배치하도록 제도화되어 있었다.

임금의 경우에도 정무에 관련된 중요사항은 비서실격인 승정원承政院에서 담당했지만 여타의 잔심부름은 상전尙傳 혹은 승전색承傳色으로 임용된 환관들이 도맡아 했다.

왕비의 경우에는 상책尙冊이나 승전색承傳色으로 임용된 환관이 잔심부름을 도맡아 했다. 이들 중 최고 관직은 승전관承傳官으로 불렸다.

환관 중의 으뜸 벼슬은 상선(尙膳(종2품))으로 2명이 있었는데 왕과 비빈, 그리고 대비와 왕세자의 식사를 관장하며 내시부 전체 직무를 지휘, 감독했다.

다음으로는 정3품인 상온(尙醞)이 있어 술 빚는 일을 했다. 그리고 상다(尙茶), 상약(尙藥), 상전(尙傳), 상책(尙冊), 상호(尙弧), 상탕(尙帑), 상세(尙洗), 상촉(尙燭), 상훤(尙煊), 상설(尙設), 상제(尙除), 상문(尙門), 상경(尙更), 상원(尙苑) 등이 있었다.

각각의 직책이 맡아 하는 일은 이미 직책의 이름에서 확실하게 드러나고 있다. 예를 들어 근무일수를 따져 녹(祿(녹봉))을 받고 승진기회도 막혀 있는 체아직(遞兒職)에 해당하는 상설(尙設)과 상촉(尙燭)은 각각 휘장이나 여타의 시설관리와 등촉을 관리하는 일을 맡아 했다.

조선의 실록 기록을 보면 종1품 숭록대부(崇祿大夫)에 올라 영내시부사(領內侍府事)와 판내시부사(判內侍府事)를 지낸 이들도 있고 정2품 자헌대부(資憲大夫)에 올라 승전관(承傳官)을 지낸 이도 있다. 물론 내시부 최고 관직인 종2품 상선에 오른 이들은 아주 많았다.

환관들도 보통의 자녀들을 입양해 대를 이었는데 성씨는 서로 달랐다. 예를 들면 李似文(이사문)의 증손자로 광해군 때 정2품 자헌대부를 지낸 이는 金忠英(김충영)이다. 그리고 내시부 최고위 직인 종2품 상선(尙膳)에 오른 이들 중 朴滉(박황), 林成翼(임성익), 金成輝(김성휘), 朴敏采(박민채), 吳浚謙(오준겸)은 모두 金忠英(김충영)의 후예들이다.

형벌로 멀쩡한 '거시기'를 잘라내고 대롱을 찔러 넣어 비오는 날 빗물을 모아 흘려보내는 홈통처럼 해 놓는 소위 궁형(宮刑)을 일컬을 때마다 들먹여지는 이름이 있다.

바로 중국의 전한(前漢) 시대에 살며 한무제(武帝(BC 156-BC 87))를 섬기던 司馬遷(사마천)이란 인물이다.

아버지 司馬談(사마담)이 쓰던 『사기』를 아버지의 유언에 의해 30세에 인수인계 받은 후 아버지의 직책인 태사령太史令을 고스란히 물려받아 도서관을 드나들며 열심히 옛 기록들을 뒤져보고 있었다.

그런데 46세에 일이 터지고 말았다. 무인武人인 친구 李陵이릉이 상관인 李廣利이광리를 따라 5천 군사를 이끌고 흉노를 정벌하러 나갔다가 돌아오는 길에 그만 8만이나 되는 흉노족 침략군에게 포위되고 말았다. 친구 이릉은 목숨을 부지하려 항복하고 말았다.

당연히 한나라 조정에서는 격론이 벌어졌다. 항복은 곧 역적질이니 그 망할 놈의 어미와 처자식을 모조리 죽여 없애야 한다는 것이 왕과 대신들의 결론이었다.

그러나 사마천은 한 번 더 기회를 주자며 친구를 적극적으로 옹호했다. 왕이 좋아할 리 만무했다. 저 놈을 당장 끌어내서 사내 구실을 못하게 만들어버리라는 어명이 떨어졌다.

이름하여 거시기를 싹둑 잘라내고 대나무 대롱을 찔러 넣어 오줌 홈통을 만드는 '궁형'이라는 형벌이었다. 사마천은 '차라리 죽자! 차라리 이 수치스러운 몸을 죽여 없애자!' 고 수도 없이 마음을 굳혔지만 아버지의 유언이 목에 걸리고 마음에 걸려 치욕 당한 몸뚱이를 함부로 할 수조차 없었다.

그의 죽지 못한 이유는 '보임안서報任安書'에서 소상히 밝히고 있다. 일단 아버지의 유언을 다 이루고 죽자고 마음을 고쳐먹고 이를 갈고 영혼을 찢으며 아버지가 대강 준비해 놓은 『사기史記』를 한 장 한 장 마무리지어갔다.

그의 그러한 모습을 지켜보던 임금(무제)도 스스로 미안하게 느껴 사마천을 불러다 자주 곁에 두려했다.

임금의 총애를 회복한 50세 때부터는 쓸거리, 참고할 거리가 손쉽게 얻어져 책을 쓰기가 훨씬 용이해졌다. 그는 치욕스러운 '궁형'을 당한지 9년여 만인 55세(BC90년)에 드디어 『사기』를 완성했다.

그리고 환관의 최고위 직인 중서령中書令에 올랐다. 하지만 온갖 감회가 한꺼번에 몰려와 감정을 추스르기조차 힘들었다.

그는 아무 표정도, 변화도 없는 하늘을 바라보았다. 그리고 『사기』의 '열전편列傳篇' '백이숙제열전伯夷叔齊列傳'에서 '하늘이 정한 도리나 원칙이라는 게 도대체 있기나 한 겁니까'라고 꼬집고 있다. 그는 다음과 같이 소리쳤다.

백이숙제 : 은(殷)나라 고죽국(孤竹國)의 왕자들. 서로 왕위를 사양하다가 주(周) 무왕(武王)이 은(殷)의 주왕(紂王)을 쳐 없애고 주나라를 세우자 신하가 임금을 친 것은 옳지 않다. 더욱이나 아버지의 상중(喪中)에 전쟁을 일으킨 것이 아니냐며 주나라 곡식을 먹으니 수양산(首陽山)에 들어가 고사리나 캐먹겠다며 불사이군(不事二君)을 지키다 굶어 죽음.
*공자 : BC 552-BC 478; 50세 때 중용 되었으나 56세에 실각한 후 14년간 여러 나라를 여행. 69세에 귀향하여 74세로 타계할 때까지 3천 제자를 양성함
*도척 : 장자(莊子)에는 공자 친구 유하계(柳下季)의 동생으로 9천 명을 끌고 다니며 도둑에게도 도리가 있다고 훈계하려는 공자를 도리어 모욕했다고 함

"백이숙제伯夷叔齊*는 분명히 세상이 다 아는 충신들인데도 그들은 굶어죽고 말았지 않은가.

노魯나라(주나라 건국공신인 주공周公이 세운 나라) 사람 孔子공자*가 가장 아끼던 顔回안회 또는 顔淵안연(BC 521-BC 490)은 또 어떠했는가. 뒤주가 텅 비어 지게미나 쌀겨도 제대로 못 먹고 31세로 요절했지 않은가. 그런데도 도척*이란 놈을 보라.

수천의 도적 떼를 끌고 다니며 온갖 죄악을 저지르고 사람의 간을 회치는 천인공노할 만행을 일삼았는데도 호의호식하다 천수를 다 누리고 죽었지 않은가.

고로 나는 의심한다. 하늘의 도리(천도天道)는 과연 있는가, 없는가? 하늘의 도리는 언제나 공평무사하여 착한 사람만 편들어주는가를 나는 의심한다. 하늘의 도리는 과연 공평무사한가?'

이를 두고 후세 사람들은 천도시비天道是非라며 '사람이 이해할 수 없는 세상의 조화'를 빗대어 말하게 된 것이다.

특히 불공평하다고 느끼게 될 때마다 하늘을 향해 원망을 쏟아놓으며 사마천의 그 하늘을 향한 빈 주먹질을 흉내 내게 된 것이다.

이제 조선의 내시들 중에서 가장 극적으로 살았던 金處善김처선이란 인물을 살펴보자.

전의 김씨 집안에서 출생하여 내시로 궁궐에 들어갔는데 워낙 성격이 강직하고 매사에 적극적이라 의외로 많이 부대끼며 살아야 했다.

문종 임금 때에도 유배를 간 적이 있고 단종 임금 때도 파면되어 유배형에 처해진 적이 있을 정도로 젊은 시절부터 무척 가파른 생애를 살았다.

세조 임금 초에 복직되어 임금이 43세 되던 해(1460년 세조 6년)에는 원종공신原從功臣 3등에 책록되기도 했다.

큰 공을 세운 자에게 주는 '정正 공신'에 비해 '정 공신'을 도와 작은 공로를 세운 자에게 주는 일종의 '등외 공신'인 셈이지만 노비와 전토田土를 상으로 받는 어엿한 공신이 분명했다. 하지만 임금의 미움을 받아 자주 장형杖刑에 처해져 매를 많이 맞았다.

김처선은 의술에 조예가 깊어 성종 임금 때에는 어머니(인수대비;소혜왕후 한씨; 1437-1504)와 할머니(세조비 정희왕후 윤씨;1418-1483.3)를 정성껏 돌봤다. 특히 임금의 어머니가 신병으로 항상 괴로워했기 때문에 전적으로 매달려 치료에 힘을 쏟았다.

그 공로로 그는 '정2품 하계'에 속하는 자헌대부資憲大夫에 오르고 우참찬右參贊이란 직책을 지니게 되었다.

하지만 폭군 연산군이 들어서자 문제가 커지고 말았다. 처음 3년여 동안은 잠잠하더니 이십대에 들어서자마자 완전히 망나니로 돌변하고 말았다.

왕이 된지 4년이 지나서는 무오사화를 일으켜 많은 선비들을 처형하더니 28세 되던 해에는 갑자사화를 일으켜 어머니의 원수를 갚는다며 많은 선비들을 죽이고, 급기야는 아버지(성종)의 후궁들(예 : 엄숙의,정숙의)을 제 손으로 직접 죽여 뒷산에 내다 버리기까지 했다.

대낮부터 술에 취해 계집들에 둘러싸여 지내는 것을 심히 못마땅하게 여긴 할머니(인수대비 즉 소혜왕후 한씨)는 병석에 누워 있는 67세의 노인임에도 온 힘을 다해 냅다 고함을 내질렀다.

"네 이놈! 이 임금 같지도 않은 놈! 국사는 아예 뒤로 한 채 허구헌날 술이나 퍼마시며 감히 입에 담지 못할 추악한 짓거리만 일삼으니 대체 이 나라, 이 백성은 누굴 믿고 살아야 하는가!"

연산군은 눈에 살기를 띤 채 한 동안 씩씩거리고 있더니 제 분을 못이겨 발광을 하기 시작했다. 제 가슴을 쾅쾅 내려치며 맞고함을 질러대기 시작했다.

"임금을 대체 뭘로 보느냐! 늙은이라고 그렇게 입을 함부로 놀리고도 제 정신이 들었다고 할 수 있느냐! 목숨이 대체 몇 개나 된다고 그렇게 방자하게 구느냐!"

아니나 다를까. 제 할머니의 가슴을 밀치며 몇 차례 위협을 가하더니 급기야는 제 머리로 할머니의 가슴을 냅다 들이받았다.

꼭 발정난 황소 같고 독 오른 뱀 같았다. 28세의 힘센 손자에게 가슴을 받힌 칠십을 내다보는 할머니는 쿵하고 나무토막처럼 그 자리에 쓰러지고 말았다.

할머니는 결국 그 날의 부상과 충격으로 얼마 안지나 67세의 한 많은 일생을 마감하고 말았다.

스무 살에 과부가 되어 서른두 살에 아들이 왕(성종)이 되는 것을 보았지만, 그렇게 행복하기만 한 세월이 결코 아니었다. 19세에는 친정아버지 한확이 53세로 사하포에서 객사했다는 비보를 접하기도 했다.

스무 살 되던 해 가을(1457년 9월)에는 사랑하는 남편(의경세자)*을 영영 떠나보내야 했다.

*의경세자 : 후일 덕종으로 추존된 세조의 장남

31세 때는 시아버지(세조)가 51세로 운명하는 것을 지켜보아야 했다. 43세 되던 해에는 전 년(1479년)에 폐비가 되었던 며느리 윤씨(연산군의 생모)가 사사되는 것을 보아야 했다.

46세 때는 시어머니(세조비 정희왕후 윤씨)가 65세로 운명하는 것을 보았고, 57세 되던 해(1494년)에는 서른일곱 살로 타계하는 아들(성종)을 지켜보아야 했다.

실로 한 많은 '여자의 일생'이었다. 김처선은 비통하기 이를 데 없었다. 자신이 직접 약을 달여 병구완을 했기 때문에 특별히 정이 많이 들었던 대비마마였다. 숨을 거두면서도 한결같이 왕통을 걱정하고 있었다.

"저 원수 같은 놈이 천벌을 받는 것을 꼭 보고 죽어야 할 텐데, 내가 먼저 가는 구나! 제발 현군이 나와 저 놈의 폭군을 몰아내 줘야 할 텐데, 그 게 걱정이구나!"

그런 말을 남기고 대비마마가 타계한지 한 해가 지났어도 연산군의 광기는 조금도 잦아들 줄을 몰랐다. 아니, 잦아들고 줄어들기는커녕 오히려 나날이 더 심해지는 것 같았다.

그러던 어느 날, 왕은 자신이 손수 만든 괴상한 춤판을 벌여놓고는 뭐가 그리 좋은지 혼자서만 마구 낄낄거리고 있었다. '처용희處容戱'라는 음란하기 이를 데 없는 춤판이었다. 김처선은 더 이상 참을 수 없어 속으로 비장한 결의를 다졌다.

"그래, 여기서 죽자! 이 한 목숨을 버려 왕을 바로 잡을 수 있다면 그보다 더 큰 보람이 어디 있겠느냐. 선왕의 은혜를 입어 내시치고는 자못 큰 벼슬을 했으니 더 이상 바랄 것이 뭐가 있겠는가. 죽자, 이 자리에서 생을 마치고 말자!"

생각이 여기에 미치자 그는 상감의 턱 밑으로 가까이 다가가 카랑카랑한 목소리로 호소했다.

"이 늙은이는 이제까지 참으로 많은 은혜를 입었습니다. 네 분이 넘는 상감마마를 모시며 오늘처럼 비통한 적이 일찍이 없었습니다. 내시 주제에 이토록 오래 살다보니 다른 것은 미련하여 잘 모르지만 지난 역사에 대해서만은 대강 알고 있습니다. 고금의 군왕 중에서 상감마마처럼 문란한 군왕은 그 어느 시대에도 없었습니다. 제가 상감을 업어서 키운 신하가 아닙니까? 저를 죽이고 타고난 천성을 되찾아 현군으로 다시 태어나신다면, 열 번이고 백 번이고 제 이 천한 목숨을 바치겠습니다. 제발 저를 죽이고 새로 태어나십시오! 제발 이 늙은 신하를 죽이시고 본성을 되찾아 군왕의 위엄을 되찾으십시오!"

연산군은 분을 이기지 못해 마구 발길질을 해대기 시작했다. 늙은 김처선은 29세의 건장한 임금의 폭력 앞에 순식간에 피투성이가 되고 말았다. 그러나 가까스로 다시 일어나 가슴에 갇혀있고 입속에 웅크리고 있던 말을 계속 이어갔다. 아니, 차라리 그는 새끼

잃은 짐승처럼 흐느끼며 괴상한 소리로 울부짖고 있었다.

"변하십시오! 제발 변하십시오! 선왕들이 내려다보고 계시지 않습니까? 하늘이 내려다보고 있지 않습니까? 제발 변하십시오!"

너무도 분한 나머지 파랗게 질린 왕은 시퍼렇게 날이 선 칼을 단숨에 빼들었다. 그리곤 맨 먼저 김처선의 비쩍 마른 두 다리를 잘랐다. 피범벅이 된 채 몸통만 남아 버둥거리면서도 '제발 변하소서! 제발 변하소서!'라고 신음 섞인 간청을 해대자, 왕은 다시 김처선의 혀를 두 조각으로 갈라놓았다. 그래도 분이 채 안 풀린 왕은 김처선의 목을 잘라 몸통에서 떼어놓고 말았다.

"네 이놈! 여기가 감히 어디라고 주둥아리를 놀리느냐? 네가 얼마나 지껄여대는지 어디 두고 보자! 내시놈이 이제는 상감까지 능욕하려 하는구나! 이 못된 늙은 내시놈! 이 못된 내시놈!"

연산군은 김처선의 부모 무덤도 헐어버리라고 지시했다. 완전히 파헤쳐서 그 누구도 되찾을 수 없게 하라고 했다. 그리고 전국의 정자나 건물 이름에 만일 김처선의 이름에 들어간 '살 處' 자가 끼여 있으면 모조리 다른 글자로 바꿔치라고 지시했다.

책이건 이름이건 간에 '處' 자를 모두 다른 글자로 바꿔놓으라고 엄명을 내렸다. 자신이 고안해 낸 음란한 '처용무處容舞'도 당장 '풍두무豊頭舞'로 바꿔 부르도록 어명을 내렸다.

과연 어떤 이름이기에 그토록 대단한 최후를 마쳤는가.

처선(處살 처 善착할 선)이라는 지극히 평범한 이름이다. 하지만 아무리 평범한 이름이더라도 누가 지니고 있느냐에 따라 백 팔 십 도로 그 의미나 암시가 달라질 수 있다.

그의 이름을 '마땅히 있어야 할 곳에 단단히 뿌리를 내리고 본성 맨 밑바닥에 있는 성정을 바로 세운다'는 식으로 풀이해 볼 수 있다. 가장 중요한 것은 '머물 곳을 알고 마칠 곳을 알아 자신을 그 각각의 장소에 편안히 머무르게 한다'는 의미와 '원래 타고난 본성을 되찾는다'는 의미가 함께 들어있는 셈이다.

그는 비록 내시로 태어나 내시로 살다가 내시로 죽을 수밖에 없었지만, 이 못된 폭군을 바로 잡을 마지막 기회는 바로 이 때뿐이고, 그 바로 잡을 책임 또한 오직 내 한 몸에 달려있다고 비장하게 결심한 것이다. 그리고 '여기 이 자리에서 죽자'고 각오한 것이다.

자신의 본성으로 폭군의 이지러지고 뭉개 뜨려진 본성을 되찾아 보겠다고 굳게 마음먹었던 것이다.

죽을 장소를 알고 본성 되찾기라는 목표도 분명하게 정해져 있는데 뭘 더 머뭇거리겠는가. 그는 바로 여기다라고 정해놓고 폭군의 찌그러진 본성을 자신의 가슴 밑바닥 본성, 영혼 맨 밑바닥 본성으로 마구 두들겨 패 쓰러뜨리고 마구 찍어 넘어뜨리려 했던 것이다. 김처선이 폭군 연산군의 마지막 발악에 갈기갈기 찢기고 난 이듬해(1506년) 새 임금(진성대군·중종)이 들어서자마자 그의 고향 입구에는 빨간 선혈 빛 정문旌門(작설綽楔 혹은 홍문紅門으로도 불렀음)이 세워졌다.

비록 혀는 낡은 짚신처럼 문드러지고 사지는 넝마처럼 조각조각 흩어졌지만, 멈출 곳을 정확히 알고 타고난 천성을 지키기 위해 불끈 일어서서 신령스러운 외마디와 외침으로 남은 그의 기개와 충혼은 그 빨간 문설주와 문지방과 우람한 기둥으로 남아 후세를 위한 크나큰 가르침이 되고 빛나는 샛별이 된 것이다.

저승사자보다 더 무서운 무고꾼들

무고誣告가 얼마나 사악한지는 당해본 이가 가장 잘 알고
다음으로는 곁에서 지켜본 이가 잘 알 것이다.
'무고할 무誣' 에는 '사실을 일부러 비비꼬아 엉뚱한 방향으로
뒤바꿔놓는다' 는 말밖에는 없다. 하지만 사람들이 꾸미고
저지르는 무고행위에는 반드시 해치고자 하고 죽이고자 하는
사악한 악령이 끼여 있기 마련이다.

성종 임금 때의 일이다. 오위五衛 중 하나인 충좌위忠佐衛에 소속된 파적위破敵衛*의 일개 병사가 대신들이 임금을 죽이려 한다며 엉뚱한 고발장을 냈다.

*파적위 : 정원 2500명으로 하층 평민과 천민이 주로 입대

김방이란 자의 고변은 다음과 같았다.

"판서 이봉과 신준, 노공필, 신부, 이항 등이 역모를 꾀하고 있습니다. 거사 날짜도 이미 정해져 있습니다. 장수들과 병사들의 동원 계획도 이미 마련되어 있습니다. 바로 임금께서 태조 임금의 왕비인 신의왕후神懿王后* 한韓씨의 제사를 모시려 문소전文昭殿에 들르는 날에 거사하기로 했습니다. 서둘러 이를 다스리지 않으면 무슨 일이 날지 모릅니다."

*신의왕후 : 1337-1391; 정종, 태종 등 6남과 2녀를 둠

의금부에서 철저히 조사해보니 완전히 황당무계한 괴변이고 사악하기 이를 데 없는 무고였다.

김방은 참수되고 관련된 인사들도 모두 '액땜 한 번 단단히 한 것으로 칩시다' 라며 안도의 숨을 내쉬었다.

무고에서 살아난 이들은 과연 어떤 운세이기에 액땜만 하고 무

사할 수 있었는가.

형조판서를 지내고 52세의 천수를 누린 이봉(封봉할 봉)의 이름은 '북돋워 힘을 더해 준다' 는 뜻이다.

자는 '차례는 지키되 먼저 나서지 않고 나중에 나선다' 는 의미의 번중(番갈마들 번 仲버금 중)이고, 아호는 '소생시켜 아무도 모르게 숨겨준다' 는 뜻의 소은(蘇차조기 소 隱숨길 은)이다.

공조, 이조판서를 지내고 65세의 천수를 누린 신준(浚깊을 준)의 이름 뜻은 '깊이 바닥을 파 물길을 터 준다' 이다.

자는 '선비행세를 착실히 한다' 는 언시(彦선비 언 施베풀 시)이고, 아호는 '누추해 보이는 허름한 거처' 라는 의미의 나헌(懶게으를 나 軒추녀 헌)이다.

그의 이름과 자, 아호에서는 하나같이 남의 눈에 잘 안 띄는 곳으로 숨어드는 조심스런 행동거지를 엿보게 한다.

신부(溥넓을 부)의 이름 뜻은 '강의 하구처럼 광대한 모습' 이나 '광활한 포구' 를 암시한다. 시원하게 펼쳐져 있으니 가히 막힘이 없다. 불행을 피해 잠시 몸을 피하기에 실로 안성맞춤인 셈이다.

이항(沆넓을 항)의 이름은 앞의 申溥신부와 그 이름 뜻이 아주 흡사하다. 물길이 넓게 퍼져 여유 있게 흘러가는 모습을 떠올리게 한다. 얽매이지 않는 자유로움을 강하게 암시한다.

끝으로 盧公弼노공필은 어떤 사람인가.

연산군 때 유배를 갔으나 중종반정 후 다시 대운을 타기 시작했다. 62세 때는 명나라에 가서 '연산군을 몰아내고 새로 임금이 된 중종은 왕통을 이은 승습(承襲입니다' 라고 설명하고, 그 말이 맞다는 승인을 받아 돌아왔다. 그는 중추부 영사를 지낸 후 71세로 영면했다.

노공필(公공변될 공 弼도울 필)의 자는 희량(希바랄 희 亮밝을 량)이고, 아호는 국일재(菊국화 국 逸달아날 일 齋재계할 재)이다.

'드러내 놓고 말하여 도움을 이끌어낸다'는 이름, '항상 소망을 버리지 않는 밝은 성품'을 의미하는 자, '향기로운 자연에 묻혀 세상일을 잊고 사는 곳'이란 뜻의 아호…. 한 마디로 대단히 활달하고 거침없는 기질이 엿보인다. 아주 낙천적이고 매사에 적극적인 성품이라 어지간한 중상모략에도 끄떡 않고 태연하게 지냈을 것이다.

노공필은 62세 되던 해에도 역모를 고자질하는 무고에 다시 한 번 연루되었었다. 서자 출신의 의원인 金公著김공저와 서예가인 朴耕박경 등이 괴상한 모의를 했던 것이다. 즉, '박원종, 유자광, 노공필을 죽이고 정미수를 실권자로 받들어 한 번 멋진 세상을 열어보고자 무수한 사람들이 힘을 모으고 있는 중이다'라는 것이었다.

그런데 이들은 어수룩하게도 저희의 모의를 정미수와 유숭조에게 상의한답시고 모조리 나발을 불고 말았다.

마침 그때 공조참의로 있던 55세의 유숭조는 중종반정의 핵심실세들인 남곤, 심정 등과 함께 의금부에 소상하게 알려주었다.

조사 결과 너무도 황당한 역모였지만 일단 엄벌하기로 하고 김공저와 박경 등을 사형에 처했다. 노공필은 얼마 안 되는 생애 동안에 두 차례나 역모에 직, 간접으로 연루되고 말았던 것이다.

한 번은 역모의 주동자로 고자질되고 또 한 번은 역모 주동세력들에게 제일 먼저 살해될 표적인물로 거론된 것이다.

김공저(公공변될 공 著분명할 저)의 이름 뜻은 '공개적으로 뭔가를 확실하게 꾸민다'이니, 한약이나 짓고 침이나 놓아야할 주제에 그만 이상한 몽상을 꾼 듯하다.

박경(耕밭갈 경)은 '고랑과 이랑을 가지런하게 만들어 농사 한 번 잘 짓는다'는 이름 뜻에 맞게 붓글씨나 잘 쓰면 될 텐데, 무엇에 홀

렸는지 그만 제 무덤을 제 손으로 파고 말았다.

정치를 확 바꿔보자! 우리와 코드가 맞는 자들만 똘똘 뭉치면 이까짓 나라 하나 못 말아먹겠느냐! 할 수 있다! 꿈은 반드시 이루어진다며 함부로 날뛰다가 자기의 천수마저 그만 싹둑 잘라먹고 말았다. 정말 못 말릴 몽상가들이다.

조선의 카인(Cain) 李洪男이홍남(1515년 출생; 광주廣州 이씨)이란 자는 참으로 인간성이 나쁜 사람이었다.

23세와 31세에 각각 별시 문과와 문과 중시에 급제했으니 공부도 제법 많이 하고 머리도 아주 영특했던 모양이다. 하지만 32세 (1547년)에 양재역 벽서壁書사건*이 터져 아버지가 그만 사사되고 말았다.

*양재역 벽서 사건 : 문정왕후 윤씨가 아들 명종을 대신하여 수렴청정을 하며 중 보우를 앞세워 숭불정책을 펴자 이를 비난하는 벽보가 붙음

당연히 그도 영월로 유배되었는데 자기 처지가 불행했던지 그는 그만 '물귀신 작전'을 펴고 말았다. 즉, 평소에 자기가 미워하던 친동생 李洪胤이홍윤을 죽여 없앨 궁리를 한 것이다.

동생이 '정치 돌아가는 꼴이 영 못마땅해'라며 비난을 일삼자 형인 그는 '옳거니, 때는 이 때다'하며 동생 죽일 꾀를 짜냈다. 역모죄가 제일 좋다고 여겼다. 지독한 고문을 받다가 고통을 못 이겨 허위자백을 하게 되면 결국은 깨끗이 죽고 말 것이라고 여겼기 때문이다.

그는 친동생과 미운 털이 박힌 몇 몇 사람들을 함께 엮어 역모를 꾀하고 있다고 고발했다.

*윤원형 : 문정왕후의 친정 동생) 일파에 속한 자였기 때문에 이걸 빌미로 대윤(大尹) (인종의 생모인 장경왕후 윤씨의 친정 오빠인 윤임 일파

평소 알고 지내던 사간원司諫院에 있는 李無彊이무강이란 자는 형이 동생을 모함하는데도 반역사건으로 처리하겠다며 순순히 다 받아주었다.

그는 소윤小尹 尹元衡윤원형* 패거리들에 속해 있었기에

은밀히 대윤 씨 말리기 작전을 꾸미고 있었던 것이다.

동생을 죽이려는 사악한 조선의 카인은 본의 아니게 거대한 살육 프로젝트, 숙청 플롯(plot)에 실려 가랑잎처럼 둥둥 떠내려가게 되었던 것이다.

결국 동생은 처형되고 친척 아저씨뻘인 李有成이유성, 李允成이윤성, 李遂成이수성 3형제는 자신의 노비가 되고 말았다.

그는 모반을 밝혀낸 공로로 2년만에 유배에서 풀려나 장단 부사가 되었다. 하지만 제 버릇 개 못 준다고 그는 백성을 학대한 죄로 장단 부사 자리에서 10년만에 파면되고 말았다. 그러나 무슨 영문인지 2년 뒤인 46세에 다시 정3품 당상관 직인 공조참의에 기용되어 전보다 더 좋게 되고 말았다.

그러나 결국 그는 자기 친동생을 무고하여 죽게 한 뒤 꼭 20년만에 그 사악한 전과가 낱낱이 세상에 드러나게 되었다. 그런데도 형벌은 기껏 삭탈관직(혹은 삭직)에 그치고 말았다.

20년 동안 조카뻘인 이홍남의 노비로 천한 신분을 곱씹던 이윤성 형제들은 그제 서야 억울함이 세상에 알려져 노비에서 양반으로 회복되고 벼슬길도 열리게 되었다.

이윤성의 경우, 28세에 억울하게 원수 같은 놈의 노비가 되어 48세에 원래의 신분으로 되돌아왔던 것이다. 그는 빌어먹을 세상과 빌어먹을 팔자를 원망하며 모든 기회를 포기하고 아예 산 속에 묻혀 글이나 읽으며 살았다. 그래도 72세로 장수했으니 그만하면 하늘의 특혜를 덧입었다고 해야할지….

무고로 동생을 죽인 이홍남(洪큰물 홍 男사내 남)의 자는 사중(士선비 사 重무거울 중)이고, 아호는 급고자(汲물길을 급 古옛 고 子아들 자)이다.

'큰 물에 노는 사내' 라는 이름 뜻 때문인지 그는 34세에 작은 물인 영월에 유배가서 큰 물인 서울의 궁궐을 꿈꾸다가 그는 역모죄를 고발하면 공신에도 오르고 벼락출세도 얼마든지 가능하다고 결론을 내린 것이다. 그리고 '이대로 인생 종치기는 싫다. 내가 어떻게 살아나는지 두고 봐라' 하며 역적으로 몰려 죽은 제 아버지를 떠올리게 되었던 것이다.

그는 동생이 얄밉기 짝이 없었다. 아버지가 억울하게 죽었는데도 녀석은 털 한 오라기도 다치거나 으스러지지 않고 아주 멀쩡했던 것이다.

그는 평소에도 늘 제 형을 업신여기던 얄미운 동생을 반드시 제 손으로 죽여야겠다고 생각했다. 그래서 그는 '봐라, 우리 아버지도 아무 죄 없이 벽보사건에 휘말려 죽지 않았느냐. 나라고 그런 개 같은 역모사건을 꾸미지 말란 법이 있느냐? 나만 조용히 죽으라고? 대체 어느 놈이 그런 식으로 조용히 죽어준다던? 하고 혼자 이를 갈며 동생에 대한 복수를 계획했던 것이다.

'유능하지만 뭔가에 억눌리고 만다' 는 자의 의미, '고여 썩은 물을 길어 나른다' 는 아호의 의미를 곱씹어보며 그는 '비상한 방법이 아니면 도저히 살 길이 열리지 않을 것' 을 직감했다.

역적의 아들이 무슨 수로 벼슬길을 열 수 있나 라며 자조하기도 했지만, 이열치열以熱治熱이라고 역적죄는 역적죄로 엎어버려야 비로소 살 길이 열린다고 확신했다.

자신을 '얽어매는 인연의 줄을 싹둑 자르고, 고여 썩는 물을 길어 졸지에 바싹 말라붙은 제 처지를 흠뻑 적셔놓고자 했다.

카인의 아벨에 대한 린치에 맞물려 20년간 형제 살인자 카인의 노비생활을 해야 했던 이윤성(允진실로 윤 成이룰 성)의 자는 희신(希바랄 희 信믿을 신)이다.

'진실 하나를 무기로 삼고 살아간다' 는 이름과 '바라는 바를 얻게 되리라 굳게 믿는다' 는 자의 의미에서 어딘가 소극적이고 의타적인 기질을 읽을 수 있다.

너무 순하고 어둡다보니 3형제가 모조리 엉뚱한 악연에 휘말려 우습지도 않은 자의 노비로 전락하고만 것이다. 예나 지금이나 '일어설만하면 마구 밟아 죽이는 것'이 어두운 쪽에 속한 세상의 대원칙인 듯하다.

조선의 아벨인 이홍윤(洪큰물 홍 胤이을 윤)의 이름에는 '조상의 뒤를 이어 큰 꿈을 이룬다'는 암시가 배어 있다. 아마도 야심이 너무 크다보니 본의 아니게 제 형을 업신여긴 적이 있었을 것이다. 형보다 뭐를 하든지 나으면 결국 형의 미움을 사게 되는 것이 아닌가.

카인의 뒤에는 고도의 음모를 짜던 이무강(無없을 무 疆지경 강)이란 자가 있었다. 그의 이름 뜻은 '남의 밭으로 마구 들어가 씨를 없앤다'는 의미이다. 정말 무시무시한 이름이고 천하의 도적 같은 이름이 아닌가. 카인을 만나 아벨을 비롯한 수다한 사람들을 죽여 없애기로 꼬드긴 셈이니, 그 얼마나 악독한 기질인가.

'정유3흉丁酉三凶'으로 불린 대신들이 있었다. 어찌나 밑도 끝도 없이 모함을 잘 해대는지 누구든 걸리기만 하면 왕실이나 권문세도가와 아무리 가깝더라도 목숨을 잃거나 귀양을 가야 했다.

김안로를 보스로 하여 무수한 아첨꾼들, 출세꾼들이 모여 있었지만 특별히 두 사람이 가장 뛰어났다는 뜻일 것이다. 즉, 채무택과 허항을 합하여 세 명의 걸출한 무고꾼들로 부르고 있는 것이다. 온갖 모함질, 고자질, 탄핵질을 하다가 셋이서 똑같이 중종 임금의 미움을 사 사약을 마시고 자결할 수밖에 없었다.

채무택은 과거에 급제한지 십여 년 만에 대사간과 부제학을 지냈지만 대궐을 제 안마당으로 여기는 김안로에게 바싹 들러붙어 무고와 이간질과 해코지에 골똘해 있었다.

허항은 채무택과 같은 해(1524년)에 과거에 급제하여 '우리가 남이가?' 하며 늘 붙어 다녔다. 급제한 지 십여 년 만에 부제학과 동부승지를 지내고 김안로의 백으로 나중에는 대사간과 대사헌을 지냈다. 하지만 채무택에게 뒤질세라 무고와 이간질에 이골이 나 있었다.

삼흉三凶의 두목인 김안로(연안 김씨)는 여러모로 특이한 작자였다.

> "나에게 한 번 씹히면 반드시 죽는다. 나에게 해를 입히면 누구든 반드시 죽여 없애고 말겠다. '이에는 이, 눈에는 눈' 이란 말은 바로 나를 두고 한 말이다. 오른 뺨을 때렸으면 나머지 왼뺨도 반드시 때리되 더 세게 때린다."

남들이 들으면 피에 굶주린 미친놈이라고 할만한 그런 말을 공공연히 지껄이고 다녔다.

단순히 공갈이나 허풍으로 그런 말을 하고 다니는 게 아니었다. 아예 두 눈에 불을 켜고 다니며 해코지할 대상을 찾느라 늘 분주했다. 그의 꼬붕인 채무택이나 허항보다 꼭 18년 먼저 25세에 과거에 급제했으니 아마도 스무 살 가까이 연상이었을 것이다. 38세(1519년 훈구파가 사림파를 박해한 기묘사화)에는 신진사류의 우두머리격인 조광조 등과 함께 유배형에 처해졌다.

아마도 사림파의 칼칼한 성깔과 모든 걸 뒤엎어 새로 짜놓으려는 그 혁신적이고 위태위태한 도발정신에 꽤나 매료당했었는지도 모른다.

43세 때에는 이조판서에까지 올랐지만 중종의 맏사위(효혜공주 남편)가 된 자기 아들 金禧김희를 든든한 배경으로 오만방자 하게 굴다가 영의정 남곤과 대사헌 이항 등의 탄핵을 받아 경기도 풍덕으로 유배를 가야 했다.

46세 되던 해(1527년)에 남곤이 죽자 그는 2년 뒤인 48세에 풀려났다. 50세에 이조판서에 재 등용되어 다시 한 번 작심하고 자기 일파들로 주요 자리를 채워나갔다.

53세에는 우의정이 되고 이듬해에는 좌의정에 올라 그는 자기 손에 걸리기만 하면 벼슬길을 콱콱 틀어막았다.

하지만 드디어 악인에게도 다 종칠 때가 있는 것인지 그에게 죽음의 그림자가 다가오기 시작했다. 친정 형제들(윤원로, 윤원형 형제)과 짜고 사사건건 제 발목을 잡는 문정왕후를 몰아내고 제 구미에 딱 들어맞는 왕비감을 간택하려 참으로 무서운 흉계를 꾸미고 있을 때, 중종 임금이 더 이상은 못 봐 주겠다며 은밀히 체포령을 내렸다.

대사헌 梁淵양연의 상소를 시작으로 尹安任윤안임 등에게 '세 놈의 무고꾼을 붙잡아 오라'고 비밀 지령을 내렸다. 다들 이제야 소화가 제대로 된다며 반가워했다. 그리하여 세 무고꾼의 최후로 오랜만에 밝은 세상이 보란 듯이 반짝 그 얼굴을 내밀었던 것이다.

김안로의 아들 김희는 아비를 잘못 둔 죄로 제 아버지보다 6년 먼저 세상을 하직했다. 한때는 귀양간 제 아버지를 임금에게 직접 탄원하여 구해 줄 정도로 막강했었지만, 꼬리가 너무 길다보니 주위의 탄핵을 받기 전에 제 손으로 제 무덤을 파는 데까지 이르고 말았다.

김안로는 자신을 귀양 보냈던 沈貞심정(1471-1531)을 어떻게 해서든 죽여 없애야겠다고 결심했다.

43세 되던 해(1524년)였다. 대사헌을 거쳐 이조판서로 잘 나가던 때였는데, 꼭 10살 위인 남곤과 심정이 뱁새눈을 뜨고 김안로를 미운 오리새끼처럼 미워하기 시작했다.

"저 놈이 임금의 맏사위가 된 제 아들만 믿고 지나치게 방자하게 구는구나. 제 직분 이상으로 대궐을 뒤흔들어 놓고자 하니 이런 못 된 놈은 당장 갈아치워야 한다!"

남곤과 심정은 그런 말을 입버릇처럼 했던 것이다.

두 사람(남곤, 심정)은 두 차례에 걸쳐 김안로를 '못 살게' 굴었었다.

*훈구파 : 중종반정에 공을 세운 공신들 중심의 정치세력

남곤, 심정을 중심으로 한 소위 훈구파*가 조광조를 우두머리로 한 사림파를 대대적으로 숙청할 때(1519년 기묘사화), 김안로 자신도 사림파와 함께 귀양을 가게 되었었다.

그리고 그 후 다시 43세 때에 '권력을 남용한다'며 탄핵하여 다시 한 번 귀양을 가게 만들었으니 실로 철천지원수 같은 작자들이었던 셈이다.

결국 김안로는 두 사람에게 단단히 미운 털이 박혀 끝내 자리에서 쫓겨나야 했다. 단순히 자리만 뺏긴 것이 아니라 중년의 나이로 유배지를 향해 기약 없이 떠나야 했다. 그에게는 그 때가 자신의 인생에 있어 가장 중요한 시기였다. 용이 되어 승천하느냐, 아니면 이무기가 되어 땅에 떨어져 잡초처럼 썩어가야 하느냐의 중대한 갈림길이었던 것이다.

김안로는 두 사람을 역모죄로 엮어야 죽일 수 있다고 결심했다. 하지만 다행인지 불행인지, 46세 되던 해에 '원수 같던' 남곤이 56세로 먼저 죽고 말았다. 그러자 그는 속으로 쾌재를 부르며 죽일 놈은 이제 아둔한 심정 한 놈뿐이다 라고 결론지었다.

이제는 심정만 죽이면 된다. 약아 빠진 남곤은 자기가 죽은 후에 맞게 될지도 모르는 후환이 두려워 제가 쓴 책과 원고까지 모두 불태워 없앤 자가 아닌가. 김안로는 스스로 자기의 지략이 심정보다 한 수 위라고 생각했다.

김안로는 임금의 맏사위라 왕실을 자유자재로 드나드는 아들(김

^{희)}을 이용하기로 마음먹고 잔머리를 굴리기 시작했다.

병약한 세자_(후일 인종이 되는)의 열두 번째 생일날_(1527년 2월)을 기해 끔찍한 음모를 꾸몄던 것이다. 쥐를 잡아 주둥이와 귀와 눈을 불로 지지고 사지와 꼬리를 잘라 징그럽고 더러운 모습으로 바꾼 후 세자의 거처인 동궁의 북쪽 정원에 서 있는 은행나무 위에다 보란 듯이 걸어놓았다.

소위 '작서灼鼠의 변變'으로 불리는 조선왕조판 '할로윈 무비 (Halloween Movie)'의 서막이 올려지기 시작했던 것이다.

조선판 부두교(Voodooism) 의식의 서막이었다. 아니나 다를까, 금방 야단법석이 나고 말았다. 누군가가 세자를 저주하여 죽게 하고자 그런 끔찍한 일을 저질렀다는 소문이 순식간에 쫙 퍼지고 말았다. 김안로는 아들 김희를 시켜 임금에게 거짓 정보를 올리도록 했다.

즉, 중종의 후궁인 경빈 박씨가 자신의 아들인 복성군을 세자로 삼고자 못된 짓을 꾸몄다고 일러바쳤다. 오랫동안 떠돌던 소문이 사실로 드러나고 말았다고 주장했다.

후일 인종이 되는 장경왕후 소생의 12세 세자는 이미 7년 전에 세자로 책봉되고 3년 전인 9살에 세자빈 박씨까지 맞아들인 상태였다. 그런데 태어나자마자 어미를 잃은 불쌍한 세자를 죽여 없애고자 계모인 경빈 박씨가 감히 저주 주문을 외우고 있다는 것이 아닌가.

임금은 당장 인두로 지지고 주리를 틀어 자백을 받아내라고 불호령을 내렸다. 세자의 생모인 장경왕후 윤씨가 산후병으로 24세에 일찍 죽자 늘 가슴 한 쪽에 죄책감을 안고 살던 임금이었다.

39세의 임금_(중종)은 회갑을 막 넘긴 세자의 외할아버지 尹汝弼_{윤여필}을 생각해서라도 병약하고 늘 외로움을 잘 타는 세자를 완벽하게 보살펴주지 않으면 안 된다고 생각하고 있었다.

김안로는 '때는 바로 이 때다' 하며 56세로 좌의정의 자리에 올라있던 심정을 탄핵하여 강서江西로 귀양을 가게 만들었다.

"정승의 자리에 앉아 녹봉만 축내며 자기 일파를 챙기는 일에나 혈안이 되어있으니, 세자가 위급한 지경에 빠지는 것을 막을 재간이 있었겠습니까? 전형적인 안일무사의 표본이니 본보기로 처벌함이 마땅합니다!"

라는 식으로 탄핵했던 것이다.

이듬해에 임금은 자신이 그토록 총애하던 경빈 박씨와 그녀의 소생인 복성군을 평민으로 강등시켜 궁궐 밖으로 내쫓았다. 김안로의 심정에 대한 원한은 귀양 정도로 풀릴 리가 없었다. 그는 다시 꾀를 냈다.

"경빈 박씨를 음탕한 눈으로 바라보며 욕심을 내던 심정이란 놈이 무엄하게도 경빈 박씨에게 접근하여 '복성군을 왕으로 만들 기막힌 시나리오가 내게 있으니 나만 믿어달라'는 식으로 꼬드겼습니다. 급기야는 경빈 박씨의 정치적 야욕과 심정이란 놈의 음욕이 장단을 맞추어 그렇고 그런 스캔들을 만들게 된 것입니다"

라는 식으로 일러바쳤다.

귀양을 갔던 심정은 4년 뒤인 60세에 사약을 받고 자결하게 되었다. 그리고 경빈 박씨와 복성군도 그 후 2년 뒤에 사약을 받고 죽을 수밖에 없었다.

사필귀정事必歸正이라 했던가. 결국 경빈 박씨와 그녀의 외아들 복성군이 죽고 난지 8년 뒤(1541년)에 김안로의 아들 김희가 꾸미고 김안로가 뒤에서 조종한 전형적인 무고사건으로 판명이 나 모든 신분과 명예를 회복할 수 있었다.

하지만 김희는 꼭 10년 전에 이미 죽었고 아버지 김안로는 4년 전(1537년)에 임금이 보낸 밀사(대사헌 양연과 윤안임 등)에게 붙들려 사약을 받고 그 사악한 놀부 같던 56년의 지긋지긋한 생애를 마감했다.

김안로에게 빌붙어 76세에 영의정을 지내고 77세에 타계한 張順孫장순손과 54세에 도승지를 지내고 58세에 죽은 형 金安鼎김안정도 이미 7년 전(1534년)에 자연사하고 현세에 남아있지 않았었다.

김안로, 김안정의 부친인 金訢김흔도 연안 김씨 일문을 나름대로 빛낸 사람이었다.

김종직에게 수학 한 후 23세에 별시 문과에 장원급제하여 공조참의를 지냈다. 비록 병이 나서 중도에 되돌아오고 말았지만 30세에는 일본 통신사의 서장관이 되어 쓰시마섬에까지 다녀오기도 했고 사신으로 명나라를 다녀오기도 했다.

하여튼 김안로라는 한 개인이 죽자 많은 대신들이 안도의 숨을 내쉬었다. 김안로에게 한 번 찍히면 벼슬은 둘째 치고 목숨을 잃기 십상인지라 다들 숨을 못 쉬고 있었던 것이다.

趙宗敬조종경이란 자는 29세에 이조정랑에 천거되었으나 김안로가 반대하여 취임을 못했다. 32세 때는 심정의 일당이라고 김안로의 탄핵을 받아 파면되었다. 결국 과천에서 은둔생활을 하다가 40세로 죽었지만 그가 죽은 지 2년 후 김안로가 사사되자 그도 비록 사후이지만 명예 회복이 되었다.

任虎臣임호신은 28세에 아버지의 서장관으로 명나라를 다녀온 후 봉교奉敎가 되었는데 김안로의 모함을 받고 황간 현감으로 좌천되었다. 40대에 한성부 좌윤과 중추부 동지사를 지내고 49세에는 병이 너무 깊어 형조판서에서 물러났다. 이듬해에 죽었지만 세상에서는 그를 청백리로 추앙했다.

俞汝霖유여림은 28세에 과거에 '갑과'로 급제하여 부제학을 거친 후 53세에 형조판서, 55세에 호조판서에 이르렀으나 김안로의 탄핵을 받고 삭탈관직되었다. 61세 되던 해에 김안로가 죽자 그도 다시 예조판서에 올랐다가 이듬해에 타계했다.

陳寔진식이란 이는 28세에 과거에 급제하여 33세에 이조좌랑을 지내고 47세에는 대사간을 지냈다. 부제학을 지낸 후 49세로 생애를 마감했지만 그는 38세 위인 김안로를 평생 원수로 삼고 지냈다.

그가 18세 되던 해에 형 陳宇진우가 김안로에게 모함을 받아 죽었는데, 그는 형을 살려볼 결심으로 궁궐 밖에 홀로 엎드려 "제 형 진우를 살려주옵소서! 상감마마, 제 불쌍한 형을 살려주옵소서!"라며 통곡으로 상소를 올렸던 것이다.

그 일로 그는 세상 사람들로부터 의리가 대단한 대장부 중의 대장부라는 말을 들었다. "보통 사람이 아니다. 형을 살리기 위해 어린 나이에 그런 식으로 '1인 시위'를 했다는 것은 보통의 의리가 아니다"라며 이구동성으로 칭송을 아끼지 않았다.

張玉장옥이란 자는 22세에 과거에 급제하여 28세에는 시강관侍講官이 되었으나 신사무옥辛巳誣獄에 연루되어 유배를 가야 했다. 33세에 풀려나 문과중시에 급제한 후 병조정랑에 올랐으나 39세에 그만 김안로와 그 일당의 탄핵을 받아 또 다시 유배형에 처해졌다. 하지만 44세 되던 해에 김안로가 죽자 그의 벼슬길은 다시 열려 54세에는 정3품 봉상시奉常寺(시호 등을 관장) 정正을 지냈다.

蔡無逸채무일은 잘 나가다가 38세에 김안로의 미움을 사 유배형에 처해졌다. 하지만 41세 되던 해에 김안로가 죽자 그는 다시 벼슬길이 열려 44세에는 늦은 나이에 다시 과거에 급제하기도 했다.

48세 때에는 부모 봉양을 위해 부안 현감을 자청하여 지방으로 내려갔다. 60세로 타계할 때까지 취미로 그림을 그리며 소일했다.

여주 이씨 李彦迪이언적은 본래 이름이 李迪이적이었는데 중종 임금이 '선비 언彦'을 넣어 '언적彦迪'이라 하라고 명령하여 그대로 이름이 굳어진 사람이다.

39세 되던 해에 김안로의 재등용 문제가 등장했는데 그는 사간원司諫院의 사간司諫(종3품)으로 '아직은 안됩니다'라고 반대하다 오히려 자신이 관직에서 쫓겨나 귀양을 가게 되었다. 그는 귀양에서 풀려나자 고향에 독락당獨樂堂을 짓고 학문에만 열중했다. 43세 되던 해에 김안로가 죽자 그는 다시 벼슬길에 나와 홍문관 응교와 직제학을 지낸 후 노모 봉양을 위해 외직外職을 자청하여 안동 부사와 경상도 관찰사를 지냈다.

의금부 판사를 지내며 윤원형 일파가 주도한 사림파 숙청(1545년 을사사화)에 깊이 관여하다, 56세 때는 양재역 벽서壁書사건에 연루되어 다시 강계로 유배되었다. 62세로 타계할 때까지 오로지 성리학 연구에만 몰두했다.

이언적의 세 살 아래 동생인 李彦适이언괄은 참봉과 찰방察訪을 지냈지만 백성들로부터 칭송을 받아 그의 송덕비가 세워지기도 했다. 그는 형이 유배를 갈 때마다 "제 형은 정말 억울하게 된 겁니다."라며 상소를 올렸다. 형제가 기이하게도 각각 62세와 59세를 일기로 같은 해(1553년)에 영면했다.

김안로(安편안할 안 老늙은이 로)의 '늙은이처럼 홀로 평안히 머물기를 바란다'는 이름 뜻은 그의 천성을 암시하는 셈이다. 본래 성격은 대단히 이기적이고 소극적이었을 것이다.

전형적인 호가호위형이고 아무리 쥐꼬리만한 권한이나 권세가 생겨도 그 걸 몇 배로 불려서 휘두를 줄 아는 스타일이었을 것이

다. 큰 꿈이나 큰 배포보다는 잔꾀와 잔머리 굴리기에 아주 이골이
나있었을 것이다.

그의 자는 이숙(頤턱 이 叔아재비 숙)인데, '아래, 위턱으로 모조리 씹
어 삼킨다'는 의미가 자못 소름끼친다. 턱의 힘처럼 강력하고 집요
한 근성과 독기가 있으니, 누구든 그에게 미움을 사면 결코 성할
수 없었을 것이다. 실로 무시무시하리만치 지독한 성깔이었던 것
같다.

그는 세 개의 아호를 지니고 있었다. 희락당(希바랄 희 樂즐길 락 堂집
당), 용천(龍용 용 泉샘 천), 퇴재(退물러날 퇴 齋재계할 재)이다.

'기쁜 일을 만들며 소망을 품고 세상을 즐겁게 산다'는 희락당
의 의미에서 소인배인 주제에 뭔가 과시해 보려는 욕구가 물씬 풍
겨난다. 아마도 과시욕이 대단했던 것 같다.

'용이 사는 샘'이라는 아호에서는 그의 남다른 과시욕과 과대망
상적인 기질이 드러난다. 그리고, '물러나 잠잠하게 머문다'는 퇴
재라는 아호에서는 그의 이중적인 성격이 엿보인다. 칼을 뽑아 휘
두르고는 스스로 자책하며 보복을 두려워하기도 하고, 제가 저지
른 소행을 잘 알기에 항상 모든 사람들을 의심의 눈으로 보아야 했
던 그의 이중적인 심리상태가 어렴풋이 드러난다.

김안로 주위에서 알랑거리고 굽실거리며 단물을 잘도 빨아먹던
허항과 채무택을 살펴보자.

허항(沆넓을 항)이란 이름은 '물이 고여 큰 웅덩이를 이루고 있다'
는 뜻이니 욕심이 많아 일단 차지하기는 해도 제대로 관리하지는
못했을 것이다.

벼슬이 높아지고 녹봉이 많아지기만을 끈질기게 바랄 뿐 스스로
노력하거나 정정당당히 겨루려는 의욕은 별로 없었을 것이다.

그저 머리가 영리하고 기억력이 좋고 응용하는 능력이 뛰어나다

보니 자연히 출세는 어느 정도 할 수 있었지만, 더불어 사는 세상에 대한 훈련이나 마음가짐이 제대로 안 갖춰져 주위 사람들의 빈축과 조롱을 많이 받았을 것이다.

그의 자는 청중(淸맑을 청 仲버금 중)이다. '너무 깨끗하면 물고기가 못 산다' 는 의미이니, 겉으로는 꽤나 청렴 강직한 척하면서도 속으로는 대단히 이기적이고 탐욕적이었을 것이다. 적당히 청렴하고 적당히 강직하게 군다는 생각을 지니고 살았을 테니, 어찌 보면 대단히 실용적이고 실리적인 처세훈 같지만 일단 공직사회에 나가서는 부도덕한 행실과 탈법적인 처신으로 곧잘 주위 사람들의 눈살을 찌푸리게 했을 것이다.

채무택(無없을 무 擇가릴 택)의 자는 언성(彦선비 언 誠정성 성)이다.

'이것 저것 가리지 않는다' 는 이름에서 '출세를 위해서라면 뭐든지 한다' 는 눈먼 출세지상주의를 엿볼 수 있다. 그리고 자의 의미인 '정성을 다하는 선비' 는 그가 마음속으로 꿈꾸거나 최소한 남들로부터 그런 칭송을 듣고 싶어했다는 것을 암시한다.

목적을 위해 수단방법을 가리지 않는 사람임인데도, 학문으로 혀를 감싸 그럴듯한 궤변을 일삼으니 세상 사람들이 피해야 할지 가까이 다가가야 할지, 정말 헷갈리게 되어 있는 것이다.

언제든 표변하여 인륜에 어긋난 짓을 일삼을 수 있는 비열한 기질이 엿보이는 이름이고, 제 추악한 심보와 행실을 적당히 잘 얼버무리는 재주를 숨긴 자인 셈이다.

사간원 정언을 지내고 57세에는 성주목사를 지낸 曺世虞조세우(1483년 생)는 네 차례(1537년 10월 27일에 한 차례, 28일에 두 차례, 29일에 한 차례)에 걸쳐 김안로와 그에 빌붙어 못된 짓을 일삼는 채무택, 허항을 즉시 참살하라며 강력한 상소를 올렸다.

김안로를 일컬어 생김새는 여우나 쥐와 같고 마음씨는 불여우같다고 했으니, 선비들의 상소질이 너무 주관적이고 겁 없이 함부로 쓰여진 부분이 많았다고 보아야 할 것이다. 더욱이나 '간신들을 참살하소서'라며 구체적으로 이름을 거명하는 식이었으니 어찌 보면 상소는 곧 살생부가 되는 셈이고 당한 자와 가해자 사이에는 대를 이어 원한이 쌓일 수밖에 없었을 것이다.

조세우의 상소에도 대단히 주관적이고 황당무계한 주장이 많이 들어 있었다. 예를 들면 이런 내용이었다.

*이자 : 1480-1533; 형조 판서, 우참찬 지낸 후 1519년 기묘사화 때 파직되어 음성에 낙향

"연산군의 아우인 주계군朱溪君도 김안로의 문장을 보고 소인기질이 농후하다고 했습니다. 김안로의 동서 李耔이자*도 자질을 비판했고, 중국 사신도 요초妖草 같다고 했습니다. 김안로를 제대로 모르는 분은 오직 상감마마 한 분뿐입니다.

풍덕에서 유배살이 할 때는 지역 문사文士인 閔壽千민수천과 교제하며 조정을 속이고 결탁하면 날개를 마음껏 펼칠 수 있을 것이라고 꼬드겼습니다. 또한 제 집을 지으며 사치롭게 꾸미며 객청客廳을 마치 대궐의 정전正殿처럼 흉내냈습니다.

간절히 요청합니다. 김안로를 참살하지 않고는 왕권을 바로 세울 수가 없습니다. 김안로의 손톱, 발톱 같은 허항과 채무택도 참살해야 합니다. 허항은 간교하고 음흉하여 허풍과 공갈로 협박을 일삼고 있습니다. 채무택은 간사하고 편파적이라 김안로의 지시에 따라 움직이며 조정을 경시하고 사람들을 속이기만 하고 있습니다."

상소의 요점은 빨리 죽이지 않으면 저희가 간교한 술책을 부려

역모를 꾸미게 될 것이 너무도 자명하다는 것이다.

상소의 내용이 어떠하든 사실 여부를 확인하면 드러날 일이긴 하지만 몇 가지 흠과 세상에 퍼진 악평을 근거로 '참살하소서!' 라고 줄기차게 상소를 올리는 것은 아무래도 뭔가 좀 이상하다.

어찌되었건 하나뿐인 사람의 목숨인데 어떻게 그렇게 집요하게 빨리 쳐죽이지 않으면 큰 일이 난다고 할 수 있는 것인가?

중종 16년에는 서자출신인 宋祀連송사련(1496-1575)이란 자가 출세에 환장하여 10여 명이 참형을 당하는 무고를 저지르고 말았다. 25세 된 송씨 한 사람의 야욕으로 순흥 안씨 일문에 날벼락이 떨어지고 말았던 전형적인 무고사건이었다.

47세에 '이과의 옥사'를 무난히 해결하여 정난공신 3등에 책록되고 이후 6조의 판서를 두루 거치며 관록을 쌓은 安瑭안당은 50대 후반에 우의정, 좌의정을 지냈다. 59세에 좌의정으로 있으면서 기묘사화로 싹쓸이 당하는 조광조 등의 사림파 선비들을 구하려고 적극적으로 노력하다가 그만 자신이 파면당하고 말았다.

61세 되던 해에 목숨을 재촉하는 송사련의 무고가 있을 때는 한가로이 말년을 정리하고 있던 때였다.

송사련은 안당과 사이가 나쁜 沈貞심정*에게 아부하여 관상감觀象監 판관判官(종5품)으로 있었는데, 어느 날 자기의 출세를 완벽하게 보장해 줄 밀담을 듣게 되었다. 안당의 아들인 安處謙안처겸이 李正淑이정숙, 權磌권전 등과 더불어 입을 함부로 놀리고 있었던 것이다.

그들이 말한 내용은 '기묘년(1519년)에 사림파 선비들을 박해한 남곤과 심정을 죽이고 경명군景明君*을 왕으로 추대하자'는 것이었다.

*심정 : 1471-1531; 기묘사화를 주도하여 사림파 숙청. 김안로로부터 중종의 후궁인 경빈 박씨와 통정했다는 모함을 받아 60세로 사사됨
*경명군 : 성종과 숙의 홍씨 사이의 7남 3녀 중 다섯째로 성종의 10남에 해당

가슴이 마구 뛰는 것을 간신히 진정시킨 후 송사련은 처조카인 鄭鏛정상과 은밀히 상의했다. 둘은 우선 안처겸의 모친상 때 온 조문객들의 방명록을 훔쳐 그것을 증빙자료로 하여 고변할 서류를 만들었다.

송사련의 무고로 안당과 그의 두 아들인 처겸, 처근, 처인, 그리고 이정숙, 권전, 안형, 황현, 조광좌, 봉천상, 이충건, 이약수, 김필 등이 모두 처형당했다.

安珽안정이란 자는 두 차례나 죽을 고비를 무사히 넘긴 특이한 행운아였다. 25세 때는 숙직을 하다가 위기를 맞았었다. 마침 훈구파에 의해 사림파가 대대적으로 숙청당할 때였는데 그는 마침 입직入直(숙직)을 하고 있었다. 사림파로 몰려 일단 투옥되었는데 혐의가 없음이 밝혀져 이튿날 바로 석방되었다.

27세 때는 송사련이 순흥 안씨 집안을 쑥대밭으로 만들 때 하필 그의 이름이 송사련의 고발장에 섞여 있는 탓에 심하게 고문을 당한 후 유배형에 처해졌다. 하지만 천만다행으로 16년 뒤인 43세 때 사면되었다.

양성 현감을 지낸 후 스스로 관직을 버리고 낙향하여 거문고와 글짓기와 그림 그리기로 소일했다. 특히 매화꽃과 대나무를 잘 그려 많은 묵객들의 존경을 받았다.

송사련(祀제사 사 連잇닿을 연)의 이름이 참으로 신기하다. '제삿날 받아준다' 는 의미가 아닌가. 결국 그는 순흥 안씨 일족과 숱한 선비들을 죽음의 골짜기로 밀어 넣은 후 그 공로로 정3품 당상관이 되어 50대 중반까지 30여 년간 호강하다가 79세로 장수했다.

사건의 진정한 내막은 사건이 있은 지 자그마치 75년이 지나서야 세상에 드러났다.

선조 임금 대(1586년 선조 19년)에 와서야 무고임이 밝혀져 송사련에게 주어졌던 모든 벼슬과 녹봉이 박탈되었다.

송사련과 함께 무고에 가담한 처조카 정상(鋌바퀴 데 상)은 송사련이 물고 들어온 대수롭지 않은 험담과 시국비판을 조문객 방명록과 엮어 위급한 역모사건으로 수레에 태워 보낸 것이다.

그의 이름 뜻대로 굴러온 건수를 잘 살리고 꾸미고 바람을 집어넣어 굉장한 물건으로 바꿔치기 한 것이다.

심정과의 정치적 알력 때문에 역모죄로 잡아넣기에 속수무책으로 걸려들고만 안당은 이미 47세 때(1507년 중종2년)에 역모죄에 걸려들면 뼈도 못 추린다는 것을 속속들이 다 알았던 사람이다.

李顆이과(1475-1507)의 역모죄를 처리하며, 누구든 역모혐의에 걸려들면 죽을 수밖에 없다는 사실을 뼛속깊이 느끼게 되었던 것이다.

32세 때에 역모혐의에 걸려든 이과는 실로 대단한 사람이었다. 16세에 과거에 급제한 뒤 29세에 벌써 대사성을 지냈다. 하지만 연산군의 문란한 국정운영을 비판한 것이 꼬투리 잡혀 그는 그만 전라도로 유배를 가게 되었다. 그는 유배지에서조차 진성대군(중종)을 옹립하여 폭군 연산군을 몰아낼 역모를 꾸미고 있었다. 배짱이 좋은 건지, 아니면 매사를 너무 쉽게 보고 엄벙덤벙 덤벼대는 기질인지, 도무지 분간하기 어려운 사람이다.

그런데 애석하게도 한양에서 반정에 성공하여 진성대군이 왕이 되고 연산군은 강화도로 쫓겨갔다는 소식이 들려왔다. 하지만 그의 반정 모의는 기특하게 여겨져 원종공신*에 책록되고 전산군全山君에 봉해졌다.

*원종공신 : 큰 공로를 세운 공신을 도와 작은 공로를 쌓았다는 등외 공신

그런데도 그는 벼슬이 낮은 것에 불만을 느껴 애꿎은 견성군甄城君 惇돈(성종과 숙의 홍씨 소생)을 왕으로 추대하려는 역모를 꾀하게 되었다. 결국 역모죄로 처형되고 알지도 못한 사이에 역모 시나리오에 올려지고만 견성군은 사사되었다.

바로 이듬해에 견성군은 가담한 적이 없다는 사실이 드러나 명예회복은 되었지만 정말 앞으로 넘어지고 뒤통수가 터진 꼴이 되고만 셈이다. 무모한 망상가 한 사람 때문에 애꿎은 생목숨이 그만 불귀의 객이 되고만 것이다.

안당은 '이과의 옥사'를 처리하며 평생 역모에 휘말리지 않고 살아야 한다고 여러 번 다짐했었다. 한데 자식놈의 가벼운 입 때문에 멸문지화를 당하고만 것이다. 죽어가면서도 그는 3년 전의 기묘사화 때를 생각했을 것이다.

셀 수 없이 많은 선비들이 죄도 없이 일사천리로 처단되는 것을 보며 정치가 얼마나 겁나는 것인가를 뼈저리게 느꼈을 터이다. 35세로 죽어 가는 큰아들(안처겸)은 제 동생(안처근)과 함께 2년 전에 현량과에 급제하고 성균관 학유學諭(최말단 직)로 있었다. 함께 처형당한 奉天祥봉천상은 생원 시절에 벌써 '시정책 10조'를 올려 국가정책에 일부 내용이 채택되도록 했었다.

안당(塘못 당)의 자는 언보(彦선비 언 寶보배 보)이고, 아호는 영보당(永길 영 慕그리워할 모 堂집 당)이다.

환갑을 넘기자마자 '자신이 파놓은 갈등의 연못'에 3형제가 다 빠져죽고만 것이다. '보배 같은 선비'였고 '오래 사모하는 마음'을 지녔으면 대체 뭘 하는가. 적을 만들지 않는 것이 바로 상위 개념의 정치라는 것을 미처 깨닫지 못하고 11살이나 아래인 심정이란 자와 갈등관계를 유지한 것이, 그만 멸문지화의 단초가 되고 말았던 것이다.

아들인 안처겸(處살 처 謙겸손할 겸)의 자는 백허(伯맏 백 虛빌 허)이다. 3개나 되는 아호는 겸재(謙겸손할 겸 齋재계할 재), 근재(謹삼갈 근 齋재계할 재), 허재(虛빌 허 齋재계할 재)이다.

'제 자리에 머물며 몸을 낮춘다'는 본성은 다 어디로 가고 그렇게 함부로 발설하여 제 아버지와 형제들과 지인들을 모조리 죽게 했는지….

자와 아호에 유별나게 '빌 허虛' 자가 많이 들어 있다. 그리고 이름과 아호에 모두 '겸손할 겸謙' 자가 들어 있다. 아호에 있는 '삼갈 근謹'이란 것도 따지고 보면 '겸손할 겸謙'에 매우 가깝다고 보아야 한다.

성격이 본래 급하고 직선적이라 여간해서 잠자코 있지 못하는 편이라, 겸손이라는 의미와 삼간다는 뜻을 일부러 골라 넣었을 것이다.

'먼저 비운다, 먼저 제 안위를 잊고 당당히 나선다'는 자의 의미에서 시시비비를 명확히 가려야만 직성이 풀리는 성격임을 엿볼 수 있다. 3개의 아호에서 나타나듯 '겸손할 겸謙'과 '삼갈 근謹' 그리고 '빌 허虛'는 어떤 식으로 서로 조화를 이루고 있는가?

아마도 야심만만하고 솔직 담백한 기질이라 스스로 억누르기 위해 서로 충돌하는 듯한 의미들을 아호에 집어넣었을 것이다. '겸손하자. 매사에 신중하자. 너무 앞서나가지 말자. 욕심을 먼저 내보이지 말자'는 스스로의 다짐 때문에 그런 식의 조합을 만들어 냈을 것이다.

구사일생으로 살아나 거문고와 그림 그리기로 여생을 잘 보낸 안정의 경우는 어떤가.

안정(珽옥 홀 정)의 이름 뜻은 '옥으로 만든 고귀한 상징'이니, 비록 이승의 티끌을 뒤집어쓰고 살아도 마음과 영혼은 '신선에 가까운 경지'였을 것이다.

송사련의 고발 노트'에 이름이 적혀 있던 탓에 자그마치 16년간이나 대역죄인으로 살아야 했지만, 그는 본래 고귀한 성품이고 자세라 결국 죄는 있으나 용서한다는 임금님의 사면을 덧입을 수 있었을 것이다.

'박힌 것을 뽑아내서 원래대로 흘러가게 한다'는 정연(挺뺄 정 然그러할 연)이라는 자가 자못 심상치 않다. 세상의 온갖 진흙 던지기 게임에서 벗어나 훨훨 날아갈 수 있다'는 강한 운세가 느껴진다. 그 어떤 불행이나 위기에도 전혀 동요하지 않고 항상 평상심을 유지하는 신선 같고 도사 같은 구석이 있었던 것 같다.

'대나무 창문'이라는 의미의 아호인 죽창(竹대 죽 窻창 창)에서도 대단히 적극적인 일면이 엿보인다. 잘 굽어지지 않고 잘 꺾이지 않는 대나무로 창문을 만들려면, 어지간한 끈기나 고집으로는 아마도 지레 포기해야 할 것이다.

졸지에 역모죄에 얽혀져 능지처참을 당하고만 봉천상(奉받들 봉 天하늘 천 祥상서로울 상)의 이름 뜻은 '하늘이 낸 길한 운세'이다. 그리고 자는 '상서로운 기운을 타고 기세 좋게 잘 나간다'는 뜻의 상지(祥상서로울 상 之갈 지)이다.

그런데 '상서로울 상祥'에는 복도 있고 반대로 재앙도 있다. 쉽게 말해 하늘이 하는 일에는 늘 양날의 칼처럼 위태로운 구석이 있다는 뜻이다.

기묘사화(1519년)로 죽고만 조광조 밑에서 학문을 하고 재야 학자들을 등용하려는 현량과에 의해 천거되어 벼슬을 시작했으니, 일단 극심한 견제와 감시를 받고 있었을 것이다.

스승이 죽을 때 자신도 결국 삭탈관직되었지만 2년 후 역모죄에 끼어들어 능지처참을 당할 줄은 꿈에도 몰랐을 것이다. 복과 재앙이 함께 들어있는 '상서로울 상祥'자이니, 세고 빠른 물살에 가랑잎처럼 떠내려가고만 것이다.

나무에 달려 있을 때는 아름답고 싱그러운 생명이지만, 물살에 급하게 떠내려 갈 때는 이미 죽음을 향한 줄달음질일 수밖에 없었던 것이다.

　무고誣告가 얼마나 사악한지는 당해본 이가 가장 잘 알고 다음으로는 곁에서 지켜본 이가 잘 알 것이다. '무고할 무誣'에는 '사실을 일부러 비비꼬아 엉뚱한 방향으로 뒤바꿔놓는다'는 말밖에는 없다. 하지만 사람들이 꾸미고 저지르는 무고행위에는 반드시 해치고자 하고 죽이고자 하는 사악한 악령이 끼여 있기 마련이다.

　더욱이나 저 놈이 역적모의를 했다는 식으로 까발리면 결국은 생트집을 잡을 수밖에 없고 또한 굵고 겁나고 뒤흔들어진 상태에서 허위자백을 하게 마련인 것이다.

　고문이 얼마나 손쉽게 인간을 뒤바꿔놓을 수 있는가. 유혹이 얼마나 쉽게 사람의 고정관념과 신념 따위를 뒤흔들어놓는가.

　겨우 열 살 때 아버지 사도세자가 무고로 죽는 것을 낱낱이 지켜본 정조는 생사람 잡는 무고에 대해 본능적으로 진절머리를 낼 수밖에 없었다.

　25세에 왕이 되었으니, 아버지의 뒤주 속 죽음을 본 후 이미 15년의 세월이 지나 웬만한 전후 스토리는 소상하게 꿰고 있었을 것이다.

　남인南人 계열의 시파時派는 아버지를 살리려 했지만 서인西人 계열의 노론老論은 장차 왕이 되면 나라를 망칠 것이라며 독버섯은 일찍 뽑아버려야 한다고 단호하게 나왔다.

　그리고, 형조판서로 있던 65세의 윤급과 경기관찰사로 있던 59세의 홍계희가 김한구와 짜고 윤급의 청지기로 있던 나경언이란 자를 충동질하여 세자의 열 가지 비행을 고발하라고 시켜 할아버지(영조)를 격노하게 만든 일도 소상하게 알고 있었다.

　뿐만 아니라 세자시강원世子侍講院 설서說書(정6품)를 지낸 權正忱 권정침이란 자가 사서司書(정6품) 任城임성과 검열檢閱(예문관, 춘추관의 정9품직) 林德躋임덕제를 앞세워 '세자는 분명히 모함을 받은 것입니다. 모함 뒤에는 여러 대신들의 해묵은 당파싸움이 있었습니다' 라고 사건의 진상을 규명한 일도 알고 있었다.

또한 아버지 사도세자가 직접 포도청을 시켜 나경언의 가족을 심문하게 한 뒤 우의정 윤동도의 아들 윤광유가 형조판서 윤급의 청지기인 나경언을 꼬드겨 고발장을 내게 했다는 사실을 밝힌 것까지도 알게 되었다.

정조는 똑똑히 보았었다.

할아버지는 고변자인 나경언을 충신으로 예우하려 했지만, 남태제와 홍낙순이 나서서 목숨을 걸고 반대했다.

"세자를 모함한 일은 역적죄에 해당됩니다. 저런 자를 살려두면 나라가 뒤흔들리고 인륜과 천륜이 땅에 떨어지게 될 것입니다. 당장 목을 베어 세상 사람들을 위한 경고의 메시지가 되게 하십시오!"

라고 강력히 주장했던 것이다.

결국 두 사람의 반대 때문에 사필귀정의 대원칙이 제대로 지켜졌던 것이다. 졸지에 충신으로 둔갑할 뻔했던 나경언은 순리대로 참형에 처해졌다.

정조는 이 모든 사실을 어제 일처럼 생생하게 기억하고 있었다. 특히 권정침이란 자를 참으로 특이한 인물이라고 생각하고 있었다. 52세의 결코 적지 않은 나이였는데도 아이처럼 울부짖으며 간청했다.

"세자를 뒤주 속에 가두면 안 됩니다. 어린 세손이 있는데 장차 어떻게 하려고 천륜에 어긋나고 인륜에 맞지 않는 골육지친骨肉之親을 죽이려 합니까? 절대로 안 됩니다. 차라리 저를 대신 죽여주십시오! 하찮은 제 목숨을 대신 거두어 가십시오!"

권정침은 너무 극렬하게 간청하다가 그만 할아버지(영조)의 진노를 사 형장으로 끌려가게 되었었다. '충신을 죽이면 안 됩니다' 라는 간언을 듣고 특지特旨를 내려 살려주었지만, 그는 그 길로 낙향하여 57세로 타계할 때까지 아예 그날의 그 무심했던 하늘을 바라보지 않고 살았다고 한다. 생각할수록 고맙고 기특한 충신 중의 충신이었다.

왕위에 오른 지 11년 째 되던 해(1787년 정조 11년)에 정조는 한 가지 대단히 중요한 훈령을 내렸다. '이제 후로는 무고로 생사람 잡는 악습을 반드시 뿌리뽑겠다' 는 실로 획기적인 지침이었다.

말 가지고 벌어먹는 선비들이라 사람을 살리고 죽이는 짓도 꼭 세 치 혀를 앞세웠다. 먹을 갈아 글을 쓸 줄 아는 선비들이라 누군가를 해코지 할 때도 반드시 붓과 먹물과 종이를 이용해서 그렇게 했다.

선전관宣傳官(3품에서 9품까지 있었음)으로 있는 具純구순이란 자가 제 동료인 李潤彬이윤빈을 무고하여 매를 맞고 유배를 가게 한 사실이 밝혀지자 '구순을 처벌하라' 고 명령한 후 병조판서 金履素김이소(1735-1798)에게 시켜 '구순처분전교具純處分傳敎'를 선전관청宣傳官廳(왕을 위한 무관 중심의 비서실인 셈)에 새겨놓게 했던 것이다. 다시는 사악한 자가 나타나 무고질로 억울한 희생자를 만들지 않도록 하라는 분명한 경고의 메시지였던 것이다.

구순이란 자는 어찌나 사악했던지 제 상관인 曺學信조학신을 위협하여 '당신은 그저 모른척하고 가만히만 있으면 된다'고 미리 입을 틀어막았다.

그 사실을 안 정조는 제 부하가 무고로 억울한 일을 당했는데도 잠자코 있었다면 그게 무슨 상관이냐며 당장 곤장을 매우 쳐서 귀양을 보내라고 명령했다.

구순(純생사 순)의 이름 뜻은 '이물질이 안 섞여 순수하다'는 뜻인 셈이다. 아마도 제 비위에 맞지 않으면 도저히 용서가 안 되는 스타일이었을 것이다. 자기 딴에는 완벽주의자인데 그만 그런 기질이 타인에게 적용되면 모두 쓰레기처럼 보일 수 있는 일종의 결벽증으로 발전하고 극렬한 심판자로 둔갑할 수도 있는 것이다. 누구나 내면적으로는 일종의 극단주의자이지만 남을 심판하여 벌을 주기까지 악랄하게 나아가지는 않는다. 그런데 자신에게 엄격하고 경건하고 극렬하다 보면 어느새 남에게까지 그런 식으로 처신하게 되어, 자칫하면 사소한 감정대립이나 이견 노출 때문에 증오와 살기로까지 발전할 수 있는 것이다.

구순이란 자는 한 순간의 극단적인 증오로 인해 동료를 정도 이상으로 보복하게 되었을 것이다. '밉다, 나하고는 안 맞는다, 왠지 그저 싫다'는 이유 하나 만으로, 급기야는 '죽이고 싶다, 저 놈 망하는 꼴을 반드시 봐야만 내 속이 시원하게 뚫릴 것 같다'는 데까지 생각의 고리가 그만 확 변질되고만 것이다.

무고로 크게 봉변을 당하고 귀양까지 간 이윤빈(閏젖을 윤 彬빛날 빈)은 '흠뻑 적셔야 제 빛이 난다'는 기이한 의미를 지니고 있다. 결국 그는 흠씬 두들겨 맞고 외딴 물가로 귀양을 가서야 임금님과 조정 대신들의 주목과 관심과 동정을 받게 된 것이다.

얼마나 특이한 운세인가. 무관 중심의 상감마마 비서실인 선전관청宣傳官廳에 근무하면서도 별로 눈에 안 띄었는데, 흠씬 매맞고 먼 곳으로 유배를 가니 그만 온 나라 안이 발칵 뒤집히게 된 것이다.

한 부하의 못된 무고질과 다른 한 부하의 억울한 누명 뒤집어씀을 모른 척한 조학신(學배울 학 信믿을 신)은 '진실을 믿어야' 하는데도 그는 엉뚱한 무고를 믿는 척 한 것이다.

무엇이 옳고 무엇이 그른지를 배워야 하는데도 그는 진실보다 더 무서운 것이 바로 세상을 사는 요령이라고 여기며 나 몰라라 눈을 감고만 것이다.

정조 임금의 이름은 산(祘셀 산)이고 자는 형운(亨형통할 형 運돌 운)이고, 아호는 홍재(弘넓을 홍 齋재계할 재)이다.

'수를 세어 정확히 알아낸다'는 이름, '원활히 돌게 하여 세상의 도리가 막힘이 없이 흐르게 한다'는 자, '널리 전파하여 세상을 바로잡는다'는 아호…. 역시 정조 임금다운 이름이고 자이며 아호다. 시시비비를 잘 가려 반드시 바로잡아 놓겠다는 각오와 세상을 제대로 다스려보려는 결심을 엿볼 수 있다.

07 | 임금님의 백(배경)에 관한 이야기

체재공은 운좋게도 장장 52년간이나 통치한 영조 임금과
24년간 통치하며 조선의 근세를 준비했던 정조 임금의 든든한 백을
울타리로 삼고 지냈다.
그는 경제적 안목이 정조 임금의 자유로운 상행위 보장정책을
열심히 보좌했다. 하지만 신분제도에서만은 철저히
보수적 입장을 견지했다.

　독불장군으로 혼자 살 수도 있지만 아무래도 뒤섞여 서로 돕고
이끌어주며 사는 것이 더 살맛 날 수 있다. 흔히들 백이라고 하면
무조건 알레르기 반응부터 보이지만, 따지고 보면 누군가의 도움
을 받지 않고 무인도에 떨어진 듯 홀로 사는 경우는 그리 많지 않
을 것이다.

　남의 우연한 도움도 감격스러운 법인데 하물며 임금님의 특별한
배려를 덧입는다면 그 얼마나 큰 행운이겠는가. 임금님의 직접적
인 관심표명을 임금님 백이라고 불러보자.

　李延慶이연경(1484-1548)이란 자는 35세 되던 해에 훈구파의 역공으
로 사림파가 대대적으로 숙청당할 때 꼼짝없이 죽을 수밖에 없었
다. 이미 왕에게 올려진 대역죄인 명단에 그의 이름 석 자가 보란
듯이 들어가 있었기 때문이다.

　그런데 이게 웬 행운인가? 31세 된 중종 임금이 그의 이름을 죄
인 명단에서 슬쩍 빼 준 것이다. 단순히 빼 준 정도가 아니라 임금
이 재가할 때 사용하는 선홍빛 물감으로 그의 이름 위에 동그라미

를 큼지막하게 그려준 것이다.

"임금이 살려준 사람이니 아무도 재론하지 말라. 나에게 꼭 필요한 인재이니 죄가 있더라도 왕명으로 살려주는 것이다."

그의 이름 위에 그려진 붉은 색 동그라미는 그러한 메시지를 담고 있었던 것이다.

이연경은 충청도 관찰사를 지낸 광주 이씨 李守元이수원의 아들이다. 어머니는 남양 방房씨 집안이다. 너무 일찍 벼슬길에 나섰는지 그는 20세에 갑자사화(1504년)에 연루되어 섬으로 귀양을 갔다. 22세에 중종반정으로 폭군 연산군이 쫓겨나자 그도 자연히 석방되어 자유의 몸이 되었다.

23세에 진사시험(사마시)에 합격했다. 하지만 억울하게 죽은 조상의 후손이라는 이유로 그는 선릉 참봉에 제수되었다. 자신보다 2세 연상인 조광조와 교류하며 학문적인 토론을 많이 했다. 35세에는 조광조 등이 사림 세력의 등용을 위해 만든 현량과에 급제하여 지평, 교리 등을 지냈다.

하지만 서른 중반에서 그만 팔자가 와장창 일그러지고 말았다. 사림파가 대역죄인으로 몰려 다 죽게 되자 현량과도 자연히 폐지되었다. 그러자 현량과를 통해서 관직에 나섰던 많은 선비들이 삭탈관직되고 말았다.

중종 임금은 어떤 인연으로 이연경의 이름을 처벌자 명단에서 슬쩍 빼 주었을까? 아마도 학문의 깊이가 남다른 임금이었던지라 평소에 이연경의 학문적 깊이가 대단함을 알고 스스로 흠모했는지도 모른다. 이연경은 그 길로 벼슬을 정리하고 공주에 칩거하며 학문 연구와 제자 양성에만 매달렸다.

"스승님, 저를 제자로 받아주십시오. 선생님의 가르침으로 눈을 뜨고 싶습니다. 어둠 속에서 헤매고 있는 저를 이끌어내셔서 저로 하여금 빛을 보게 해 주십시오!"

공부하겠다고 찾아온 盧守愼노수신(1515-1590)과 康維善강유선(1520-1549)은 이연경의 높은 인품에 반해 그만 그의 사위가 되고 말았다. 노수신은 16세에 이연경의 사위 겸 제자가 된 것이다. 그리고 그는 28세에 과거에 장원급제했다.

하지만 30세에 파직되고 32세에는 유배형에 처해져 자그마치 19년간이나 귀양살이를 했다. 양재역 벽서사건*에 연루되었다는 모함을 받은 것이다. 인종을 옹립한 대윤*에 속해 있던 탓에 문정왕후와 명종을 중심으로 한 소윤* 일파에게 역공을 당하고만 것이다.

*양재역 벽서사건 : 문정왕후의 지나친 국정 간섭과 왕후의 백으로 불교 중흥을 꾀하던 승려 보우를 비난하는 대자보
*대윤 : 인종의 외삼촌인 윤임이 보스였음
*소윤 : 명종의 외삼촌인 윤원로로, 윤원형이 보스였음
*정여립 : 1546-1589; 동래 정씨; 불평분자들을 모아 대동계(大同契)를 만들고 무술훈련을 시켜 41세 때는 왜구를 격퇴하기도 했으나 43세에 진안, 죽도 등지에서 반역을 꾀하다 아들과 함께 자살
*송인수 : 1487-1547; 성리학의 대가로 인정받았으나, 60세에 청주 은거 중 윤원형 등에게 사사됨

그래도 워낙 쇠심줄 같은 관운인지라 그는 선조 임금이 등장하자 52세의 나이에 교리로 재 등용되었다. 부제학, 대사헌, 이조판서, 대제학을 거쳐 58세에는 우의정에 올랐다. 63세에 좌의정, 70세에는 드디어 영의정에 올랐다.

비록 74세에 31세 연하인 鄭汝立정여립*을 천거한 일이 있다 하여 파직되고 말았지만 용오름을 그대로 빼닮은 승승장구였던 셈이다.

휴정休靜대사나 선수善修대사와 교류하며 '사람은 어디서 와서 어디로 가는가' 라는 선문답도 참으로 많이 했던 그의 75세의 생애는 실로 파란만장 그 자체였다.

제자 겸 사위가 된 또 한 사람은 강유선인데, 17세에 진사가 되어 성균관 유생이 되었다. 한 때는 宋麟壽송인수* 등에게 글을 아주 잘 쓰는 사람이라는 칭찬을 들었다.

그런데 25세에 성균관 유생들과 같이 '26년 전 기묘사화(1519년)로 희생된 조광조를 명예회복 시켜주십시오' 라며 합동으로 상소를 올렸다.

조광조는 선조 초에나 신원이 되었으니, 자그마치 이십 수년 전에 조광조를 신원해 주시오 라고 간청했던 것이다. 분위기가 무르익지 않았을 때 신원 운운하면 자칫 목숨을 잃을 수도 있었다.

효종 때 金弘郁김홍욱 같은 이는 8년 전에 사약을 받고 죽은 소현세자의 부인 강빈姜嬪*을 신원해달라고 간청했다가 효종이 직접 고문하여 그만 장살시키고 말았지 않은가.

숙종 임금 대(1717년)에 와서 영의정 김창집의 요청으로 비로소 신원되었으니 자그마치 63년이나 앞서서 신원해 주기를 호소했던 것이다.

강유선은 결국 29세에 李洪胤이홍윤의 옥사에 연루되어 장살되고 말았다.

이연경(延끌 연 慶경사 경)의 이름 뜻은 '좋은 일, 기쁜 일을 끌어들인다' 이니, 제자 겸 사위를 두 명이나 얻게 되었을 것이다. 비록 자신은 크게 출세하지 못했지만 사위 중에서 영의정이 나온 것은 그 얼마나 영광인가.

장길(镸길 장 昔길할 길)이라는 자의 의미 또한 이름과 비슷하다. '좋은 일을 되도록 오래 가게 한다' 는 뜻이니 비록 사위 한 사람(강유선)은 이른 나이에 죄인이 되어 죽었지만, 다른 사위(노수신)를 통해 그 소망이 다 이뤄진 셈이다.

75세까지 장수하며 19년간의 길고 지루한 귀양살이를 완전히 극복하고 영의정에까지 올랐으니 그만하면 장인의 이름 석 자에 금실을 엮어준 것이 아닐까.

두 개의 아호는 각각 탄수(灘여울 탄 叟늙은이 수)와 용탄(龍용 용 灘여울

*강빈 : 1646년 3월, 인조 후궁 소용昭容 조趙씨의 무고로 그녀의 세 아들과 친정의 네 형제들 그리고 친정어머니가 함께 희생됨

灘)이다. 두 개의 아호에 '여울 灘' 자가 들어 있는 것이 어딘가 좀 수상쩍다. 급한 물살에서 잘 살아남아 용이 되라는 축원이 깃들여 있는 아호다.

한 딸은 비극적인 최후를 맞은 남편을 그리며 청상과부로 살았지만 다른 한 딸은 정경부인貞敬夫人(정1품)에 올라 주위의 부러움을 듬뿍 샀다.

한 딸은 여울에 발이 삐끗하여 그만 넘어지고 말았지만, 다른 한 딸은 여울을 잘 이용해 남편과 더불어 용으로 승천한 것이다.

어떤 사람과 함께 있었느냐가 대단히 중요한 의미를 갖는 경우도 아주 많다.

崔適최적이란 이는 후일 세조로 등극하는 수양대군과 깊은 인연이 있었기 때문에, 누가 보아도 별 볼일 없는 처지였음에도 입신양명과 함께 임금들의 특별한 백을 덧입은 사람이다.

귀화인의 서자였으니 누가 보아도 이중적인 악조건을 지니고 있었던 셈이다. 국적을 조선으로 바꿨지만 엄연한 외국인인데다 하필 첩 자식이었으니, 누가 보아도 출세하기는 아예 처음부터 거의 불가능해 보일 수밖에 없었을 것이다.

그런데 무술을 제법 잘 했던지 최 말단 무관인 갑사甲士가 되어 별군別軍*에 소속되었다.

*별군 : 조선 건국에 공이 컸던 함경도 군사들 중심의 특수부대로 서울을 방어하게 했으나, 후일 군기시에 속해 총포제작 담당

그러한 그에게 큰 행운이 찾아왔다. 사은사로 명나라에 가는 수양대군을 호위하게 되었던 것이다. 단종이 즉위하자 큰삼촌인 수양대군이 명나라에 신고하러 가던 셈이었다.

수양대군과의 특별한 인연으로 그의 품계는 장마철 잡초처럼 쑥쑥 올라갔다. 2년 뒤 수양대군이 세조로 즉위하자 그는 사직司直(오

위에 속한 정5품 무관직)으로 좌익원종공신佐翼原從功臣 1등에 녹봉되었다.

그후 11년 뒤에는 무과시험에 장원하여 상호군上護軍(정3품)으로 특진되었다. 이어 길주 목사가 되고 이듬해에는 이시애의 난을 평정하는데 전공을 세웠다. 2년 뒤에는 대호군大護軍(정3품)에 승진하고 5년 뒤(1474년 성종 5년)에는 오위장五衛將(종2품)에 올랐다. 그 후 3년 뒤(1477년)에는 중추부 첨지사가 되었다.

하지만 조정 대신들의 시기, 질투가 그의 승승장구를 너그럽게 보아줄 리가 없었다.

"귀화인의 첩 자식인데 너무 중용하는 것 아니냐. 조선 조정에는 그렇게도 인재가 없다는 말이냐. 제 놈이 무예를 알면 대체 얼마나 알겠느냐. 우리말도 제대로 모르고 사서삼경이니 뭐니 하는 그 기본적인 소양도 전혀 갖춰지지 않은 무식한 놈을 그런 식으로 출세길을 활짝 열어주면 결국 권력을 너무 쉽게 보고 역심을 품을 것이 아니냐?"

조정 대신들은 그렇게 시기하면서 사방에서 탄핵이 올라오고 상소가 줄을 이었다. 그 결과 여러 차례 좌천과 삭탈관직을 반복해야 했다.

하지만 세조 임금을 곁에서 늘 호위한 공로로 갖은 어려움을 가까스로 극복하고 그는 1486년에는 중추부지사中樞府知事(정2품)에 올랐다. 궁술대회만 열렸다하면 장원은 그가 단골로 차지했다. 정신력과 시력이 타의 추종을 불허했던 모양이다. 무식했지만 유순하여 여러 임금들의 신임을 받았다는 것이 그에 대한 조선 조정의 총평이다.

귀화한 외국인의 첩 자식으로 보초나 서고 잡일이나 거드는 일개 갑사였지만, 수양대군(세조)을 호위하고 명나라에 다녀오는 그 수개월 동안에 그의 충직하고 기민한 헌신이 돋보이게 되었던 것이다. 그 결과 주위의 온갖 입방아와 탄핵과 상소에도 불구하고 끝까지 잘 살아남아 죽기 한 해 전에는 정2품 벼슬에까지 당당히 올랐다. 실로 눈부신 출세길이었다. 임금님의 백이 있었기에 비로소 가능했을 것이다. 본인의 특기라고 해야 그저 활 잘 쏘는 사람이었을 정도인데도, 워낙 충직하고 헌신적이라 권력의 온갖 소용돌이 속에서도 끝끝내 승승장구할 수 있었던 것이다.

최적(適갈 적)인 그의 이름에는 비록 한 글자에 불과하지만 참으로 복잡한 의미가 뒤섞여 있다. '우연히 귀한 사람과 만나게 된다' 는 뜻도 있고, '끝끝내 잘 되어 원하던 것을 차지하게 된다' 는 의미도 들어 있다.

결국 그는 장차 임금이 될 수양대군을 호위하고 명나라를 오고 가며 깊은 인연을 쌓았기 때문에 자신의 온갖 악조건을 이겨내고 벼락출세를 이뤄낼 수 있었던 것이다. 우연히 귀인을 만나 깊은 인연을 만들어 낸 것이다. 그 결과 출세길이 열리기는 했지만 경력을 잘 관리하고 품성을 잘 가다듬어 반드시 벼락출세를 달성해 내고 말겠다는 본인 스스로의 다짐이 없었다면 결코 그 높은 벼슬에까지 이르지 못했을 것이다.

그가 권력의 사다리를 올라가던 시기는 참으로 험난하고 복잡하던 때였다. 그가 10대 때는 세종 임금 말년으로 1441년 7월 23일에는 장차 단종 임금이 될 어린 왕자가 태어났다. 어머니 되는 현덕왕후 권씨는 출산 후 3일만에 산후병으로 요절했다. 어린 왕자는 결국 할머니(세종의 후궁인 혜빈 양씨) 손에 자라나야 했다.

1448년(세종30년)에는 그 어린 왕자가 어느새 만7세가 되어 왕세손에 책봉되었다. 말년의 세종은 왕세손을 데리고 집현전을 자주 방문하여 집현전 학사들에게 어린 세손을 잘 부탁한다고 당부했다.

1450년(세종32년) 2월에 현군 중의 현군인 세종 임금이 승하했다. 崔

適최적은 그 때 피끓는 청년으로 한창 무예수련에 여념이 없었다. 비천한 신분에서 탈출하는 데는 무인이 되어 국가를 위해 전공을 쌓는 일밖에 없다고 결심하고 말타기, 칼쓰기, 활쏘기 등 온갖 무예를 익히는데 비지땀을 흘렸다.

뒤이어 왕이 된 문종은 2년 3개월만에 승하하고 1452년 5월 14일 경복궁 근정전에서 단종 임금이 즉위했다. 9월에는 명나라 사신들이 명나라 황제의 임명 조칙과 즉위 축하 선물(비단)을 가져왔다. 1453년 10월에는 한바탕 난리가 나 영의정 황보인과 우의정 김종서를 비롯한 정계 거물들이 일시에 제거당하고 말았다.

한명회와 권람 등이 만든 살생부에 의해 홍달손, 양정, 임운, 유서를 비롯한 30여 장사들이 단숨에 죽여 없앤 것이다. 형의 야심에 반대하던 안평대군도 강화로 귀양을 갔다 사사되고 말았다. 하룻밤 사이에 수양대군이 조선의 실권을 장악하게 되었던 것이다.

수양대군은 영의정부사와 겸판이병조와 내외병마도통사를 겸하게 되었다. 정인지는 좌의정에 한확은 우의정에 올라 수양대군을 보좌하게 되었다. 정인지는 허수아비가 된 단종에게 계유정난에 가담한 40여 명을 정난공신으로 책봉하도록 강요했다.

1454년에는 만 13세가 된 단종 임금이 정인지의 손녀를 제치고 송현수의 딸을 왕비로 맞았다. 단종의 증조부 격인 효령대군(세종의 둘째 형)이 중간에서 혼사를 도와주었다.

그러나 어린 임금은 왕권을 탐내는 삼촌 때문에 도저히 제 자리를 잡을 수 없었다. 수양대군을 편드는 대신들이 노골적으로 왕위를 삼촌에게 넘기라며 은근히 협박을 했다.

단종은 결국 매부(경혜공주의 남편인 정종)가 영월로 귀양 가던 날인 1455년 6월 11일에 삼촌인 수양대군에게 왕위를 양위하고 상왕으로 물러났다. 6월 20일에는 창덕궁으로 거처를 옮겼다. 겉으론 평온한 정권 인수인계인 듯해 보였어도 속으로는 일촉즉발의 위태로운 기운이 잠복해 있던 시기였다.

왕(세조)이 된 수양대군은 새 임금으로서 여러 가지 은전을 베풀었다. 일주일 뒤에는 귀양을 보냈던 단종의 매부를 석방시켜 서울로 올라오게 했다. 그리고 매월 3회(1일, 12일, 22일)에 걸쳐 문무백관과 함께 상왕인 단종을 알현했다.

그런 식으로 1년여 간은 매사가 순탄하게 돌아가는 것 같았다. 그러나 곧이어 1456년 6월에 엄청난 참화가 빚어지고 말았다. 세종과 문종으로부터 어린 홍위弘暐(단종의 이름)를 잘 부탁한다는 고명顧命(임금이 임종시에 당부한 일)을 받은 고명지신顧命之臣들이 세조를 죽이고 단종을 복위시키려는 계획을 추진했던 것이다.

집현전 학사 출신인 金礩김질이 겁을 낸 나머지 거사 계획을 속속들이 일러바쳐 사육신(박팽년, 성삼문, 유성원, 유응부, 이개, 하위지 등)을 비롯한 여러 충신들(김문기, 권자신 등)과 그 가족들이 모조리 참화를 당하고 말았다.

실로 비극적인 참극이었다.

상왕으로 물러앉아 있던 단종은 모든 책임을 한 몸에 지고 노산군魯山君으로 강등되어 영월 창령포로 유배생활을 떠나야 했다. 무수한 충신들이 무서운 형벌로 모두 불귀의 객이 되고 말았으니, 외롭고 서럽게 귀양 가는 열다섯 살의 단종을 환송할 신하도 거의 남아 있지 않았다.

그래도 인심은 살아 있고 선비의 기개는 여전했던지 엄흥도, 원호, 조여, 이수형, 김시습 등은 허름한 촌부로 변장한 후 한밤중에 다녀가기도 했다. 하지만 왕이 바뀌자 일은 계속 터져 참화의 연속이 되고 말았다.

사육신의 참화가 있은 지 얼마 안되어 다시 한 번 비극적인 사건

*별군 : 조선 건국에 공이 컸던 함경도 군사들 중심의 특수부대로 서울을 방어하게 했으나, 후일 군기시에 속해 총포제작 담당

이 일어나고 말았다. 영월에서 얼마 멀지 않은 순흥으로 유배를 가 있던 세조의 동생인 금성대군*이 순흥부사 이보흠과 다시 한 번 단종 복위를 계획했던 것이다. 이보흠의 사위이자 집현전 박사 출신인 손서륜은 '의거에 가담할 사람을 모집한다'는 격문檄文을 여기저기에 붙이기까지 했다.

*금성대군 : 세종 비 소헌왕후 심씨의 8남 중 여섯째

이보흠의 참모인 급창과 금성대군의 몸종이 역모를 고자질하자 기천현감이 이 사실을 낱낱이 조정에 알렸다. 결국 다시 한 번 피비린내 나는 참화가 일어나고 말았던 것이다.

엎친 데 덮친 격으로 김정수라는 점쟁이 또한 색다른 역모사건을 만들어내 다시 한 번 섬뜩한 피비린내를 풍기게 되었다. 김정수는 제 누이가 송현수(단종의 장인)의 집 침모에서 쫓겨나자 앙심을 품고 돈령부판사 宋玹壽송현수와 돈령부 판관 權完권완이 단종 복위를 노리고 있다고 모함한 것이다.

결국 단종은 '숙부인 금성대군과 장인이 처형당했다'는 비보에 접한 후 노산군에서 서인으로 강등된 채 '자결하라'는 협박에 시달리게 되었다.

영월 창령포에 겨울을 재촉하는 서릿발 같은 바람이 불어오던 10월 하순이었다. 아무런 신분도 없었다. 완전한 대역죄인일 뿐이었다.

결국 단종은 상왕에서 노산군으로, 노산군에서 서인으로 처지가 백팔십 도로 뒤바뀌다가 1457년을 넘기기 전에 16세로 생애를 마감했다.

세조 임금이 다스리던 13년은 그렇게 피비린내가 진동했다. 1461년에는 단종의 매부인 鄭悰정종(문종의 딸인 경혜공주의 남편)이 승려 性坦성탄과 역모를 꾀했다 하여 능지처참을 당했다. 단종 때에 형조판서를 지냈던 그는 사육신의 참화 이후 귀양을 가서 그 때 이미 5년여

의 유배생활을 하고 있던 중이었다.

세조 말년인 1467년에는 이시애가 난을 일으켜 서울 북방이 온통 쑥대밭이 되기도 했다. 함길도 절도사 康孝文강효문 같은 이는 관내를 순시하다가 이시애가 보낸 자객에게 피살되기도 했다.

예종이 다스린 1년 1개월 동안에도 피비린내가 진동했다. 27세의 남이 장군이 역적질을 하려한다는 모함을 받고 죽자, 영의정 강순도 78세의 노구로 형장의 이슬로 사라지고 말았다. 두 사람은 이시애의 난을 평정하여 나라를 평온하게 만들었고, 명나라를 도와 건주위 전투에 참전하여 조명朝明간의 공조 관계를 더욱 공고히 했던 당대의 영웅호걸이었다.

최적이 살았던 성종 임금 시절의 18년 세월도 폐비 윤씨 사건으로 뒤숭숭하기는 마찬가지였다. 폐비 윤씨는 후궁에 책봉된 지 3년만에 왕비가 된 조선의 신데렐라였지만, 성격이 모난 탓에 네 살 아들(후일의 연산군)을 남겨둔 채, 왕비 된 지 4년만인 1480년에 사약을 받고 죽고 말았다.

성종은 그 당시 23세의 팔팔한 청년이었다. 그 또한 자신이 19세 때 낳은 어린 왕자의 장래를 걱정하지 않을 수 없었다. 폐비 윤씨 사건으로 온 나라가 시끄러웠지만 세월이 흐르자 서서히 잠잠해지기 시작했다.

어느덧 7년의 세월이 지나고 말았다. 어머니가 비극적으로 죽었다는 것을 까맣게 모른 채 어린 왕자(연산군)는 계모인 정현왕후 윤씨(성종의 계비로 중종의 생모)를 어머니로 알며 잘 자라고 있었다. 정현왕후 윤씨는 자신보다 14살 아래인 어린 왕자를 친자식처럼 애지중지했다.

최적은 11세가 된 세자(연산군)를 보며 '장차 어머니가 사약을 받고 죽은 줄 알면 한바탕 피비린내가 나겠구나' 라며 크게 걱정하면서도 모든 걸 운명에 맡길 수밖에 없다고 생각했다.

그 자신도 마침내 임종을 맞이하게 되었던 것이다. 스스로 되돌아보니 실로 기적 같은 생애였다. 여러 임금들의 백으로 미천한 신분에서 정2품 벼슬에까지 올랐으니, 모든 게 그저 고마울 따름이었다.

연산군을 몰아내고 임금이 된 중종은 신하들 한 사람 한 사람에 대해 아주 특별한 애착을 보였던 것 같다. 아마도 어머니 정현왕후 貞顯王后 윤씨(파평 윤씨)의 자애로움을 본받았기 때문일 것이다.

어머니 정현왕후는 폐비 윤씨(연산군 생모)가 사사된 후(1480년 11월)인 18세에 왕비가 되어 26세에 후일 중종이 될 진성대군을 낳았다. 진성대군을 낳기 전에는 네 살로 어머니 없이 자라던 연산군을 친자식처럼 소중하게 키웠으니, 그녀는 이미 스무 살이 되기 전부터 현모양처의 모든 특질을 다 갖추고 있었던 셈이다.

평양 이씨인 李希輔이희보(1473-1548)는 연산군 때인 28세에 과거에 급제하여 벼슬생활을 시작했다. 내수사內需司*별제別提(정, 종6품)를 지내다가 33세에 중종 반정을 맞게 되었다.

*내수사 : 왕궁의 재산, 토지, 노비 및 미곡, 포목, 잡화 등을 관리

반정이 성공한 해에 중종 임금의 배려로 직제학直提學(정3품)에 올랐다. 그런데 연산군의 후궁(숙원淑媛, 종4품)으로 국사에 관여하며 온갖 사치로 국가 재정을 파탄으로 이끌던 張綠水장녹수의 최측근이라 하여 탄핵을 받고 파면되었다.

장녹수가 누구인가. 성종 임금의 9세 연하 4촌 동생인 제안대군 齊安大君*의 여종에서 임금의 후궁으로 변신한 여인이다. 성악과 연주에 조예가 깊었던 주인(제안대군)을 닮아 가무

*제안대군 : 1466-1525; 예종의 계비 안순왕후 한씨 소생

에 능한데다 인물까지 반반했다니, 실로 연산군의 구미에 딱 들어맞았던 셈이다.

얼마나 백성의 원성과 조정 대신들의 평판이 안 좋았으면 반정

으로 연산군이 강화도로 쫓겨나자마자 목이 잘리는 참형을 당했겠는가. 그녀가 욕심껏 얻어낸 가산家産도 몰수되고 말았다.

이런 장녹수에게 아부했다는 죄명으로 파직을 당했으니 그 얼마나 창피스럽고 모욕적이었겠는가. 아무도 두둔해 주지 않았을 것이다. 그런데 중종 임금이 용서해 준 탓에 36세에 연서도延曙道 찰방察訪(종6품으로 역참을 관리)으로 재기용되었다. 그 후 선산부사, 여주 목사를 거쳤다.

중종 임금이 이희보를 얼마나 총애했던지, 왕은 여러 차례 그를 대사성에 임명하고자 시도했었다. 한데 사헌부가 그 때마다 반대를 하고 나섰다.

"일개 계집에게 아부했던 자가 아닙니까? 비열한 데가 없다면 어찌 그런 식으로 출세를 하려 했겠습니까? 이런 자가 성균관成均館의 최고 직인 대사성大司成에 오른다면 첫째는 정3품 이상의 모든 당상관직이 우습게 되고, 둘째는 수단방법을 안가리고 출세나 하려는 비열한 출세지상주의가 판을 치게 될 것입니다. 절대 아니 되옵니다. 통촉하소서!"

결국 그는 임금의 은총을 입어 63세에 드디어 대사성에 임명되었다. 그 때 중종 임금의 나이는 48세였다. 비록 15세나 연상인 이희보였지만, 임금의 은총을 엄청나게 덧입은 셈이었다.

그 후로도 이희보는 대호군大護軍(오위에 속한 종3품 무관직)과 중추부 첨지사僉知事(정3품의 무임소 관직)를 지내고 75세로 영면했다.

도대체 어떤 운세이기에 그렇게 센 임금의 백을 업고 있었을까?

이희보(希바랄 희 輔덧방나무 보)의 이름 뜻은 '큰 수레바퀴가 잘 굴러가도록 돕는 위치에 서기를 바란다' 이니, 어찌 보면 임금에게 꼭 필요한 신하인 셈이다. 장녹수가 워낙 실세 중의 실세라서 그는 아마도 조급한 마음에 굽실거렸을 것이다. 이십대 후반과 삼십 대 초반의 나이였으니, 되게 급하게 여길 만도 하지 않았겠는가.

폭군을 몰아낸 진짜 임금을 만났으니, 그는 진정으로 수레바퀴에 덧댈 단단한 나무가 될 수 있었던 것이다. 그는 아마도 이제야 나라와 상감을 위해 일할 시기가 되었다며 눈빛이 달라지고 걸음걸이와 몸가짐마저도 확연히 달라졌을 것이다.

자는 '도와주는데 앞장선다'는 뜻인 백익(伯맏 백 益더할 익)인데, 이름과 너무도 잘 맞는 셈이다.

아호는 '제 분수에 만족하려는' 인생관을 암시하는 안분당(安편안 안 分나눌 분 堂집 당)이다. 노장사상老莊思想의 안빈낙도安貧樂道를 연상시키는 아호이다.

열심히 돕는 기질, 충성으로 헌신 봉사하는 스타일인데다, 큰 욕심을 잘 안 내는 안분지족安分知足의 삶을 지향했으니, 윗사람이 볼 때 참으로 쓸만한 동량지재棟樑之材였을 것이다. 그의 그러한 천성과 기질 덕분에 그 어려운 고비에서도 잘 살아남아 당상관에 오르고 또한 75세까지 장수할 수 있었을 것이다.

蔡濟恭채제공(1720-1799)이란 이는 사도세자를 미워한 영조가 세자 폐위를 명령하자 죽음을 무릅쓰고 반대하여 왕명을 철회시켰던 사람이다.

처음 얼마동안은 당연히 영조의 미움을 받았지만 곧 자식을 죽인 아버지의 마음으로 돌아가 무척 괴로워하게 되자 목숨을 걸고 세자를 옹호했던 신하가 어여뻐 보였던 것이다.

영조의 머릿속에는 아들(사도세자)의 절규와 채제공의 간청이 한데 어우러져 언제나 귓가를 맴돌고 있었다.

"아바마마, 억울합니다. 당파에 쏠리고 잇속에 눈이 어두운 못된 신하들이 편을 짜고 저지른 무고입니다. 차라리 저를 모함한 자들과 저를 대질시켜 주십시오. 제가 아바마마 앞에서 확실히 밝히겠습니다. 나경언이란 자가 저를 무고했다고 하는데 당장 저를 그 자와 대질시켜 진실을 밝혀주십시오, 아바마마!"

"세자 폐위는 천부당만부당한 일입니다. 차라리 저를 죽여 주십시오. 제발 어명을 거두어 주십시오. 거두어 주시기 전에는 절대 못 물러가겠습니다. 7세에 책봉된 세손이 이제 겨우 열 살입니다. 세자와 세손은 부자사이가 아닙니까? 이런 식으로 왕통을 이어갈 분들에게 정신적 고통을 주면, 어떻게 장차 현군이 나와 진정한 왕도정치를 펼 수 있겠습니까? 한을 만들지 마옵소서! 상감마마의 눈을 가리고 귀를 막는 불충한 자들을 엄벌에 처해 주십시오. 그들이 바로 나라를 어지럽게 하고 백성을 괴롭히는 자들입니다. 그들이 바로 종묘사직을 뒤흔들려 하고 상감마마의 지혜와 통찰을 가려 저희 무리의 이익을 취하려는 자들입니다. 부디, 어명을 거두어 주십시오! 뒷날에 크게 후회하실 일을 만들지 마십시오!"

영조의 귀에는 죽은 세자와 채제공의 음성이 문득문득 귓전을 울리곤 했다.

후일 영조가 사도세자를 죽게 한 일을 후회하여 기록한 '금등'을 죽은 세자의 아들인 세손(정조)과 보관할 유일한 신하라고 지목한 것만 보아도 영조의 마음에 얼마나 깊이 새겨진 신하인지 쉽게 알 수 있다.

채제공은 영조 대에 벼슬을 시작했다. 27세의 가없은 사도세자를 위해 목숨을 걸었을 때는 이미 40대를 내다보는 중년이었다. 15세에 향시에 급제하여 8년 뒤인 23세에 문과에 급제했으니 보통의 경우보다 몇 년 빨랐던 셈이다.

28세에 영조의 특명에 의해 탕평책의 제도적 장치인 한림회권翰林會圈*에 선발되어 예문관 사관史官이 되었다.

31세 때는 남의 무덤을 뺏었다는 이유로 삼척에 유배되기도 했다. 하나 33세에 균역법 운영 상황을 조사하는 암행어사가 되어 충청도를 두루 살폈다.

35세 이후 관직이 쑥쑥 올라가 부승지와 대사간을 지냈다. 38세에는 도승지가 되어 사이가 나쁜 사도세자와 영조 사이를 열심히 중재했다. 물론 사도세자의 편에 서서 영조에게 직언을 서슴지 않았다.

경기 감사, 개성 유수, 안악 군수, 함경 감사, 한성판윤, 비변사당상, 병조판서, 예조판서, 호조판서를 거친 후 51세에는 청나라를 다녀왔다. 52세에는 세자시강원世子侍講院의 우빈객右賓客(정2품)으로 세손(후일 정조)의 교육에 참여했다. 영조 말년에는 호조판서를 맡아 국가경제를 총괄했다.

56세에 세손이 정조로 등극하자 형조판서 겸 의금부 판사로서 사도세자의 죽음에 관여한 자들을 색출하여 처벌하는 일을 지휘했다. 그러나 정조의 최측근이었던 홍국영이 실각하자 그도 정체불명의 돌팔매에 세게 얻어터지고 말았다.

　　"홍국영*과 친한 사이였으니, 마땅히 함께 진퇴를 정해야 합니다. 그리고 사도세자의 명예 회

*한림회권 : 한림은 역사를 기록하는 예문관 정9품직 검열(檢閱)의 별칭. 회권은 예문관 중요 직책 선임 시에 예상 후임자 이름에 권점(圈點)을 찍던 일

*홍국영 : 1748-1781; 풍산 홍씨; 정조보다 4세 연상으로 세자시절부터 최측근이 됨. 31세에 여동생 원빈이 요절하자 역심을 품고 정조의 이복동생인 은언군의 아들을 원빈의 양자로 삼아 역모를 꾀하다 32세에 가산을 몰수당하고 쫓겨나 33세에 강릉에서 객사. 도승지와 훈련대장을 지내며 한 때는 막강한 실세로 정후겸을 빗대 '대후겸'이란 별명까지 얻었음. 정후겸은 어부출신으로 영조의 서녀인 화완옹주의 양자가 되어 15세 이후 27세까지 벼슬생활을 하며 방자하게 굴다 사사됨.

복을 시도하여 선왕인 영조 대왕의 통치행위를 없었던 일로 만들려 했습니다. 마땅히 죽여야 할 중죄인입니다."

라고 누군가가 간언했던 것이다.

결국 그는 명덕산에 들어가 8년간 은거할 수밖에 없었다. 환갑의 나이에 벼슬운이 꺾여 칠십을 내다보는 고령이 될 때까지 야인으로 살아야 했던 것이다.

그러나 타고난 운세가 워낙 강한 탓에 68세에 36세가 된 정조의 특명을 받고 우의정에 올랐다. 그 후 칠십 중반까지 좌의정과 영의정을 맡아 실세 재상, 실세 정승으로 국정을 실질적으로 진두지휘했다. 자신의 스승인 吳光運오광운을 이어 남인 계열의 청남파淸南派(사도세자의 신원을 주장)를 이끌며 당시의 주도세력인 서인 계열의 노론파 대신들과 탕평책을 매개로 조화로운 정치를 폈다. 천주교와 가깝다는 이유로 여러 차례 박해를 받았지만 정조의 총애가 워낙 두터워 끈질기게 재기할 수 있었다. 정조 또한 불교와 천주교를 믿는 이들을 제거하려 하기보다 교화의 대상으로 삼으려 했기 때문에, 채제공과 정조는 코드가 잘 맞았던 것이다.

주도세력인 노론이 남송南宋을 이념 및 사상의 이상형으로 상정했으나 그는 강력한 왕권으로 통일국가를 이뤘던 전한前漢을 이상형으로 꼽고 있었다.

당시의 여러 모순들을 직시했지만 개혁보다는 운영의 묘를 찾아 해결하고자 했다. 경제적인 면에서는 상업보다 농업을 중시하여 농촌경제의 안정을 도모했다.

상업정책에 있어서는 통공발매通共發賣정책을 펴 정경유착으로 독점적 상업행위를 고집하던 시전市廛들의 난전亂廛 단속권을 폐지하고 소상인들과 수공업자들의 자유로운 상행위를 제도적으로 보장해 주었다.

정미통공丁未通共(1787년), 신해통공辛亥通共(1791년), 갑인통공甲寅通共(1794년)을 거쳐 육의전 이외의 시전들이 갖고 있던 난전 단속권과 난전 상인 체포권을 폐지하고 육의전 이외의 시전들이 행사하던 독점 상업권(도고권都賈權)을 불허했다.

이로써 두 차례의 왜란, 호란으로 피폐한 농촌을 버리고 서울로 상경하여 상점과 수공업 터전을 만들어, 낯선 곳에서의 삶을 억척스레 개척하던 백성들의 형편이 조금이나마 받아들여지게 되었던 것이다.

관청과 연결고리를 갖고 강력한 독점행위를 하던 육의전을 비롯한 수다한 시전들은 우후죽순처럼 제 영역을 넓히며 온갖 폐해를 조장했다.

가장 큰 폐단은 상업권 독점을 통한 상업의 자유 제한이었고, 다음으로는 독점가격으로 물가고를 부채질하여 백성의 경제생활에 심각한 타격을 입혔던 일이다. 비록 진정한 상행위 자유는 갑오개혁(1894년 고종 31년)이후에나 제도적으로 보장되었지만, 대체적인 처방은 이미 정조 임금 대에 수차례 시도되었던 것이다.

채제공의 경제적 안목이 정조 임금의 자유로운 상행위 보장정책을 열심히 보좌했다. 하지만 신분제도에서만은 철저히 보수적 입장을 견지했다. 즉, 사족士族의 우위와 적서嫡庶의 구별을 엄격히 하여 신분제도에 있어서 만은 지나치게 안이한 정책을 폈다.

그가 얼마나 임금의 든든한 백을 지니고 있었던지, 그보다 10살 연하인 尹弼秉윤필병(1730-1810)이란 이는 67세의 나이로 77세인 채제공을 서학(천주교)을 옹호하는 못된 신하로 매도했지만, 도리어 그 자신이 파면을 당한 일까지 있었다.

윤필병은 37세에 과거에 급제해서도 56세에 중추부 첨지사僉知事

(정3품)가 되었을 만큼 의욕이 대단한 사람이었다. 채제공을 내쫓으려다 오히려 자신이 쫓겨나고 말았지만 2년 뒤인 69세에 대사간이 되고 이어서 강원도관찰사를 지냈다. 76세에 중추부 동지사同知事(종 2품)를 지낸 후 80세로 장수했다. 윤필병 또한 정조 임금의 든든한 백을 덧입고 있었던 모양이다.

채제공은 79세로 정조보다 일년 먼저 타계했다. 47세의 정조 임금이 늙은 충신의 죽음을 애도했으니, 그는 임종에 있어서 마저도 임금의 특별한 주목을 받았던 셈이다.

*순조 : 정조와 수빈 박씨 소생으로 문효세자 요절 뒤 정조가 승하한 해인 1800년에 세자에 책봉되어 그해 6월에 10살로 즉위
*정순왕후 : 경주 김씨로 정성왕후 서씨가 65세로 소생 없이 타계한 뒤, 14세에 65세의 영조와 결혼

하지만 정조가 죽고 그의 아들 순조純祖*가 왕이 되자 사정이 싹 달라지고 말았다.

영조 비 정순왕후* 김씨가 대왕대비가 되어 수렴청정을 하자 죽은 채제공은 사이비 종교인 천주교를 가까이 했다는 죄명으로 추탈관작(1801년 순조 1년) 되고 말았다. 노론 벽파僻派의 주장이 먹혀들었던 것이다.

순조 임금이 친정을 시작(1803년 13세부터 장인이 된 안동 김씨 김조순의 영향력 밑에서)한 지 20여 년 뒤에 영남 사람들의 요청으로 신원이 이뤄져 명예회복 되었지만 그깟 우여곡절이야 다 죽은 뒤의 일이 아니던 가. 그러나 후손들(평강 채씨)의 처지에서는 천만다행이었을 것이다.

채제공(濟건널 제 恭공손할 공)의 이름 뜻은 '어려움을 이겨내고 엎드려 충성한다' 이니, 그의 79년 긴 생애가 한 눈에 들어온다. 어려움을 이겨내고 새로운 처지로 변한다는 의미와 공손히 처신하여 적을 만들지 않는다는 의미가 합쳐진 이름이니, 그의 평생의 처세나 이력과 너무도 잘 들어맞는다.

한편 '정해진 룰을 철저히 지킨다, 법이 그릇된 경우 과감히 고쳐 법 테두리 안에서 변화를 모색한다' 는 백규(伯맏 백 規법 규)라는 그의 자에서는 그의 정치철학을 엿볼 수 있다.

그런데 번암(樊울타리 번 巖바위 암)과 번옹(樊울타리 번 翁늙은이 옹)이라는 두개 아호의 의미가 심상치 않다. '울타리를 높이 둘러쳐서 자신을 철저히 보호한다'는 의미가 들어있는 아호들이 아닌가.

그는 운좋게도 장장 52년간이나 통치한 영조 임금과 24년간 통치하며 조선의 근세를 준비했던 정조 임금의 든든한 백을 울타리로 삼고 지냈다. '울타리를 둘러친 바위 위의 터전'에서 '홀로 늙어간 노 대신'이 두 개의 아호에 그대로 새겨져 있다.

같은 울타리라도 중죄인의 처벌시에 단골로 등장하는 위리안치圍籬安置의 그 '울타리 리籬'와는 질적으로 다른 '울타리 번樊'이다. 앞의 울타리는 떼어놓을 이離와 뒤섞여 있으니, 갈라놓기 위한 감옥으로서의 울타리인 셈이다. 하지만, 뒤의 울타리는 에워싸 보호하는 특성이 더 강한 울타리인 셈이다.

더욱이나 임금이 둘러쳐 준 울타리인데, 아무려면 어떤가. 채제공을 철저하게 지켜준 생명의 울타리, 기적의 울타리였던 것이다.

08 | 임금의 백을 너무 믿었다가
목숨을 잃은 사람들

김홍륙이 고종의 백을 믿고 궁궐을 마음대로 드나들며
개화파를 모함, 공격하는 일에 줄기차게 매달렸다.
그는 러시아어 통역관 김홍륙이 통역을 거짓으로 하며 양국의
통상거래에서 거액을 착복했다. 제 타고난 재주와 끈기와 모험심으로
임금 곁에서 한 나라를 요리했지만, 자기 타고난 근본을 다 못 버린
탓으로 희대의 참극을 불러오고 말았다.

역시 실패한 왕 밑에 웃기는 이들이 많이 나오게 되어 있는 모양
이다. 광해군 시대에는 특히 웃기는 이들이 많이 나와 세상을 한층
더 어지럽게 만들었다.

性智성지라는 승려 풍수風水쟁이는 쓸개빠진 사대부들을 방문하
여 온갖 사설을 늘어놓았다.

　　"당대에 발복發福할 길한 땅을 찾아주겠으니, 우선 재물부
　터 후하게 씁시다. 재물 있는 곳에 인심이 난다는 말이 있
　지 않습니까.
　　이 집안의 앞날을 나에게 맡겨 주십시오. 내가 이 머리로
　반드시 자자손손 복을 누릴 묘수를 찾아주겠습니다."

그는 광해군이 늘 불안에 떤다는 말을 듣고 제 나름의 억지 처방
을 내놓아 단번에 왕의 환심을 샀다.

"지금의 궁궐터가 너무 황량해 잡귀가 너무 날뛰고 있습니다. 건

물을 더 지어 사나운 지세를 더 눌러놓아야만 비로소 태평세대가 열리게 될 것입니다."

그는 광해군을 꼬드겨 인경궁仁慶宮, 경덕궁慶德宮, 자수궁慈壽宮을 더 짓도록 했다. 영조도감을 설치하고 전국에서 목재를 징발했다. 두 차례의 왜란으로 헐벗은 농촌과 산야는 이로써 한층 더 벌거벗게 되고 말았다.

노동력은 전국의 승려들을 강제 동원하여 메웠다. 왜란 때에는 자발적으로 승군을 조직하여 나라를 구했지만, 궁궐을 짓는데 강제로 부역하게 되니 '중이 무슨 동네북이냐'며 다들 원성이 높았다. 더욱이나 승려가 승려를 노예처럼 부려먹게 만들다니, 너 나 없이 '성지'라는 말만 들어도 두 눈을 부릅떴다.

그는 관운도 어찌나 좋았던지 광해군 10년(1618년)에는 정3품 당상관인 중추부 첨지사에 올랐다. 그는 아예 마음을 돌려먹고 절 대신 궁궐 옆에 대궐 같은 집을 짓고 죽치고 살았다.

인조반정이 일어나자 반정에 가담했던 무인들이 요승 성지를 그냥 놓아둘리 만무했다. 당장 붙잡아 주살하고 말았다.

법명이 성지(性성품 성 智슬기 지)이니, 아마도 꾀가 많았을 것이다. 큰 꾀는 못 내지만 조잡한 작은 꾀, 천박한 꾀는 많이 냈을 것이다. 시원찮은 임금(광해군)에게는 지혜와 통찰을 겸비한 도사쯤으로 보였겠지만, 그는 그저 그럴듯한 겉치레로 장식한 잔꾀 주머니를 지니고 있었을 뿐이다.

광해군 시대의 지존파 스타는 아마도 金介屎김개시일 것이다. 선조 대에 상궁이었으니, 굳이 따지자면 아버지인 선조 임금의 여자이지 결코 아들인 광해군의 여자가 될 수 있었던 처지는 아니었다.

얼굴이 예쁘진 않아도 워낙 영특하고 두뇌 회전이 빨라서 광해군이 어려운 형편에 놓일 때마다 '여기에 묘안이 있습니다'라며 쪼르륵 달려오곤 했으니, 광해군의 무딘 끼에 코드가 딱 들어맞았던 모양이다.

광해군은 임진왜란 덕분에 성공한 케이스다. 임진왜란이 발발하자 선조 임금보다도 더 앞날을 불안하게 여긴 대신들은 이구동성으로 임금에게 졸랐다.

"세자를 책봉해 두셔야 합니다. 난리 통에 역심을 품은 자가 생기면 종묘사직이 위태로워집니다. 세자를 책봉해 두셔야 조선왕국의 앞날이 탄탄대로로 바뀌어 갈 수 있습니다."

그때 선조는 40세이고 정비인 의인왕후 박씨(반남 박씨)는 37세였다. 둘 사이에는 물론 왕자가 없었다.

후궁인 공빈 김씨(옥천 김씨)에게서 임해군과 광해군이 있었지만 제1남인 임해군은 성격이 너무 거칠고 사납다는 이유로 벌써부터 반론이 비등했다. 둘째 광해군은 '그럭저럭 쓸만하다'는 것이 대체적인 중론이었다. 물론 임진왜란이 일어나기 1년 전인 1591년에 동인과 서인이 모처럼 힘을 합쳐 선조에게 간청했다.

"세자를 책봉해야 합니다. 상감께서 벌써 춘추 39세인데 아직껏 후사를 정하지 않으면 이 나라, 이 백성은 누굴 믿고 산답니까?
부디 통촉하소서!"

동인의 우두머리인 영의정 이산해와 서인의 우두머리인 좌의정 정철이 모처럼 정책 공조를 이루기로 약속했다.

"광해군이 가장 그럴 듯하니 두 말 말고 동인과 서인이 광해군을 세자 후보로 강력히 밀자! 더 이상 미루다가는 무슨 일이 생길지 모른다. 일본을 보아도 동북아의 장래가 불안하고 명나라를 보아도 말기적 증상이 차차 드러나는 판이지 않으냐? 광해군은 국제정세에 대해서도 제법 아는 게 많은 편이니, 그를 세자로 세우면 위급한 동북아 정세를 한반도에 유리한 쪽으로 이끌어갈 수 있을 것이다!"

이렇게 의견이 모아졌는데, 어릴 적부터 신동 소리를 듣고 그 후로도 선조 대를 대표하는 문장가로 통하던 李山海이산해(1539-1609)는 막판에 변심을 하고 말았다.

"내가 누구냐? 정치 9단인 내가 유행가 가사歌辭 같은 가사歌詞나 짓는 송강松江 鄭澈정철(1536-1593)과 어떻게 같이 놀겠느냐. 나는 이미 임금의 심리상태를 꿰뚫어보고 있다. 임금은 광해군을 원하고 있지 않아. 인빈 김씨의 오라비 되는 金公諒김공량이가 왜 저렇게 설치고 다니는지, 그래 두 눈으로 똑똑히 보고도 모른다는 거야? 멍청한 사람 같으니… 제 둘째 매부인 계림군桂林君*이 역모에 얽혀 아홉살 때부터 열다섯 살까지 자그마치 6년여 동안이나 아버지의 유배지를 따라 다녔으면서도, 아직도 정치가 뭔지를 모른다는 거야?"

그렇게 왕세자 책봉문제(건저문제建儲問題;1591년)를 두고 정책 공조를 거론할 때, 정철은 55세였고 이산해는 3살 연하인 52세였다. 오십 대의 두 노 정치가가 세자 책봉을 놓고 모처럼 초당파적인 정책 공조를 실험하고 있었던 것이다.

하지만 약아빠진 이산해는 쪼르륵 인빈 김씨의 오빠인 김공량과 짜고 인빈에게 괴상한 이야기를 들려주었다.

*계림군 : 성종 3남 계성군 양자; 1545년 을사사화 때 윤임이 왕으로 추대하려던 중심인물이었다는 윤원형 등의 모함으로 군기시 앞에서 참수되어 효수되었으나, 1577년 선조 10년에 신원됨.

"송강 정철이 서인의 이익을 위해 못된 짓을 꾸미고 있습니다. 제 둘째 매부인 계림군이 역적이 되어 목을 바치고 만 것이 꼭 46년 전인데 아직도 그때 배운 역심이 남아 있나 봅니다. 빈께서 임금님의 사랑을 듬뿍 받고 있는 것을 시기해서인지 그만 임금님과 빈께서 가장 예뻐하시는 신성군을 죽여 없애려 하고 있습니다. 이대로 놓아두면 장차 언제 피비린내가 날지 모릅니다. 한시가 급하니 속히 손을 쓰소서!"

이산해의 그 말을 들은 인빈 김씨(수원 김씨)는 화가 머리끝까지 치밀어 올라 머뭇거릴 겨를이 없었다. 단번에 선조 임금에게 달려가 자초지종을 일러바쳤다.

사랑하는 후궁의 화들짝 놀란 모습을 귀엽게 본 선조는 즉석에서 단단히 약속했다.

"그런 괘씸한 놈을 보았나! 제 모가지가 대체 몇이 길래 그런 못된 짓을 꾸민다는 건가! 염려 마시오. 내가 절대 용서하지 않을 테니 빈은 그저 굿이나 보고 떡이나 드시오."

정철은 앞뒤 사정을 전혀 모른 채 왕세자 책봉 문제를 불쑥 꺼내고 말았다. 자신이 말하고 나면 곧이어 영의정 이산해가 '맞습니다. 맞아요' 라며 거들어줄 줄 알았다.

헌데 통 응답이 없었다. 동인 쪽에서는 아예 능청스럽게 말 못하는 벙어리 행세를 했다. 결과는 정철을 비롯한 서인 쪽의 완패였다.

좌의정 정철은 강계로 유배를 가고, 형제지간인 호조판서 윤두수(1533-1601)와 이조판서 윤근수(1537-1616), 그리고 白惟成백유성, 柳拱辰유공

진 등 서인 일파는 모조리 외직, 한직으로 쫓겨났다.

이로써 이산해의 의도대로 서인이 몰락하고 동인이 부상했다. 2년 전 동인에 속했던 鄭汝立정여립이 전라도에서 '대동계大同契'를 조직하여 역모를 꾀했을 때 정철은 우의정으로서 그 기회를 동인 숙청의 기회(기축옥사己丑獄死)로 철저히 이용했었다.

이산해를 우두머리로 한 동인은 2년 뒤에 다가온 건저建儲문제(세자 책봉)를 놓고 역전의 기회로 악용했던 것이다.

건저문제로 급부상 했던 인빈 김씨 소생의 신성군信城君은 이듬해 임진왜란 초기에 의주에서 사망했다. 신립 장군의 딸(평산 신씨)을 부인으로 맞아 잘 살았는데, 후일 인조의 생부가 되는 정원군定遠君*과 함께 이리 저리로 피난을 다니다 그만 죽고만 것이다.

잘했으면 광해군을 제치고 아버지 선조 임금의 후광과 어머니 인빈 김씨, 그리고 외삼촌 김공량의 후원을 얻어 당당히 세자로 책봉될 뻔했으나 건저문제로 서인을 몰아내고 실권을 거머쥔 동인이 일제히 반대하여 땅에 떨어진 이무기가 되고 말았다.

동인의 반대로 일단 광해군의 이복동생인 신성군은 후계자 명단에서 멀찍이 물러나 앉게 되었다.

문제는 이제 한 살 위인 친형 임해군이었다. 성질은 지랄이었지만 지략과 용력이 남달라 아무나 쉽게 접근하기 힘들었다. 일종의 거친 카리스마가 있었던 셈이다.

공빈 김씨가 둘째 아들 광해군이 두 살일 때 24세로 요절(1577년 5월 11일)했으니, 두 형제는 이미 두, 세 살 때부터 엄마 없는 하늘 아래서 외롭고 서럽게 자라났던 것이다. 그러니 형제간의 우애가 아주 두터울 만한데도 연년생이다 보니 서로 알게 모르게 경쟁관계에 있게 된 것 같다.

두 형제는 그래도 외할아버지 김희철의 사랑을 받을 수 있어 천만다행이었다. 일찍이 무과에 급제한 무인인데 사포서司圃署(궁중의 채마밭 담당) 별제別提(종6품)로 벼슬생활을 시작했다. 임진왜란이 일어

*사도시 : 궁중의 곡식과 장류를 맡은 관청

나기 9년 전에 이미 사도시司䆃寺*첨정僉正(종4품)에 올랐다. 임진왜란이 발발하자 의병장 趙憲조헌의 휘하에 비장裨將으로 들어가 상장上將이 된 후 금산전투에서 16인의 비장들과 함께 장렬히 전사했다.

형 임해군은 외조부를 빼 닮았는지 무예가 능하고 성격이 유달리 괄괄했다. 어쨌거나 왜란은 광해군에게 슬픔도 안겨주었지만 반면에 영광도 안겨 주었다. 왜란이 일어나자 궁궐마저 허둥지둥 야단이 났는데 4월 13일에 부산에 상륙하기 시작한 총 20만이나 되는 왜군은 20여 일만에 서울을 점령하게 되었다.

대신들은 임금의 피난을 준비하며 '서둘러 세자를 책봉하자'고 졸라댔고, 상황이 긴박하게 된 임금과 왕비는 부랴부랴 광해군을 세자로 책봉하게 되었던 것이다. 17세에 세자가 된 것이다.

선조(1552-1608; 1567년 즉위)는 15세에 왕이 되어 22세에 임해군을 낳고 23세에 광해군을 얻었는데도 자그마치 십수 년 동안이나 세자 책봉을 미루며 정비인 3년 연하의 의인왕후 박씨(1555-1600)에게서 '진짜 대군왕자'가 태어나기를 고대하고 있었던 것이다. 하지만 친형인 한 살 연상의 임해군은 6년여의 왜란 내내 광해군의 심기를 뒤흔들어 놓았다. 동생이 세자에 오르고 자신은 영영 별 볼일 없게 되자 더욱더 지랄 같은 성깔을 노골적으로 드러냈다.

선조의 일개 상궁에서 광해군의 최측근 다목적 여성 참모로 변신한 김개시는 광해군이 즉위하자마자 물을 만난 고기처럼 분주하게 활약했다. 오죽했으면 광해군 시대의 핵심 스타였던 50대의 李爾瞻이이첨(1560-1623)과 쌍벽을 이룰 정도의 권력가였겠는가. 아마

도 광해군의 허리춤을 단단히 움켜쥐고 있었을 것이다. 그녀의 치맛바람이 아마도 권력바람이었던 모양이다.

광해군 시대에서 이이첨은 48세에서 63세까지 권세가 노릇을 했고, 권력의 늦둥이 정인홍은 73세에서 88세까지 권력의 황혼기를 맛보았다.

김개시는 그 막강한 권신들 사이에서 당당히 제 일인자의 위치를 확고하게 지키고 있었던 것이다. 그녀의 권력 기반은 광해군이 계속 눈감아주는 속에서 매관매직으로 조선 팔도의 금은보화를 샅샅이 긁어모으는 일이었다.

오죽했으면 문장가 중의 문장가인 尹善道윤선도*와 李洄이회가 상소를 올려 '임금이여, 눈을 뜨소서! 임금이여, 귀를 여소서!' 라고 읍소했겠는가.

*윤선도 : 1587-1671; 해남 윤씨; 당쟁으로 인해 일생을 거의 유배지에서 보내며 많은 시조를 남김

그런데도 김개시는 멀쩡하고 오히려 윤선도와 이회가 파직되어 유배를 가야 했다. 그녀의 치맛바람에 두 신하가 지푸라기처럼 후루룩 흩날려 올라가고만 것이다.

권불십년이라지만 광해군 시대는 그보다 오 년이 더 연장되어 정확히 15년만에 막을 내리고 말았다. 광해군과 부인 유씨(그 해 10월에 사망)는 강화도로 쫓겨가고, 이이첨, 정인홍과 함께 김개시도 참형을 당했다.

그녀에 대한 힌트라고 해야 겨우 개시(介끼일 개 屎똥 시)라는 이름뿐이다. 마치 '개똥이' 라고 속되게 부르는 이름과 엇비슷하다.

하지만, 두 글자 속에 여러 의미가 똬리를 틀고 있다.

'끼일 개介' 에는 '뚜껑' 이니 '갑옷' 이니 하는 의미가 들어 있다. '똥 시屎' 에는 '끙끙 앓다' 는 괴상한 의미도 함께 들어 있다. 앞의 글자는 임금의 특별한 보호막을 상징한다. 그리고 뒤의 글자는 세상 사람들의 평가와 그로 인한 자신의 비참한 최후를 암시한다.

세상 사람들은 그녀의 죽음을 놓고도 그저 '개똥을 밟았다'고 여겼을 것이다. 하지만 김개시 자신은 목이 잘리는 것과 동시에 모든 걸 한 순간에 끝내야 하는 가장 비극적인 최후를 맞이했던 것이다. 참수니 참형이니 하는 형벌이 어디 아무나 당하는 형벌이었던가.

아무튼 김개시는 궁궐의 권력 다툼 속에서 일생을 보낸 조선의 프로 여성 정치인이었던 셈이다. 단순한 '개똥'이 결코 아니었다. 한 때는 임금의 갑옷 속에서 온갖 천둥번개를 다 피할 수 있었다. 임금의 사랑도 실컷 받으며 자신에게 기대려는 임금의 이면裏面도 한껏 엿보았을 것이다. 정말이지 죽어도 여한 없는 삶을 산 것이었으리라.

천인賤人 출신이지만 러시아말을 잘 배운 탓에 기우는 조선왕조의 끝자락을 꽉 붙들고 벼락출세를 한 사람이 있다.

金鴻陸김홍륙이란 사람이다. 고향이 함경도인 탓에 그는 일찍부터 러시아 땅을 자주 넘다들 수 있었다. 특히 블라디보스토크를 왕래하며 러시아말을 본격적으로 배워 당당히 통역관이 되었다.

그러한 그가 1894년(고종 31년)부터 운이 트이기 시작했다.

*베베르 : Veber, Karl Ivanovich:1884년 이후 러시아를 대표하여 자국의 이익보호에 진력. 아관파천 배후조종. 1897년 멕시코 주재 공사로 전임

그는 李範晉이범진과 러시아 공사 베베르*가 '조·러, 수호통상조약을 체결할 때 통역을 맡아 실세 중의 한 사람으로 급부상했던 것이다.

그리고 김홍륙은 고종의 총애를 받는 환관 姜錫浩강석호(혹은 석호錫鎬)를 잘 구워삶았다. 워낙 뇌물을 좋아하는 체질이라 이용하기가 아주 용이했다. 아관파천을 계획하여 실행에 옮기기까지 그를 비밀연락관으로 활용했던 것이다.

김홍륙 자신도 뇌물을 받고 상작賞爵을 멋대로 조작하다 비난을 받았지만, 오히려 尹容善윤용선 내각에서 학부협판學部協辦으로 승진

했다. 그러다가 친러파 몰락 후 덩달아 입장이 곤란해져 그만 사퇴하고 말았다.

그러나 고종의 백을 믿고 궁궐을 마음대로 드나들며 개화파를 모함, 공격하는 일에 줄기차게 매달렸다. 그런데 그 해(1898년) 8월에 엄청난 일이 터지고 말았다.

"러시아어 통역관 김홍륙이 통역을 거짓으로 하며 양국의 통상 거래에서 거액을 착복했다. 러시아 말을 할 줄 안다고 나라와 임금을 기만한 것이다. 당장 처단할 역적이 아니냐!"

조정 대신들의 상소에 그는 결국 흑산도로 유배되고 말았다. 그런데 제 버릇 개 못 준다고 그는 유배지 흑산도로 출발하기 전에 마치 탐정소설 같은 일을 하나 저질러놓고 말았다. 악의 씨앗을 미리 뿌려놓고 유배지로 휘파람불며 떠난 것이다.

고종황제의 생일인 만수절萬壽節 다음날(1898년 9월 11일) 밤이었다. 워낙 커피를 좋아한 황제를 위해 팔팔 끓인 신선한 커피가 대령되었다. 황태자(조선의 마지막 왕 순종)와 몇몇 대신들이 함께 배석했다.

46세의 황제는 커피잔을 앞에 놓고 냄새가 왜 이러냐며 인상을 찌푸리며 마시지 않았다. 커피 향에 덜 익숙한 24세의 황태자는 그만 벌컥 한 모금을 마신 후 피를 토하며 벌렁 나자빠졌다.

李載純이재순, 沈相薰심상훈, 閔泳綺민영기(1858-1927) 등 입시入侍한 대신들도 모두 그 자리에서 기절하고 말았다.

궁내부 대신 이재순은 1876년 인천 개항 이래 조선 상인들의 상권을 보호하기 위해 관官 주도로 '신상紳商회사'를 설립하고 공동 사장으로 활약하던 사람이다.

또한 심상훈은 28세 되던 해(1882년)에 특이한 공을 세운 사람이다. 명성왕후 민씨는 임오군란이 일어나자 장호원으로 피신을 가 있었는데, 시아버지 흥선대원군이 돌연 '왕비가 죽었으니 국상을 치러야 한다' 며 갑자기 국상을 선포했다. 엄연히 생목숨인 며느리를 법적으로 죽여 없애고자 한 것이다.

야단이었다. 민비는 서둘러 고종에게 편지를 썼다. '살아 있으니 국상은 필요 없다' 는 내용이었다. 이때 민비의 그 밀계密啓를 서울 궁궐로 퀵 서비스하는 역할을 바로 심상훈이 맡았던 것이다. 그 공로로 경기 관찰사도 지내고 이조판서와 선혜청당상도 지냈다.

군부대신 민영기는 무과에 급제한 당당한 무인으로 황국협회를 조직하여 보부상을 동원, 독립협회를 비롯한 개화파 인물들 탄압에 앞장서던 사람이다.

커피 한 모금을 마시고 44세의 심상훈과 40세의 민영기가 그만 뒤로 벌렁 나자빠지고만 것이다. 제 아무리 역전의 용사들이라도 독약에는 어쩔 도리가 없었던 것이다.

황제는 체면 불구하고 다급히 소리쳤다.

"커피에 독약이 들었다!"

아편 독소로 판명이 났다. 커피를 담당한 궁중 요리사 金鍾和김종화를 문초했다. 김홍륙이 자기 아내 金小史김소사를 시켜 일을 저지른 것이었다. 김소사의 사주를 받은 孔洪植공홍식이 궁중요리사인 김종화를 꼬드긴 것이었다.

요리사 김종화와 그를 꼬드긴 공홍식은 쥐도 새도 모르게 누군가가 그날 밤에 살해해 버렸다. 그리고 유배지에서 서울로 급히 압송되어 온 김홍륙은 관련자들과 함께 처형되었다.

김홍륙과 김소사는 비록 서로 다른 날에 다른 곳에서 태어나 부부의 인연을 맺었지만, 끝은 한 곳에서 동시에 마감했다. 한편의 기괴한 공포 드라마를 부부 공동으로 엮어낸 후, 파란만장한 생애를 마치 장엄한 비극의 대단원처럼 끝내고 말았다.

김홍륙(鴻큰 기러기 홍 陸뭍 육)의 이름자인 '큰기러기 홍鴻' 에는 '번

성하다' 는 의미가 들어 있다. '뭍 육隆' 에는 '넓고 평평한 산꼭대기' 라는 뜻이 들어 있다.

힘차게 날아올라 드디어 정상에서 날개를 접었지만 탐욕이 지나치고 속임수가 너무 자주 되풀이되어 망하게 된 것이다. 모든 걸 받아들였더라면 비록 욕된 인생이지만 그래도 천수는 누릴 수도 있었을 텐데, 그만 쓸데없는 잔꾀를 부리다가 남도 죽이고 저도 죽는 길에 접어들고 말았다.

이름이 아무리 좋으면 뭘 하는가. 천한 근본을 버리고 보다 나은 가치로 제 몸과 마음을 채우지 않으면, 이름이 달아준 제 아무리 놀라운 추진력이라도 끝내 죽음을 재촉하게 되고 마는 것이다.

김홍륙은 제 타고난 재주와 끈기와 모험심으로 임금 곁에서 한 나라를 요리했지만, 자기 타고난 근본을 다 못 버린 탓으로 희대의 참극을 불러오고 말았다.

09 | 임금이 지어준 이름들은 과연 어떠했는가?

이언적은 본래 '이적'이었는데 중종 임금이 직접 개명을
명령하여 '이언적'이 된 것이다.
그는 23세에 과거에 급제하여 벼슬생활을 시작했는데,
아마도 20대 후반에서 30대 후반에 이르는 기간에 임금님의
그런 어명을 접하게 되었던 것 같다.

의령 남씨 南在남재(1351-1419)는 본래 南謙남겸이었다.

李穡이색(1328-1396)의 제자로 진사시에 합격한 뒤 좌부대언左副代言
(후일의 승지에 해당됨)을 지냈다.

그는 정치적 판단을 잘했던지 동생 南誾남은과 같이 이성계의 조
선 개국을 앞장서서 도왔다. 형제가 나란히 개국 1등 공신에 올랐
으니 하루아침에 막강한 실세 형제가 된 셈이다.

그런데 불사이군不事二君 정신을 정면으로 어긴 자신의 행동이 꺼
림칙했던지, 그는 갑자기 은둔을 결심하고 정계를 떠났다.

공신녹권과 엄청난 포상을 마다한 채 은거하자 태조 이성계가
직접 비밀 거처를 알아내어 그를 반강제로 정계에 복귀시켰다. 그
리고 이름을 '謙겸'에서 '在재'로 바꿔 부르게 했다.

그는 곧이어 대사헌이 되고 의성군宜城君에 봉해졌고, 중추원 판
사를 거쳐 45세에 도병마사로 대마도를 정벌했다.

그런데 그가 47세 되던 해(1398년)에 3살 연하의 동생 남은이 정도
전과 함께 이방원 일파에게 살해당했다. 이름하여 1차 왕자의 난이

었다. 형인 그도 슬픔을 안고 유배되었으나 얼마 안 지나 무혐의로 풀려났다.

2년 후 태종이 즉위하자 세자사부(종1품)가 되었다. 태종 이방원의 첫째 아들인 세자(양녕대군)를 가르치는 자리였다. 그리고는 뒤에 경상도 관찰사로 외지에 나갔다가 우의정에 올랐다. 65세 때에는 영의정이 되었다.

셈에 뛰어나 남산南算이라는 별명을 들었던 그는 임금(태조 이성계)이 직접 바꿔 준 이름 덕분인지 말년에 오히려 승승장구했다. '겸손할 겸謙'에서 '있을 재在'로 바뀐 것뿐인데 무엇이 과연 그에게 그런 대운大運을 가져다주었을까.

자는 경지(敬공경할 공 之갈 지)이고 아호는 구정(龜나라 이름 구 亭정자 정)이다.

'공손하고 겸손하다'는 의미인 자는 벼슬에 나가 어떻게 처신해야 하는가를 암시하고 있다. 그리고 아호는 '나라를 생각하는 정자'라는 뜻으로 벼슬에 임해 어떤 마음가짐을 지니고 살아야 하는가를 내포하고 있다.

자와 아호는 철저히 공인의 처세와 공직자의 자세를 강조하는 듯하다.

임금은 왜 겸손을 강조하는 이름을 뒤로 감추게 하고 마땅히 있을 곳에 머문다는 보다 적극적이고 다소 공격적이기까지 한 글자를 앞에 내세우고 살게 했을까. 소극적이고 은둔적인 남겸을 꿰뚫어보고, 좀더 적극적으로 나서야 험한 정계에서 생존도 하고 승리도 거둘 수 있다는 뜻에서 남재로 바꿔 준 것이다.

제 자리를 못 잡으면 제 밥그릇도 뺏기고 제 이름도 거두게 마련이다. 태조 이성계는 41세로 끝날 수도 있는 한 신하를 끌어올려 65세에 영의정을 지내고 68세로 천수를 다하게 해주었다. 그의 세 살

아래 동생은 똑 같이 개국 1등 공신에 올랐는데도 이방원에게 밉보여 방석, 방번과 함께 44세를 일기로 목숨을 다했다.

남은은 趙浚조준, 鄭道傳정도전, 尹紹宗윤소종, 趙璞조박 등과 함께 이성계를 적극 도와 신군부 우두머리로 떠받들었다. 정도전 등 52명의 기라성 같은 문, 무 대신들과 함께 고려의 마지막 왕을 폐위시키고 양위형식을 빌려 이성계를 조선의 제1대 왕으로 세운 것이다.

그는 중추원 판사, 우군 절제사를 지냈으니 벼슬도 할만큼 했다. 그런데 이상하게도 동갑내기인 두 정鄭씨와 밀착된 연결고리에서 한 번은 유배형에, 또 한 번은 주살되는 비운을 맞았던 것이다.

남은이 37세 때에는 정몽주(연일 정씨)가 이성계 앞잡이로 지목하여 유배를 갔다가 이듬해 정몽주가 죽자 풀려났다. 44세에는 정도전(봉화 정씨)의 예리한 안목과 미래를 예견하는 뛰어난 통찰력을 단단히 믿고 그의 편에 서서 방석과 방번을 지지했다가 그만 정도전과 함께 살해당하고 말았다.

이름이 은(誾온화할 은)이니, 토론을 좋아해 자신의 의견을 툭 털어놓는 공개적인 스타일이었을 것이다. 먼저 가슴을 여는 스타일이니 자칫하면 악의적인 꾐이나 덫에 걸려들 수도 있었을 것이다.

'향기로 가득 찬 모양'을 의미하기도 하는 이름이니 그는 이성계를 섬기는 것이 진정한 의리요 도리라고 여겼을 것이다. 그래서 태조가 후계자로 점찍은 방석을 도와 이방원에 맞섰을 것이다.

정도전의 학문과 통찰에 마음이 끌려 죽어도 같이 죽자는 뜻에서 17세 연상인 그를 무조건 따라 나섰을 것이다. 너무 진지하여 늘 오픈 마인드로 살면 수단, 방법을 가리지 않는 난세에는 목숨을 부지하기 어렵다. 먼저 다치고 먼저 죽을 수밖에 없다. 오로지 개처럼 마구 물어뜯는 습성을 지닌 독종만 살아남을 수 있는 것이다.

형제의 운명이 각자의 이름에 내포된 타고난 성격과 살아가는 방식 때문에 백 팔십 도로 달라진 것이다. 만일 태조 이성계가 동생인 남은의 이름마저 고쳐 부르게 했으면, 과연 어떻게 됐을까?

김해 김씨 金銚김조는 본래 金鑌김빈이었는데 세종대왕이 이름을 바꾸라고 해서 '강철 빈鑌'에서 '쟁개비(작은 냄비) 조銚'로 바꿨다.

태종 대에 문과에 급제하여 예문관 검열로 관직을 시작한 그는 5년 뒤에는 승진시험인 중시에 을과로 합격하여 특진했다. 집현전 직제학直提學(종3품)으로 간의, 자격루 제작에 참여하여 금속활자 만드는 일에 인정을 받아 승지로 특진한 것이다.

한성부윤을 거쳐 정조사正朝使로 1447년에 명나라를 다녀온 김조는 4년 뒤(1451년)에는 중추부 동지사(종2품)로서 사은부사謝恩副使로 명나라를 다시 한 번 다녀왔다. 이듬해(1452년)에는 예조판서를 지냈다. 과거에 급제한 뒤 꼭 30년만(1411년부터 1451년까지)에 당상관(3품 이상)반열에 올랐다.

김조의 자는 자화(子아들 자 和화할 화)로, '남과 잘 어울리나 의견을 쉽게 굽힌다'는 의미가 무척이나 우유부단한 인상을 준다.

아호는 졸재(拙졸할 졸 齋재계할 재)인데, '시원찮아서 별로 쓸모가 없다'는 아호의 의미 또한 너무 왜소하고 보잘 것이 없다.

그래서 세종대왕은 특별히 '김빈'에서 '김조'로 이름을 바꾸도록 했을 것이다.

번들거리는 강철 鑌빈보다 불김을 쐬면 팔팔 끓어오르는 작은 냄비 銚조로 바꾸도록 어명을 내린 것이다. 구부리고 자르고 휘기 어려운 강철보다 누구나 쉽게 사용할 수 있고 누구에게나 쓸모 있는 자그마한 냄비가 되라는 임금님의 축원과 소망과 처방이 함께 들어있는 개명改名이다.

그는 세종대왕의 소망과 기원대로 세종의 총애를 받아 과학 진흥의 빅 프로젝트(Big Project)에 참여했고 명나라에 가서 신학문, 신정보, 신기술을 배워오기도 했다. 그리고 세종 임금의 맏아들인 문종의 통치하에서 드디어 당상관(중추부동지사, 예조판서 등)의 자리를 완전히 굳혔다.

작은 냄비 치고는 참으로 쓸모 많고 돋보이는 물건이었다. 그는 자신을 사랑해 주던 세종대왕이 죽은 후 그의 업적을 역사로 기록해 두는 작업에도 참여했다. 즉, 문종 2년(1452년)에 시작하여 단종 2년(1454년)에 필사본을 마친 『세종실록』 편찬 작업에 당당히 참여했던 것이다.

정승인 황보인, 김종서, 정인지가 총재관總裁官을 맡고 박팽년이 편수관編修官을, 신숙주가 기주관記注官을 맡았다. 기사관記事官 金命中김명중을 비롯하여 자그마치 60여 명이 참여한 대단한 프로젝트였다.

편찬 작업 중에도 희한한 에피소드와 참혹한 비극이 줄을 이었다. 기주관 신숙주가 실록에 기록된 재상에 관한 이야기를 자랑삼아 집안 식구들에게 떠벌렸다가 문제가 되기도 했다.

*최윤덕 : 1376-1445; 통천 최씨; 34세에 무과 급제. 삼군도체찰사 이종무와 함께 전함 227척을 이끌고 쓰시마섬 정벌. 45세에 공조판서. 52세에 병조판서. '무인으로 정승반열에 오를 수 없다' 며 본인이 극구 사양했으나 57세에 우의정으로 특진됨. 59세에 좌의정 지냄.

역사를 기록하는 사관이 黃喜황희와 崔潤德최윤덕*에 관한 기록이 잘못되었다고 지적하여 총재관이 책임을 지고 수정한 일도 있었다.

당시 최윤덕과 함께 쓰시마 정벌에 나섰던 李從茂이종무(1360-1425; 장수 이씨)는 1419년 세종 1년에 59세로 쓰시마섬 정벌에 성공하였으나 불충한 김훈 등을 정벌군에 편입시켰다고 탄핵받아 삭직, 귀양갔다가 석방되었다. 그리고 62세에 명나라 다녀왔으나 동행한 정희원의 불경한 행동을 직계하지 않아 63세에 과천에 귀양을 갔다가 석방되어 복직한 인물이다.

아무튼 세종의 기원과 소망대로 '김빈' 에서 '김조' 로 바뀐 사람은 자신의 이름을 바꿔준 임금의 업적을 기록하는『실록』편찬까지 충실히 수행했다. 임금의 뜻대로 마지막 순간까지 산 세종과 죽은 세종을 위해 철저히 봉사한 것이다.

여주 이씨 집안의 李彦迪이언적은 퇴계 李滉이황과 더불어 조선조 성리학의 양대 산맥을 이루고 있었다. 광해군 시대의 막강한 실세였던 70대의 노대신 鄭仁弘정인홍*마저도 이언적과 이황의 문묘 종사를 반대하다가 유생들이 들고일어나 그의 *정인홍 : 1535-1623; 서산 정씨; 남명 '조식' 의 문인 이름 석자가 청금록靑衿錄(유적儒籍)에서 삭제되는 참을 수 없는 치욕을 당하지 않았던가.

이언적은 본래 '이적' 이었는데 중종 임금이 직접 개명을 명령하여 '이언적' 이 된 것이다.

그는 23세에 과거에 급제하여 벼슬생활을 시작했는데, 아마도 20대 후반에서 30대 후반에 이르는 기간에 임금님의 그런 어명을 접하게 되었던 것 같다.

이름에 적(適갈 적)이라는 한 글자만 덩그러니 있는 것보다 '선비 언彦' 자를 하나 더 넣어 彦迪언적으로 부르는 것이 여러모로 더 낫다고 충고했던 것이다.

이름을 바꾼 다음 과연 어떤 일들이 그에게 생겼는지 자세히 살펴보자.

39세(1530년)에 사간원의 사간司諫(종3품)이 되었는데, 자신보다 10세 연상인 김안로로 인해 관직에서 쫓겨나 낙향해야 했다. 43세의 김안로는 이조판서로 있으면서, 임금의 사위가 된 아들 김희만을 믿고 함부로 권력을 남용하다가 영의정 南袞남곤(1471-1527)과 대사헌 李沆이항의 탄핵을 받았다.

그 결과 김안로는 경기도 풍덕으로 유배를 가게 되었다. 유배를 간지 3년여가 지나자 다시 한 번 잔꾀 많은 그에게 기회가 왔다. 원수 같던 영의정 남곤이 56세를 일기로 죽고만 것이다. 남곤은 그보다 10년 연상이었다.

김안로는 서둘러 아들 김희에게 지시했다.

"어서 임금에게 달려가 아버지가 얼마나 억울하게 당했는지 소상하게 아뢰어라. 남곤이란 자가 공연히 밉게 보고 앞 뒤 안 가린 채 모함한 것이라고 잘 좀 아뢰어라. 너는 무조건 내가 시키는 대로만 하면 만사형통이니, 아무 걱정 말고 임금을 잘 요리해 보아라, 내 말 알아들었니?"

아버지의 전갈을 받은 김희는 장인인 중종 임금에게 쪼르륵 달려갔다. 물론 임금의 맏딸인 아내(효혜공주)도 데리고 갔다.

둘은 각자 최선을 다해 김안로를 변호했다.

"아버지를 용서해 주십시오. 억울하게 당한 겁니다! 그리고, 이미 여러 해가 지났으니 충분히 근신했다고 여겨집니다. 어서 한양으로 불러 올리셔서 종묘사직을 위해 헌신, 봉사하게 해 주십시오!"

"시아버님을 용서해 주세요. 얼마 전에 죽은 영의정 남곤이 공연히 시기하여 제 본분을 망각하고 일을 이처럼 꼬이게 만든 겁니다. 어서 그만 풀어주세요!"

사위와 딸의 간청을 받아들여 중종은 김안로를 석방시켜 주었다. 그때 김안로는 48세로 결코 낙향하여 책이나 읽고 땅뙈기나 셈할 처지가 아니었다. 아들과 며느리의 든든한 백을 이용하여 보란 듯이 재기해야 된다고 입술을 꽉 깨물었다.

바로 이 때 39세의 사간司諫 이언적과 49세의 전과자 김안로가 맞부딪치게 되었던 것이다. 이언적은 자신의 직책상 '될 사람'과 '안될 사람'을 명확히 분별해야 했다. 김안로는 아무리 보아도 안 될 사람이고 몹쓸 사람이었다.

> "김안로는 조정 대신들이 모두 심히 혐오스러워하는 작자입니다. 반드시 큰일을 저질러 무수한 선비들을 죽음의 구렁텅이에 몰아넣을 흉포한 자라고 이구동성으로 평하고 있습니다. 지방의 유생들과 선비들의 상소에도 김안로는 언제나 단골 표적입니다. 절대로 재등용해서는 안될 사람입니다. 제 아들을 믿고 호가호위하는 한낱 소인배에 지나지 않는 유치한 작자를, 어떻게 국가의 중요 직책에 다시 기용할 수 있겠습니까? 절대 아니 되옵니다."

이언적이 진심으로 고변했지만 하지만 임금은 사돈 영감인 김안로의 손을 들어주고 이언적에게는 잠시 쉬라는 시그널을 보냈다. 김안로에게 가야 할 옐로우 카드가 갑자기 이언적에게 주어지고만 것이다.

김안로는 이듬해에 이조판서로 재등용되어 우의정, 좌의정에 오르며 50세 이후 찾아온 제2의 전성기를 마음껏 누리게 되었다.

반면에 이언적은 고향 산자락에 독락당獨樂堂이란 누옥陋屋을 짓고 학문에만 전념했다. 김안로 때문에 낙향하게 되었지만 마음의 양식을 채우게 된 점만은 오히려 그에게 고맙게 여겨야 한다고 여기고 있었다.

그렇게 7년여의 세월이 쏜살같이 흘러갔다.

그 사이 김안로는 막강한 권력을 누리며 무수한 사람들을 고꾸라 뜨리고 많은 선비들을 죽게 만들었다. 그가 반대하면 누구든 벼슬을 그만둬야 했고 그가 미워하면 누구든 죽거나 유배되거나 했다.

'정유3흉'으로 불리는 채무택, 허항을 제 수족으로 부리며 '작서灼鼠의 변變'을 조작하여 중종 후궁 경빈 박씨와 그녀의 아들 복성군福城君, 그리고 좌의정 沈貞심정(1471-1531)을 해치기도 했다. 아들 김희를 앞세워 자신을 귀양 보낸 심정을 해칠 속셈으로 어린 세자(후에 인종)의 생일날에 불로 마구 지지고 토막낸 쥐를 세자궁의 은행나무 위에 올려놓아 세자를 해치려는 음모가 있다며 일을 꾸몄던 것이다.

나중에는 중종의 정비이자 후일 명종의 어머니가 되는 문정왕후 윤씨마저 폐비로 만들어 궁궐 밖으로 내쫓으려 했다. 깜짝 놀란 중종은 비밀리에 체포조를 조직했다.

김안로와 그의 패거리들(허항, 채무택 등)은 일망타진되어 모두 형장의 이슬로 사라지고 말았다.

김안로가 죽자 어둡던 세상이 갑자기 환해지는 듯했다. 낙향해 있던 이언적도 재 등용되어 홍문관 부교리와 응교를 거쳐 47세에는 직제학直提學(정3품)에 올랐다.

이언적은 그 후에는 노모를 봉양하기 위해 지방 외직을 자청했다. 안동 부사와 경상도 관찰사를 지낸 후 53세에 병이 들어 낙향했다. 하나, 이듬해(1545년)에 명종이 즉위하자 의금부판사가 되어 을사

*을사사화 : 명종 모친 문정대비의 친정 동생인 윤원형이 인종의 외삼촌인 윤임 일파를 제거한 일

사화*를 처리했다. 이후 다시 사직하고 낙향했다.

그런데 그 후 2년 뒤에 양재역에 문정대비의 국정간여를 비난하는 대자보가 붙자(벽서사건) 그도 연루되어 평안도 강계로 유배되었다. 결국 을사사화 때 어쩔 수 없이 손에 피를 묻힌 일이 2년 뒤에 부메랑으로 고스란히 되돌아온 셈이었다.

김안로의 죽음 뒤에 찾아온 제 2의 정치역정이 10년여만에 막을 내린 것이다. 46세에 찾아온 제2의 전성기가 56세에 끝났으니, 그만 하면 꽤나 긴 세월이었던 셈이다.

학문에 더 몰두하고 창작저술을 많이 하여 후세에 유익을 끼치라 는 하늘의 엄명으로 여기고 그는 유배생활 내내 열심히 책을 썼다.

그의 저서『구인록求仁錄』에서는 유학의 근본개념인 '인仁'을 다루 고,『봉선잡의奉先雜儀』에서는 주자가례를 실용적으로 고쳐 보았다. 또한『대학장구보유大學章句補遺』와『속대학혹문續大學惑問』에서는 朱 熹주희의『대학장구』와『대학혹문』을 보완하기 위해 나름대로의 독 창적인 아이디어를 보탰다.

미완성 저술로는 송대宋代 거유巨儒 眞德秀진덕수의 제왕학帝王學인 『대학연의大學衍義』를 보강하려 시작한『중용구경연의中庸九經衍義』가 있다.

그는 46세에 정계에 다시 복귀했을 때 간신 김안로 일당이 끼친 엄청난 폐해를 되돌아보며 임금에게 '일강십목—綱十目'으로 된 상 소를 올렸다.

그중 가장 중요한 '일강'으로 그는 '임금의 마음가짐'을 꼽았다. 실천수단으로는 '십목'을 제시했다. 그는 여기서 김안로 등에게 휘 말렸던 임금의 실수를 은근히 꼬집고 있다.

그는 인仁을 만선의 근본이라고 보았다. 인仁, 의義, 예禮, 지知, 신信 의 5덕德 중 으뜸으로 꼽았다. 공자를 중심으로 한 모든 학문도 결 국은 '인'을 구하는데 집중되었다고 결론지었다.

제왕학으로 그는 '임금의 마음이 기본이다. 왕은 천도天道를 체득 하여 배천配天, 경천敬天해야 한다'고 주장했다.

그의 성격은 본래 아주 직선적이고 칼칼한 기질이었던 것 같다. 26세에 선배 학자들의 토론에 끼어들어 자기 나름의 독창적 논리를 설파했던 걸로 보아 논쟁과 격론에 쉽게 빠져드는 격한 성격이었던 것으로 짐작된다. 그는 이십 대의 청년 학자로서 영남의 선배 학자인 孫叔暾손숙돈과 曺漢輔조한보의 '무극태극無極太極' 논쟁에 참여하여 주리적主理的 논점에서 둘의 견해를 모두 비판했었다.

개인적으로는 지극히 외로웠던 것 같다. 朴崇阜박숭부의 딸을 아내로 맞았지만 자식이 없어 종제 李通이통의 아들 李應仁이응인을 양자로 삼아야 했다.

그래도 그에게는 첩운妾運은 좋았던지, 서자 李全仁이전인이 오히려 효도를 많이 했다. 그는 아버지(이언적)가 타계한지 13년 뒤(1566년)에 아버지가 죽기 전에 써놓은 '임금의 학문에 필요한 8가지 조목' 즉, '진수팔조進修八條'를 상소로 올렸다.

3살 연하의 찰방察訪(역참을 관리하던 종6품 외직)을 지낸 친동생 李彦适이언괄(1494-1553)은 형이 56세로 귀양을 가자 형을 구명하려 상소를 올리기도 했었다.

이언적은 임금이 새로 지어준 이름을 지니고 살았다. '갈 적適'에 '선비 언彦'이 덧붙여져, '뜻을 높이 두고 열심히 정진하되 선비의 기본도리에서 벗어나지 말라'는 임금의 당부가 곁들여진 이름이 된 것이다.

당찬 기질과 높은 콧대로 이십 대를 헤쳐나갈 때 그보다 3살 연상인 중종은 뭔가 중요한 귀띔을 해주고 싶었던 모양이다.

그래서 '이룬다, 도달한다'는 당돌한 뜻을 지닌 '갈 적適'에다 '선비 언彦'을 덧붙여, 한 템포 늦춰가게 만들어 마음을 갈고 닦아 후학을 위해 뭔가 이뤄놓는 선비의 도리를 특별히 강조해 놓은 것이다.

중종의 그러한 배려는 아주 적중했던 것 같다.

벼슬자리에서 쫓겨나 귀양을 간 그 시점을 진짜 선비가 되는 절호의 찬스로 여기고 50대 후반의 그 얼마 안 되는 기간을 오로지 저술에만 몰두했던 것이다.

62세의 생애가 더 좀 연장되었더라면 그는 아마도 더 많은 학문적 업적을 쌓았을 것이다. 최소한 유배지의 거칠고 외로운 땅 대신 좀 더 아늑한 터전에 머물렀더라면, 좀 더 장수하며 더 열정적으로 저술활동을 폈을 것이다.

정조 임금이 직접 하사한 아호를 지니고 살았던 두 사람을 되돌아보자.

연안 이씨 집안의 李崑秀이곤수(1762-1788)와 남원 윤씨 가문의 尹行恁윤행임(1762-1801)이 바로 그들이다.

우선 이곤수를 살펴보자.

판서 李性源이성원의 아들로 태어나 20세에 성균관 유생으로 문과에 급제했으니 대단히 빨리 패스한 셈이다. 그 후 세자시강원 설서說書(정7품)를 지내고 25세 때는 암행어사가 되어 황해도와 평안도를 두루 살피고 다녔다.

그런데 지방을 암행순시하며 병을 얻었던지 그는 26세의 젊은 나이로 요절하고 말았다. 그의 죽음에 접한 정조 임금은 두 눈을 지그시 감은 채 아무 말이 없었을 것이다. 명이 아주 짧을 것을 미리 내다보고 아호를 특별히 지어주었는데, 그게 아무 소용이 없었던 셈이다.

이곤수를 처음 대하자 정조 임금은 금방 알아보았다. 병약한 사람은 아니지만 수명을 특별히 짧게 타고난 사람이었다.

이름이야 '높은 산처럼 드높아라'는 기원이 듬뿍 들어 있는 곤수(崑산이름 곤 秀빼어날 수)지만, 아무래도 명을 길게 하는 기원은 빠져 있는 듯했다.

자의 의미도 마찬가지였다. 성서(星별 성 瑞상서 서)이니, '별처럼 높고 신비로워라!'는 기원이 절절이 느껴지는 의미였다.

정조 임금은 수재(壽목숨 수 齋재계할 재)라는 아호를 정해주었다. 그리고 신신당부했다.

"어명이니 반드시 내가 지어준 아호를 마르고 닳도록 활용해라. 서신이든 글이든, 어디든지 아호를 적어 넣어야 한다. 이 두 글자가 특별히 너를 지켜주는 수호신 역할을 잘 해낼 것이다. 알았느냐?"

한데, 이름과 자의 의미가 워낙 공허할 정도로 거창한 탓인지, '목숨을 이어 더 공손한 삶이 되게 하라' 는 그 애절한 마지막 기원이 물거품이 되고 말았다.

정조 임금은 자신의 무릎을 치며 혼잣말을 내뱉었을 것이다.

"운세는 역시 타고나는 법이구나! 이름이나 자에 좀 더 그럴듯한 글자를 넣어둘 걸 그랬구나! 이왕 새로 지어줄 바에는 처음부터 이름을 고쳐 줄 걸…"

정조 임금으로부터 아호를 선물 받은 또 다른 선비는 앞의 이곤수와 동갑내기인 윤행임이었다.

20세에 과거에 급제하여 검열檢閱(정9품)로 벼슬을 시작했다. 처음부터 이른 나이에 요직에 발령을 받은 셈이다. 특별히 조정 대신들의 눈에 띄어 영광스럽게도 초계문신抄啓文臣이 되었다. 의정부가 선발하여 임금에게 직접 보고(초계抄啓)하는 특혜를 입는 신분이니, 남들이 보면 벌써 출세길이 고속도로로 뻥 뚫리게 된 셈이었다.

숙종 대(1709년 숙종 35년)에 폐지된 과거의 사가독서제賜暇讀書制*를 정조 임금이 '초계문신제도' 로 부활시킨 것이다.

37세 이하의 당하관 문신을 선발하여 40세에 졸업시킨 제도로, 한 달에 구술시험(강講) 두 번과 필기시험(제製) 한 번으로 중간평가를 받아야 했다. 정조 임금은 직접 규장각(집현전을 본 따 정조가 설립)을 찾아 토론도 하고 손수 시험문제도 출제하곤 했다.

*사가독서제 : 젊고 유능한 문신에게 특별휴가를 주어 집이나 독서당에서 오로지 학문에만 매달리게 한 제도

정조 임금 때만 해도 10차례에 걸쳐 138명을 선발했다. 정조 이후 중단되었다가 헌종이 두 차례에 걸쳐 56명을 선발한 적이 있다.

하여튼 윤행임은 운도 좋고 재주도 많아 이른 나이에 임금을 직접 알현하는 영광을 누릴 수 있었다. 그런데 호사다마好事多魔인지, 28세에 탄핵을 받고 유배를 가야 했다.

閔致和민치화와 함께 창피스럽기 그지없는 죄목으로 귀양을 가야 했던 것이다. '유언비어를 날조하여 인심을 뒤숭숭하게 만들었다. 그리고 백성의 재산을 약탈하여 제 배를 채웠다' 는 것이었다.

하지만 임금님의 배려로 이듬해에 규장각 직각直閣(종6품에서 정3품까지로 채움)으로 복귀할 수 있었다. 결백이 드러난 증거이지만 아무리 되돌아보아도 부끄럽기 짝이 없었다.

32세에는 이조 참의參議(정3품 당상관직)가 되고 이듬해에는 비변사 제조提調(종1품, 정2품)가 되었다.

실로 엄청나게 빠른 출세길이었다. 서른 초반에 벌써 정승의 반열에 오른 셈이다. 그런데 달도 차면 기우는 법인지, 그를 아껴주던 정조 임금이 승하하자 그의 운세도 한꺼번에 확 꺾이고 말았다.

38세가 되던 해(1800년 6월) 여름에 정조와 수빈 박씨 사이에서 출생한 순조가 열 살 나이로 즉위했는데, 예상대로 55세가 된 영조 비 정순왕후 김씨(1745-1805;경주 김씨)가 수렴청정을 했다.

타계한 정조 임금은 천주교와 토속신앙에 대해 관대한 입장이었는데 정순왕후의 친정 형제들인 金龜柱김구주(1740-1786), 金觀柱김관주

(1743-1806)와 영의정 沈煥之심환지(1730-1802)는 천주교를 사교로 결론짓고 대대적인 싹쓸이를 단행했다.

김구주는 60세, 김관주는 57세, 영의정 심환지는 70세였다.

이들 세 사람이 주동이 되어 이듬해(1801년 4,5월)에 신유박해(혹은 신유사옥)를 일으켜 어마어마한 피바다를 만들어냈다.

조선에 들어온 최초의 외국인 신부인 청나라 사람 周文謨주문모(1752-1801.5.31)를 비롯하여 백여 명이 처형당했고, 400여 명이 유배를 가는 등 박해를 받았다.

단순한 종교탄압이 아니었다. 노론에 의한 남인 숙청이요, 벽파僻派*에 의한 시파時派* 박해였다.

윤행임은 순조가 즉위하고 나서도 잠시 동안은 뭔가 잘 풀릴 것 같았다. 이조판서에 오르고 이듬해(1801년)에는 양관兩館(홍문관, 예문관) 대제학大提學(정2품으로 종신직이 원칙)이 되었다.

하지만 갑자기 불어닥친 선홍빛 폭풍을 피하기가 쉽지 않았다. 윤행임은 시파에 가까웠던 편이라 당연히 섬으로 유배를 가야 했다. 목숨을 부지한 것만 해도 조상과 천지신명에게 감사를 드려야 할 판이었다. 한데 얼마 안 되어 힘찬 오뚝이처럼 다시 살아나고 말았다. 석방이었다. 신지도를 뒤로하고 한양으로 되돌아와 다시 임지로 떠날 채비를 했다.

이번에는 전라도 관찰사였다. 평야가 넓어 물산物産이 풍부하고 인심이 후한 땅이라, 피비린내 나는 서울 공기보다 몇 백 배 더 맑고 따스할 듯했다. 그런데 참으로 기이한 일이 터지고 말았다. 난데없이 金祖淳김조순(1765-1832)이란 자가 탄핵한 것이다. 자신보다 3살 아래이며 양관 대제학을 지내는 등 경력도 비슷한 사람이었다.

한 해 뒤(1802년)에 딸이 순조 비*로 책봉되지만, 그는 이미 정조대왕에 의해 장차 순조의 장인이 되어야 할 사람으로 지목되어 있었다.

*순조 비 : 순원왕후: 1789-1857; 익종의 생모 이자 헌종의 조모; 헌종 과 철종의 수렴청정 수 행

결국 윤행임은 투옥되었다가 일사천리로 집행되어 참형에 처해지고 말았다. 죄가 있다면 정조대왕의 모든 시책을 지지해 준 남인 계열의 '시파'에 속해 있었다는 것뿐이었다. 그때 그의 나이39세로 결코 길다고 볼 수 없는 생애였다.

윤행임(行갈 행 恁생각할 임)의 자는 성보(聖성스러울 성 甫클 보)이고, 두 개의 아호는 각각 방시한재(方모 방 是옳을 시 閑막을 한 齋재계할 재)와 석재(碩큰 석 齋재계할 재)이다.

'어디를 가든 임을 생각한다'는 이름이니, 그는 임금의 특별한 총애로 30대에 정승의 반열에 올랐을 것이다. 임금에 대한 남다른 충성심이 열 살 위인 임금의 마음을 깊고 넓게 터치(touch)했을 것이다.

자 또한 '뛰어난 임금님을 섬기는 벼슬 높은 사내'이니, 실로 충신 중의 충신에 잘 어울리는 의미가 아닌가. 임금과 의견이 맞고 마음이 서로 통한다면 그 얼마나 속편하고 보람찬 나날이었겠는가.

정조 임금은 그래도 뭔가 빠져 있다고 보았던 것 같다. 28세에 탄핵받고 유배를 갔던 일처럼 아마도 윤행임에게서 모함을 받아 죽을 팔자임을 감지했는지도 모른다. 그래서 정조는 한 개도 아니고 두 개의 아호를 하사했다.

하나 는 '어느 쪽에서 들려오든 옳다고 인정하고 공연한 시비를 막아 고요함을 지켜나간다'는 의미의 '방시한재方是閑齋'이고, 다른 하나는 '높아질수록 공손하게 굴어 화를 미연에 막는다'는 의미의 '석재碩齋'이다.

아마도 임금이 하사한 아호 덕분에 일찍 정승에 오르고 이십 대에 맞았던 죽을 고비를 무사히 넘길 수도 있었을 것이다. 그러나 부적 같고 마스코트 같은 아호를 지어준 임금이 곁을 떠나자, 윤행임의 팔자도 깎아지른 듯한 내리막길로 치닫고 말았다.

10 | 너무도 슬픈 인생을 살다간 조선시대 여인들

조선시대에는 우리를 슬프게 하는 스토리나 캐릭터가
너무도 많았다. 역사책 속 그 어디에도 단 한 줄 적히지 않은
슬프디 슬픈 이야기들은 민초들의 이름 없는 혼령이 되어 온
하늘을 뒤덮고 있다. 하늘의 별이 제대로 안 보이는 이유 중 하나다.
우리들의 눈앞이 너무 자주 희부옇게 변하는 이유 중 하나다.

세종대왕의 후궁에 혜빈 양楊씨가 있었다.

1455년에 수양대군이 어린 조카 단종을 허수아비 상왕으로 밀어
내고 세조로 등극하자, 그녀의 일생도 깊이를 알 수 없는 수렁으로
굴러 떨어지고 말았다.

그녀의 두 아들도 마찬가지였다. 한남군漢南君과 영풍군永豊君(1434-
1457)이 모조리 '단종 복위사건'에 휘말려 죽고만 것이다.

혜빈 양씨는 세조 즉위 초에 '단종 봉양죄'로 사약을 받고 자결
해야 했다. 무슨 놈의 죄명罪名이 그런지…. 촌수로만 보면 자신의
손자이기도 한 어린 임금인데, 극진히 대해준게 어째서 죽을죄가
된다는 것인지 모를 일이었다. 아마도 어린 단종을 불쌍히 여겨 여
러 가지를 챙겨준 것이 그만 역적질로 여겨졌던 모양이다.

혜빈 양씨는 단종의 모친인 현덕왕후(문종 즉위 후 왕후로 추봉) 권씨를
남달리 깊이 아껴주었었다. 겨우 13살의 어린 나이로 세자궁의 궁
녀로 들어와 4살 연상의 세자(세종의 장남으로 후에 문종이 됨)와
정분이 쌓여 승휘承徽(종4품), 양원良媛(종3품)이 되었다.

순빈 봉씨가 폐위되자 그녀는 19세의 나이로 마침내 세자빈(정1품)에 책봉되었다. 하지만 불행하게도 아기(단종)를 낳자마자 23세로 타계했다. 남편인 만년 세자(7세부터 36세까지, 자그마치 29년간)가 문종으로 즉위하기 꼭 9년 전이었다.

혜빈 양씨는 11살에 왕이 된 불쌍한 아기 임금(단종)만 생각하면 가슴이 메어지고 두 눈이 금방 벌겋게 부어올랐다. 말 그대로 눈물 항아리요, 슬픔 덩어리였다.

어쨌거나 혜빈 양씨의 멀쩡한 두 아들도 어머니의 비극적인 최후를 차츰 닮아가고 있었다. 이복형(수양대군: 세조)의 권력욕 때문에 어쩔 수 없이 생사의 갈림길에 놓이게 되었던 것이다.

무엇보다도 혈기왕성한 동생 영풍군이 더 큰 문제였다. 이복형인 수양대군이 조카 단종을 밀어내고 왕에 오른다는 사실 자체가 너무도 명명백백한 역적질로 비쳐졌을 것이다. 도저히 용납이 안 되었을 것이다. 더욱이나 사랑하는 어머니마저 어린 조카(단종)를 보호하려다 목숨을 잃었지 않은가.

결국 한남군(세종의 4남)과 영풍군(세종의 8남)은 사육신의 쿠데타 모의 실패(1456년 6월)와 금성대군(세종의 6남)의 단종 복위운동 실패(1457년 10월) 뒤에 다함께 비극적인 죽음을 맞게 된다.

먼저 형인 한남군의 경우를 보자.

사육신의 단종 복위 모의에 연루되어 함양(경남)으로 귀양을 가야 했다. 그런데 일년 뒤에 또 다른 사건이 발각되고 말았다. 순흥부에 귀양가 있던 이복형제 금성대군이 부사 이보흠과 같이 단종 복위를 계획하다가, 그만 기천 현감의 밀고로 들통이 나고 말았던 것이다. 물론 그 밀고에는 한남군 자신의 이름도 들어있었다.

조정 대신들 모두 더 이상 살려둘 필요가 없다고 야단법석이었다. 그런데 웬일인지 이복형인 세조가 '한남군의 목숨만은 살려줘라'고 했다. 그래서 한남군은 목숨을 부지한 채 그대로 유배지에 머물러 있을 수 있게 되었다.

아버지 세종대왕이 평소에 '효성이 지극하고 성격이 온화하다' 며 자주 칭찬했는데, 세조도 그런 착한 이복동생을 슬쩍 눈감아 주기로 했던 모양이다. 그렇지만 감시가 보통 심해진 게 아니었다. 일거수일투족이 모조리 보고되었다.

그러다 보니 분노와 치욕으로 서서히 속부터 망가뜨려지기 시작하더니, 끝내 홧병이 도지고 말았다. 그는 끝내 멀고 먼 유배지에서 무심한 빈 하늘을 뚫어지게 바라보다가, 30대의 젊은 나이로 영영 불귀의 객이 되고 말았다.

동생 영풍군은 어떠했는가.

죽고 죽이는 왕위 찬탈전이 일어나기 전까지는 나름대로 행복한 결혼생활을 보내고 있었다. 순천 박씨(박팽년의 딸)를 부인으로 맞아 하루하루가 정말 행복했다. 여러 면에서 워낙 출중하여 1453년 계유정변으로 영의정 皇甫仁황보인, 우의정 金宗瑞김종서 등이 죽고 없어지자, 잠시 동안이지만 그가 정치와 군사를 장악하고 있었다. 하지만 수양대군이 그를 불안하게 여겨 이유불문하고 즉시 제거했다.

비록 20대 초반의 어린 나이지만 심정적으로 7년 연하의 조카인 단종을 감싸고 있었기 때문이다.

첫 유배지는 예안이었다. 얼마 안지나 경기도 안성으로 옮겨졌다. 그 어디든 낯설고 물설기는 마찬가지였다. 그저 하루하루 그리운 식구들이 있는 한양 하늘만 물끄러미 쳐다보며 끓어오르는 울분을 삭여야 했다.

각본대로 수양대군이 세조로 등극하자, 그는 더욱더 폭력만이 해결책이라고 확신하게 되었다. '칼이 바로 해답'이라고 여길 수밖에 다른 방도가 없었다. 하지만 세상인심은 여전히 상왕으로 내몰린 단종 쪽이었다.

선왕들(세종과 문종)로부터 어린 세자를 잘 부탁한다는 말을 자주 들었던 신하들이 비밀리에 거사계획을 짜기 시작했던 것이다. 이름하여 명나라 사신의 환송 만찬장(창덕궁)을 이용한 사육신의 단종 복위 모의였다.

결국 실패로 돌아가고 말았다. 눈치 빠른 왕당파들이 세조를 죽이고 상왕으로 물러앉은 단종을 다시 왕의 자리에 앉히려는 거사계획을 그냥 놓칠 리 만무했다.

함께 모의했던 金礩김질이란 자가 잔뜩 겁을 먹고 장인인 정창손에게 거사계획을 누설했던 것이다. 사위와 장인은 서둘러 세조에게 고자질했다. 그리하여 모든 내막이 백일하에 드러나고 말았다. 죽고 죽이는 일대 '피의 대숙청'이 이어질 따름이었다.

영풍군의 장인 형조참판 朴彭年박팽년(1417-1456; 옥중에서 사망)이 바로 사육신의 한 사람으로 끼어있는데 무슨 수로 요행을 바라겠는가.

장인만이 아니었다. 처가 식구들이 모조리 형장으로 끌려가 아예 씨가 마를 정도였다.

형조판서를 지낸 처 할아버지 朴中林박중림도 사형을 당했다. 처 작은아버지 朴大年박대년도 죽었다. 영풍군의 세 처남들도 모조리 형장의 이슬로 사라졌다.

그래도 영풍군은 어엿한 왕자 신분이니 목숨을 건질 수 있었다.

가산家産과 고신告身(임명 사령서 곧 직첩職牒)을 몰수당한 채, 완전한 평민이 되어 임실 땅에 위리안치되었다.

그런데 화불단행禍不單行이라고, 이듬해에 순흥 땅에 유배를 갔던 금성대군이 순흥부사 이보흠과 함께 단종 복위를 도모하다 발각되고 말았다.

순흥(영주, 봉화)에서 그리 멀지 않은 영월에 노산군으로 강등되어 가택연금 당해 있는 상왕을 생각하며 칼을 갈았을 것이다.

"그래, 언제 죽어도 죽을 목숨인데 이왕이면 충신 노릇이나 한번 해보고 죽자! 친형(수양대군)이 친조카(단종)를 내쫓고 왕이 된 판에 무슨 놈의 희망이냐? 금수의 땅으로 변하고 말았는데 목숨이 아깝다고 가만히 앉아 있으면 똑같이 짐승이 되고 마는 것 아닌가. 일어서자! 일어서서 여기 사람이 살고 있다고 한 번 목 터지게 외치기라도 하자!"

계획은 자유지만 성공은 선택인지….

*금성대군 : 세종 비 소헌왕후 심씨의 소생인 8남 중 6남

1457년 10월, 수양대군의 친동생 금성대군*은 사사되었다. 한창 때인 31세였다. 형인 세조보다 9세 연하였다.

형은 결국 13년간 왕 노릇 하려고 그 많은 피를 흘렸던 것이다.

동생을 죽게 한 후 11년간 더 살다가 51세로 피 많이 흘리게 한 욕된 생애를 마감했다.

순흥 부사 이보흠은 박천博川(평북)으로 유배되었다가 후일 처형되었다. 23세의 대역죄인 영풍군도 누군가에 의해 살해되었다.

이로써 이듬해(1458년)에 순흥부順興府는 역모의 땅으로 낙인찍혀 영원히 지도상에서 사라지고 영주와 봉화로 나뉘어지게 되었다.

형인 한남군의 이름은 '어(王+於)'이고 자는 군옥(群무리 군 玉옥 옥)이다.

이름이나 자에 모두 '구슬 옥玉'과 관련된 뜻이 곁들여 있다. 타고난 성품이 옥처럼 청아했을 것이다. 그리고, 지향하는 삶의 목표도 옥 광산에서 귀한 옥을 캐내듯 그렇게 끈기 있게 오래 참고 기다리는 편이었을 것이다. 하지만 옥과 돌을 구별하는 안목만은 제대로 지니고 살았을 것이다.

결코 폭력혁명이나 피비린내 나는 보복을 원하지 않았을 것이다. 그런데 시대적 상황과 어머니의 강요된 자결 같은 가족 내의

일대 비극이 그를 단숨에 희대의 역모꾼으로 뒤바꿔놓고 말았다.

옥玉이 광산에서 스스로 박차고 나와 사람을 찌르고 자르고 누르는 무서운 무기로 둔갑한 것이다.

동생인 영풍군의 이름은 '옥(조개) 이름 전(瑔)'이다. 형의 이름처럼 '옥玉'과 관련된 의미를 지니고 있다. '옥고리나 옥팔찌'를 뜻하는 '옥고리 천(釧)'과 매우 흡사한 의미를 지니고 있다.

광산에 묻혀 가만히 숨어 있는 옥이 아니다. 이미 세상에 나와 여러 번 깎이고 다듬어지고 갈고 닳아진 '옥 장식'이다. 날카롭지만 아름답고 무겁지만 멋이 있어서 사람들 곁에 있을 뿐이다.

형보다 동생인 영풍군이 더 재주가 출중하고 기질 또한 매우 돋보였을 것이다. 이십대 초반에 벌써 권력 게임의 한 가운데에 머물러 있었지 않은가.

유배지가 연이어 옮겨지고 나중에는 위리안치라 하여 거소가 가시나무로 둘러쳐진 것만 보아도 당시의 분위기를 대강 짐작해 볼 수 있다. 즉, 권력의 실세들이 젊디젊은 그를 얼마나 두려워했는지 쉽게 짐작해 볼 수 있을 것이다.

형이 아직 광산에 묻혀 있는 옥이었다면, 동생은 잘 다듬은 옥이었던 셈이다. 기질과 운세가 판이하게 다르다보니, 같은 옥이지만 삶의 방식이나 최후를 맞는 모습도 완연히 달랐던 것이다.

한 사람(형인 한남군)은 지옥의 문전에 가까이 가 있었음에도 끝까지 기다리다가 자연사했다. 다른 한 사람(동생인 영풍군)은 이글거리는 지옥의 불길을 빤히 바라보기가 너무 괴로워 그만 냅다 그 불길 속으로 뛰어들고 말았다.

세종대왕의 후궁이었던 혜빈 양씨와 두 아들들(세종대왕의 서자)의 비극이 우리를 슬프게 하는 이유는 과연 어디에 있는가?

제아무리 선의, 호의로 최선을 다해도 일이 꼬이면 목숨을 앗아가는 독버섯이 되고 독화살이 된다는 역설적인 인생법칙이 그대로 적중했기 때문이다.

조선시대에는 우리를 슬프게 하는 스토리나 캐릭터가 너무도 많았다. 역사책 속 그 어디에도 단 한 줄 적히지 않은 슬프디 슬픈 이야기들은 민초들의 이름 없는 혼령이 되어 온 하늘을 뒤덮고 있다. 하늘의 별이 제대로 안 보이는 이유 중 하나다. 우리들의 눈앞이 너무 자주 희부옇게 변하는 이유 중 하나다.

조선에는 '공주 아닌 공주'가 있었다. 의순공주義順公主가 바로 그 여인이다.

어느 날 갑자기 조선왕실에 청혼이 들어왔다. 난데없이 멀고도 먼 청나라에서 조선 왕실의 여인과 결혼하고 싶다는 소식이 날아온 것이다. 평범한 청나라 총각이나 벼슬아치가 아니었다.

왕이었다. 청나라 구왕九王이 웬일인지 조선의 왕실에 정식으로 청혼을 했던 것이다.

구왕 다이곤(다리곤; Dorgon: 1612-1653)은 청 태조 누르하치의 14남으로 청태종(누르하치의 8남)의 10살 아래 아우였다.

형이 태종으로 34세부터 51세까지 군림하고 있을 때부터 그는 막강한 실세로 실질적인 2인자 노릇을 하고 있었다.

형이 죽고 난 다음 해(1644년)에 6살 어린 황제(조카; 태종의 9남)때 명나라 농민 반란군의 우두머리인 이자성李自成*이 수도 북경을 점령하자 명나라의 마지막 실력자인 32세의 吳三桂오삼계(1612-1678)가 청나라에 구조 요청을 보내왔다. 함께 북경을 수복하자는 제안이었다.

그는 아버지 吳襄오양(금주의 총병관)이 이자성에게 위협 당해 '너도 이자성에게 귀순하라'고 종용했지만 절대 그럴 수 없다고 결심하고 있었던 것이다.

명나라 마지막 황제 17대 숭정제崇禎帝(1610-1644; 18세에 즉위)는 이미 34세의 나이로 자살한 뒤였다. 명나라는 이로써 17대 276년(1368-1644)으로 그 운명을 다했던 것이다.

하여튼 명나라 장수 오삼계의 북경 수복 전戰 참전 요청으로 청은 명나라의 수도에 합법적으로 입성할 수 있게 되었던 것이다.

당연히 어린 조카를 대신해 사촌형제인 정친왕鄭親王 지르하란(누르하치의 동생 '슈르가치' 의 6남)과 함께 섭정을 맡은 보정왕輔政王으로 있던 예친왕睿親王 '구왕' 이 북경 수복의 앞장을 섰다.

아마도 구왕을 따라 북경에 들어가 독일 신부 샬 폰 벨(탕약망湯若望)을 만났던 소현세자가 구왕의 사람 됨됨이를 보고 '조선 처녀를 아내로 맞으면 어떻겠느냐' 고 제안했을지 모른다. 그 때 소현세자(1612-1645)와 구왕은 32세로 신기하게도 동갑내기였다.

그리고 더욱 신기하게도 명나라의 마지막 충신이었던 오삼계도 동갑내기였다.

구왕은 5년여 전에 고국에 귀국하자마자 33세로 요절한 소현세자의 흥미로운 제안을 까맣게 잊고 있다가 5년이 흐른 시점에 우연히 다시 떠올리게 되었는지도 모른다.

*오삼계 : 후일 더욱 세력이 커져 귀주를 본거지로 삼고 광동의 상가희 복주의 경정충과 더불어 '3번' 으로 불리다가 강희제 때 '3번의 난' 을 일으킴

하여튼 구왕이 조선 왕실에 청혼서를 접수시켰던 1650년경이면 여러 면으로 의미심장한 시기였다. 합법적으로 명나라 수도를 점령한 일등 공신이요, 어린 황제(12세)의 섭정왕이 청혼을 했으니 운만 잘 트이면 황제의 황후가 될 수도 있는 그런 미묘한 정세, 미묘한 시기였다.

배경이야 어찌되었건 그녀(의순공주)에게는 희소식이기도 하고 흉보凶報이기도 했을 것이다.

조선조정(효종 1년 1650년)에서는 일단 딸을 청나라 황실로 시집보낼

자원자를 찾았다. 그 때 봉안군(성종의 5남)의 5대 손인 전주 이씨 李愷胤이개윤 혹은 漑胤개윤이 손을 번쩍 들고 자원했다.

"제 어린 딸을 보내주십시오. 용모는 그리 대단하지 않지만 심성이 곱고 마음씀씀이가 단단하니, 머나먼 타국에 가서도 조선왕실을 결코 욕되게 하지 않을 것입니다. 제 딸을 보내주신다면 집안의 영광으로 알겠습니다. 그리고 무엇보다도 결코 조선과 조선왕실을 위해 반듯하고 의연하게 살도록 잘 가르치겠습니다. 부디 제 어리석은 뜻을 받아주십시오!"

이개윤의 말을 들은 조선 왕실에서는 그의 뜻이 정말 가상하다고 치하하며 일단 그의 딸을 '공주' 로 봉했다. 왕의 서자(봉안군)의 5대 손이니 이미 종친부宗親府에 소속된 종친이 아니었다. 왕의 서자 자손은 3대까지만 종친으로 분류되었다.

하여튼, 대국의 왕녀로 가야하는 소녀인데, 그깟 공주 칭호 하나 얹어주는 것이 뭐 그리 대수였겠는가. 평범한 전주 이씨 집안의 소녀에서 갑자기 왕의 적녀嫡女로 둔갑하게 되었던 것이다.

아버지 이개윤이 조정과 긴박하게 연락을 취했다. 조정에서도 야단이었다. 아직은 어린 소녀라 뭘 잘 모르지만 후일 실세 여걸이 되면 어떤 영향력을 발휘하게 될지 모르는 일이었다.

청주 한씨 집안에서는 이미 250여 년 전에 명나라의 왕비가 나왔었지 않은가. 성종 임금의 외조부인 한확의 누님이 성조成祖의 왕비(여비麗妃)가 되어 얼마나 많은 유익을 끼쳤는지 모른다. 그 덕분에 한확은 14살(1417년 태종 17년)에 진헌부사進獻副使로 명나라에 가서 광록시소경光祿寺少卿이라는 벼슬을 얻어 가지고 돌아왔다.

명나라 황제 성조는 그 때 57세로 황제에 즉위한지 15년이 되는 해였다. 조선 태종(이방원)보다 7년 연상이고 세종보다는 37년 연상이었다.

한확은 그 후로도 명나라 황실과의 돈독한 특수 관계로 인해 어려운 일이 있을 적마다 명나라를 오가며 해결사노릇을 해야 했다. 15세(1418년)에 세종 임금이 즉위하자 고부청시승습사告訃請諡承襲使가 되어 명나라에 다녀왔다.

52세 되던 해(1455년 세조 1년)에는 어린 조카 단종을 상왕으로 내몰고 수양대군이 세조로 등극하자 사은사로 명에 가서 왕위를 찬탈한 게 아니라 양위 받은 것이라는 논리로 진땀 흘리며 열심히 해명해야 했다.

중국 한족漢族 중심의 명나라 황실에서 만주 여진족 중심의 청나라 황실로 살짝 바뀌고 말았지만 조선 쪽에서 보면 거기에서 거기였다. 형님 나라로 생각하는 이도 있고 황제가 다스리는 천하의 축소판으로 생각하는 사람도 있었다. 한 마디로 큰 나라, 센 나라, 대단한 나라로 생각하는 그 고정 패러다임, 사대事大 패러다임(paradigm)만은 그 때나 이 때나 마찬가지였다.

명나라 성조成祖 즉 영락제永樂帝(1360.5.2-1424.8.5; 재위 1402-1424)의 통치기간은 조선의 태종 임금 대(재위; 1400-1418; 1422년에 타계)와 세종 초(재위; 1418-1450)에 해당하는 기간이었다.

명 태조 주원장朱元璋*의 4남으로 본래는 북경에 기반을 둔 연왕燕王으로 있었다.

*주원장 : 1368년 남경에서 즉위한 후 그 해 가을 북경 함락; 1398년 6월 24일, 70세로 외롭게 병사

그런데, 조카인 2대 황제(혜제惠帝) 건문제建文帝(1383-1402; 재위 1398-1402)가 봉건영주처럼 지방마다에서 고유한 세력 기반을 갖추고 있던 여러 왕자들(혹은 왕들)의 세력을 크게 위축시키려 했다.

우선 봉토封土 삭감을 통해 세력 기반을 대폭 줄이려 했다. 그리

고는 북방의 몽골을 방어한다는 명분으로 특별히 세력을 크게 키운 다섯 왕들을 폐하려 했다.

당연히 위협을 느낄 수밖에 없었다. 힘이 줄면 목숨도 내놓게 되어 있는 권력게임을 너무도 잘 알고 있었기 때문이다. 힘이 준다, 힘이 없어진다는 것처럼 큰 위협이 없었다.

삼촌인 연왕은 39세 되던 해(1399년)에 쿠데타를 일으켜 3년간 수도인 남경을 집요하게 공격했다. 끝내 남경을 함락하여 19세 조카(혜제, 건문제)를 불에 타 죽게 만들었다.

42세(1402년)의 연왕은 불 탄 수도 남경에서 3대 황제(태종에서 후에 성조로 변경; 영락제)에 올랐다. 또한 61세 되던 해(1421년)에는 북평으로 수도를 옮기고 '북경' 이라고 바꿔 불렀다.

문제는 환관이었다. 남경을 점령하고 명나라를 독차지한 영락제는 환관의 내통으로 3년 내전을 승리로 이끌 수 있었다. 당연히 영락제를 발판으로 환관들이 힘을 키워나가게 되었던 것이다. '황제 주위의 간신들을 제거하고 왕조를 안전하게 한다' 는 명목을 내걸고 거사했지만, 결국은 환관을 충신 중의 충신으로 만들 수밖에 없었던 것이다. 정난靖難의 변變의 핵심 공신으로 환관들이 갑자기 떠오르게 되었던 것이다.

참으로 특이하게도 명나라와 조선의 정치적 흐름이 매우 흡사하다.

*장조카 : 아버지 의문 태자가 병사하자 그의 아들 황태손이 혜제 즉, 건문제로 즉위

영락제가 장조카*를 죽이고 황제가 된 시점과 조선의 정치사는 마치 짜 맞춘 듯 흡사하다.

이복동생들(방석, 방번)과 친형(방간)을 제거한 이방원(태종;1367-1422)도 1400년에 대망의 등극을 실현했다. 명의 영락제가 3년의 내전을 거쳐 42세(1402년)에 즉위했는데, 이방원은 형제들을 제거하고 33세에 왕위에 오른 것이다. 영락제 또한 처음에는 '태종' 으

로 정해졌다가 뒤에 '성조'로 변경되었으니, 태종 이방원과 비슷한 점이 하나 더 있을 뻔했던 셈이다.

태종 이방원은 18년간 통치한 후 21세 된 셋째 아들에게 양위하고 4년을 스스로 상왕으로 물러나 있다가 55세로 죽었다. 명나라 영락제는 22년간 통치하다가 64세로 타계했다. 하지만 두 임금이 모두 나라(조선과 명나라)를 반석 위에 올려놓았다는 점에서는 매우 흡사하다.

어쨌거나, 조선의 슬픈 여인 의순공주는 예쁘지 않다는 이유로 국제결혼에 반쯤은 실패한 듯하다. 남편인 청나라 구왕九王의 총애를 별로 못 받은 이유가 여러 가지 있었겠지만, 그 하나는 분명히 미색이 썩 좋지 않다는 것이었다.

그녀의 불행이 어디 그것뿐이던가. 그래도 막강한 실세였던 구왕이 살아만 있었어도 그녀는 그럭저럭 호강을 하며 보낼 수 있었을 것이다. 그런데 그가 41세로 죽고 말았던 것이다.

정치의 세계, 권력의 생리가 다 그러하듯이 영향력이 막강하던 삼촌이 죽자마자 황제인 조카는 삼촌의 후광을 말끔히 거둬내고 서둘러 친정 체제를 확립해야만 했다.

15세에 이른 황제 순치제順治帝(1638-1661)는 삼촌을 반역을 도모한 역적으로 몰아 추벌追罰했다. 죽은 삼촌은 역적으로 몰아 잔존 세력을 뿌리뽑고 살아 있는 나머지 여러 왕들은 그 영향력과 권력기반을 대폭 축소하거나 아예 모든 특권을 빼앗아 버렸다.

이름하여 친정 체제 구축이요 진성 권력 확립이었다.

남편인 구왕이 반역죄로 몰려 처벌을 받게 되자 과부가 된 그녀의 운명 또한 다시 한 번뒤웅박 팔자가 되고 말았다. 구왕의 부하 장수였던 자에게 전리품처럼 분배되고만 것이다.

친정아버지의 처지도 딸처럼 기구했을 것이다. 아버지 금림군錦

林君 이개윤이 6년 뒤(1656년)에 사신으로 청나라에 가서 구왕의 부하 장수와 청나라 황실에 통곡하며 간청해야 했다.

> "내 딸을 되돌려 주시오! 이 늙은이가 죽기 전에 딸을 고향에 데려다 놓아야 하겠소! 청나라 황실과 혼사가 맺어졌던 일을 평생 영광으로 알고 살겠으니, 제발 이 늙은이의 마지막 간청을 들어주시오! 딸을 데리고 가야만 조상들 앞에 떳떳이 머리를 들 수 있을 것 같소. 제발 부탁이오!"

그의 피맺힌 하소연이 받아들여져 의순공주는 고국에 돌아와서 꼭 6년을 더 살고 요절했다. 십대에 시집을 갔었을 테니 기껏해야 이십대에 생애를 마감하게 되었을 것이다.

의순공주를 데리고 청나라에 함께 갔던 사신 元斗杓원두표(1593-1664)의 심정 또한 별로 즐겁지 않았을 것이다. 57세 되던 해에 의순공주를 데리고 청나라를 향했었는데 그녀가 어찌어찌 살다가 왕의 부인에서 반역자의 전 부인으로 신세가 급전직하한 것을 보게 되었을 테니, 어떻게 두 다리 쭉 펴고 마음 편히 살 수 있었겠는가.

그가 63세 되던 해(1656년)에 그녀가 초췌한 모습으로 고향에 돌아왔다. 그리고 그가 69세 되던 해(1662년)에 비보를 듣게 되었다.

세상 사람들 입에서는 이런 말들이 돌아다녔다.

> "청나라에 시집 잘 갔던 의순공주가 죽었대. 친정아버지보다 먼저 죽었대. 쯧쯧쯧, 불쌍도 하지. 사람 팔자는 정말 알다가도 모르겠다니까! 대국의 황실로 시집을 가니 호강이 이만저만이 아닐 줄 알았는데, 이리저리 팔려 다니다가 몸 망가지고 마음 다 찢어진 후 고향으로 되돌아왔으니…

사람 팔자 정말 모른다니까! 불쌍한 여자야, 불쌍한 여자…
죽어서라도 좀 편안하게 잠들었으면 좋겠어. 그저 평범한
여자로 다시 태어나서 애나 잘 낳고 배부르고 등 따신 채
마음 편히 살 수 있었으면 더 이상 바랄 게 없지. 암만, 더
이상 바랄 게 어디 있겠어."

원두표는 57세 이후 자신의 말년과 묘하게 뒤섞이고만 그녀의
운명을 되짚어보았다. 황녀의 팔자라면 실로 엄청난 행운이고 대
박인데, 이상하게도 중간에서 완전히 꼬이고만 것이다.

그녀의 애석한 죽음으로 결국 12년만에 모든 신데렐라의 드라
마가 마침표를 찍고 말았지만, 30세 이후 승승장구한 자신의 벼슬
길을 되돌아볼수록 회한이 겹겹이 쌓이는 것을 어찌할 도리가 없
었다.

원두표는 30세에 인조반정을 만나 중추부지사中樞府知事를 지낸
62세 아버지 元裕男원유남(1561-1631)과 함께 공신 리스트(정사공신 2등)에
올랐었다. 그리고 이듬해에 이괄의 난을 평정하는데 공을 세운 후
전주부윤, 나주목사, 전라도 관찰사를 지냈다.

38세 때는 칠순의 아버지를 잃었다. 22세에 무과에 급제한 무인
이었던 아버지는 31세 때 뉴스의 첫머리에 나올만한 일을 만들고
자신의 운세를 다시 펼쳤다. 상관인 권율 장군이 자신을 처벌하자
그는 적진으로 뛰어들어 여러 명의 왜적을 목 벤 후 용서를 받았을
정도로 당돌하고 엉뚱한 데가 있었다.

43세에는 병자호란을 만나 어영부사御營副使로 41세 임금님(인조)
이 갇혀 있었던 남한산성을 지켰다. 49세에는 형조참판을 지내고
뒤이어 경상도 관찰사로 나가 목민관의 도리를 다했다. 형조판서(49
세), 호조판서(56세), 병조판서(61세)를 지냈으니 육조판서 중 절반을 지

낸 셈이다. 63세에 우의정, 69세에 좌의정에 올라 국정을 총괄했다.

서인 공서파功西派의 막강한 실세가 되어 정적인 서인 청서파淸西派를 은근히 탄압하며, 권력의 참맛과 쓴맛을 어느 정도 골고루 맛볼 수 있었다. 같은 편이던 5세 연상의 김자점이 대적하자 그의 낙당洛黨에 대해 원당原黨으로 맞섰다. 김자점의 호가 낙서洛西이고 그는 공신 반열에 올라 원평부원군原平府院君이 되었으니, 당명黨名도 그런 식으로 정해졌던 것이다.

71세로 생애를 마감했으니, 벼슬도 할만큼 했고 수명도 그런 대로 길게 늘어뜨린 셈이다.

원두표(斗말 두 杓자루 표)의 자는 자건(子아들 자 建세울 건)이고, 두 개의 아호는 각각 탄수(灘여울 탄 叟늙은이 수)와 탄옹(灘여울 탄 翁늙은이 옹)이다.

그의 이름에는 '큰 별'이라는 의미가 들어있다. 나그네의 길잡이가 되어주는 큰 별, 환한 별, 하늘의 한가운데 있는 별인 셈이다.

자는 '후손의 앞날을 열어준다'는 뜻이다. 57세의 적지 않은 나이로 앳된 의순공주를 데리고 청나라로 가며 그는 참으로 많은 생각을 했을 것이다. 손녀딸에 견줘지는 어린 소녀가 '조선을 구하기 위해 먼 나라로 팔려간다'고 생각하며 몰래 눈시울을 붉히기도 했을 것이다.

아호의 의미가 자못 심란하다. '여울을 건너는 늙은이'가 그 얼마나 아슬아슬하고 겁났겠는가. 이끼 낀 돌에 미끄러지기라도 하면 순식간에 물귀신의 밥이 될 수 있는 게 아닌가. 이름에 들어 있는 나그네의 먼 길을 안내하는 큰 별의 밝은 빛과 자에 들어 있는 어린 사람들의 길 닦아주기가 아호에 든 여울을 건너는 늙은이로 귀결된 셈이다.

어린 아가씨(의순공주)를 데리고 청나라로 가며 물도 건너고 산도 넘어야 했을 것이다. 해도 보고 달과 별도 보았을 것이다. 여울을 건너기도 하고 강에 띄워진 나룻배도 타야 했을 것이다. 산적을 피해 길을 돌아 일부러 더 먼 길을 가기도 했을 것이다. 언어와 문화가 전혀 다른 외국인을 만나 답답하고 두렵기도 했을 것이다. 한 마디로 '여울을 건너는 늙은이'의 처지와 너무도 흡사했을 것이다.

의순공주는 그녀의 6대조 할아버지인 봉안군鳳安君의 비극적인 운명을 그대로 닮아낸 듯하다. 연산군 10년(1504년)에 갑자사화가 일어나 무수한 사람들이 목숨을 잃을 때 봉안군도 친형인 24세의 안양군安陽君(1480-1504; 성종의 3남)과 함께 귀양을 갔다가 사약을 받고 죽어야 했다.

어머니 숙의淑儀(종2품) 정鄭씨가 숙의 엄씨와 함께 궁궐 뜰에서 연산군에게 참살당하자 두 형제(안양군, 봉안군)도 그만 죽을 운명에 처해지고 말았던 것이다.

그녀의 6대조 할아버지의 이름은 봉(熢연기 자욱할 봉)이다.

봉안군이라는 군호는 '봉황새 봉鳳 편안할 안安'이다.

오동나무 열매만 먹고 한 번 앉아도 꼭 가려서 앉는다는 큰 새가 편안하려면 과연 어떠해야 하는가. 나무가 있어야 한다. 앉을만한 나무가 반드시 있어야 한다. 그리고 먹을 만한 열매가 있고 마실만한 이슬이 어딘가에 고여 있어야 한다.

편안하기 어려운 셈이다. 까다롭게 골라야 하니 늘 불편할 수밖에 없지 않겠는가. 더욱이나 '연기 자욱할 봉熢'이란 이름이니, 그 후유증과 화가 얼마나 오래가고 길게 이어지겠는가.

아버지 이개윤(愷즐거울 개 胤이을 윤)은 '즐거울 개愷' 대신 '물댈 개漑'를 사용한 기록도 있지만 여기서는 '즐거울 개愷' 쪽에 더 무게를 두고 싶다. '기쁜 혼사를 맞아 혈통을 이어간다'는 의미로도 풀어볼 수 있고, '풍악을 울리며 혼사를 맺는다'는 식으로 해석해 볼 수도 있을 것이다. 하여튼 즐겁다는 의미와 핏줄을 이어간다는 의미가 합쳐진 이름이다.

의순공주의 공주 명칭을 보자. 의순(義옳을 의 順순할 순)이니, '옳다고 여기면 순순히 잘 따른다' 는 의미인 셈이다. 성품이 아마도 그렇게 충직하고 성실, 온순했을 것이다.

비극을 맞아도 다 팔자이려니 여기며 순순히 따라나섰을 것이다. 청나라 구왕의 부인에서 청나라 장수의 여종으로 팔자가 백 팔십 도로 뒤바뀌어도 그냥 그대로 잘 견디어냈을 것이다. 친정아버지가 '애야, 어서 집으로 가자!' 고 하니, 그냥 그대로 또 따라나섰을 것이다.

친정어머니의 통곡을 들으며 어린 나이에 등지고 떠나야 했던 양주목(의정부)으로 되돌아와 하루하루 정신이 반쯤 나간 채 마을 여기저기를 유령처럼 떠돌아 다녔을 것이다.

아버지가 즐겁게 맺어준 혼인이 6대조 할아버지(봉안군)의 앳된 죽음처럼 이상하게 꼬이고 말았지만, 그 누구도 죄가 있을 수 없었다.

아버지는 조선 왕실의 어려움을 앞장서서 해결해 준 셈이었다. 다들 머뭇거리며 서로의 얼굴만 살피고 있을 때 선뜻 나서서 '내 딸을 보내주시오' 라고 말했던 것이다.

공개적으로 물색하고 선발했으면 얼마나 많은 가정과 소녀들이 고통을 겪었겠는가. 친정아버지의 자원이 결국 딸(의순공주)의 신세를 뒤바꿔놓고 말았지만, 그 대신 무수한 가족과 소녀들을 일거에 구제해 준 셈이다.

*장조카 : 아버지 의문
태자가 병사하자 그의
아들 황태손이 혜제 즉,
건문제로 즉위

6대조 할아버지*(봉안군)의 비극을 불러오는 연기가 그만 6대 손녀(의순공주)에게까지 길고 맵게 뻗쳤던 것이다.

역사를 덧칠하다 들킨 이야기

예문관들은 왕의 언동과 정사의 잘잘못, 그리고 대신들의
선악까지를 모두 기록해 두어야 했다. 2부를 작성하여 하나는
개인이 보관해 두고 다른 하나는 임금이 죽은 후 정해진 시간 내에
춘추관에 제출하게 되어 있었다. 그리고 정부 각 기관의
공문서들을 전부 종합하고 정리하여 『시정기施政記』를 작성하여
월 1책冊 이상으로 한데 묶어 춘추관에 따로 보관해 두었다.

어린 조카 단종을 물리치고 스스로 왕이 되었던 수양대군(세조)인
지라, 죽어서도 문제가 많을 수밖에 없었다. 제대로 기록하지 못한
역사가 버젓이 정사正史 역할을 하고 있을 수도 있고, 누군가가 일
부러 고쳐놓은 페이지가 눈감고 아웅하며 후세 사람들을 비웃고
있을 수도 있다.

더욱이나 세조가 죽은 후 세조의 오른 팔이었던 노 대신들이 실
록 편찬을 책임지고 춘추관을 장악했을 테니, 어떻게 공정한 서술
이 가능했겠는가.

죽기로 작정하고 용기를 낸 사람들마저도 후환이 두려워 스스로
제가 써놓았던 초고初稿와 스케치를 버리거나 고쳤을 것이다.

세조(1417-1468)가 51세로 죽자 세조와 동갑내기인 申叔舟신숙주(1417-
1475)가 실록 제작의 책임을 맡아 사관들로부터 역사 기록의 초안初
案에 해당되는 사초史草를 거두어 들였다.

그런데 그만 큰 일이 터지고 말았다. 젊은 사관들이 바른 정신으
로 미리 써놓았던 역사 초안을 멋대로 고치거나 지워버린 일이 생

겼던 것이다. 겁이 났던 것이다.

"세조실록을 책임진 신숙주가 누구인가. 45세에 영의정
이 되어 세조 임금의 정통성을 확립하는데 크게 기여했던
거물이 아닌가.

그가 세조에 대해서나, 세조 대代의 대신들에 대해서 나
쁘게 쓴 기록들을 그대로 인정해 주겠는가. 아마도 노발대
발하며 벼슬에서 쫓아내거나 역적으로 몰아 멸문지화를
당하게 할 것이다."

젊은 사관들은 은밀하게 그런 대화를 나누며 두려움으로 벌벌
떨었다. 그러니 하는 수 없었다.

예문관 검열일 때 대신들의 비행을 직필直筆해 놓았던
봉상시奉常寺* 첨정僉正(종4품) 閔粹민수는 깊이 고민하기 시
작했다.

사간원 정언正言(정6품)을 거쳐 실록을 작성하기 위해 임시로 만든
'실록청'의 기사관記事官을 겸하고 있던 元叔康원숙강은 새로운 사
실을 알고 잠을 못 잘 정도로 고민했다.

초고인 사초를 제출할 때 반드시 작성자의 이름을 함께 제출하
게 되어있다는 사실을 알고 깜짝 놀랐던 것이다.

"그런 식으로 사초 작성자의 이름을 역사에 기록해 둔다
면 대체 누가 용기를 내어 있는 그대로 쓰겠습니까? 절대
안 됩니다. 잘 못 된 제도입니다. 나는 작성자의 이름을 함
께 내도록 되어 있는 현재의 제도에 반대합니다."

그렇게 아무리 반대한다고 열을 올려도 아무 소용이 없었다. 예문관 봉교 이하 직급(대교, 검열 등)인 8명(8한림으로도 부름)이 사관을 겸직하며 교대로 대궐에서 숙직을 해야 했다.

그들은 왕의 언동과 정사의 잘잘못, 그리고 대신들의 선악까지를 모두 기록해 두어야 했다. 2부를 작성하여 하나는 개인이 보관해 두고 다른 하나는 임금이 죽은 후 정해진 시간 내에 춘추관에 제출하게 되어 있었다. 그리고 정부 각 기관의 공문서들을 전부 종합하고 정리하여 『시정기施政記』를 작성하여 월 1책册 이상으로 한데 묶어 춘추관에 따로 보관해 두었다.

일단 모든 기록을 다 모아 『실록』을 완성하고 나면 사초와 실록 초고본을 전부 물에 담가 글씨를 지우고 종이를 풀어 재생했다. 이를 '세초洗草'라 하여 하나의 엄격한 의식으로 거행했다.

그리고 승정원 가주서假注書(정7품 임시직)와 예문관 검열檢閱이 왕에게 올려지는 모든 문서와 장계狀啓들을 먼저 보며 이중으로 기록했다. 왕이 내린 비답批答과 행정부의 모든 문서들을 열람하여 국정의 세세한 내용까지 모두 기록에 넣었다. 걱정이 된 閔粹민수는 우선 춘추관 기사관*記事官으로 있는 康致誠강치성에게 통사정했다.

*기사관 : 정부 각 기관의 공문서를 정리하여 '시정기' 기록; 정6품에서 정9품으로 겸직발령

"제발 내가 준 초고 좀 찾아봐. 신숙주가 누구야? 아마도 자기를 비판한 기록이 들통나면 절대 가만히 안 있을 사람이야. 36세에 거사를 해서 동갑내기 수양대군을 왕으로 앉힌 계유정난(1453년)의 실세가 아닌가? 비밀만 지키면 돼. 염려 말고 내가 준 '사초' 원고를 되돌려 줘. 모든 책임은 내가 질게."

이렇게 하여 민수와 원숙강은 불리하다고 여겨지는 자신의 기록들을 삭제하거나 아예 고쳐 썼다. 그런데 이 사실을 아는 이가 바로 곁에 있었다.

예문관 응교를 거쳐 승문원 교감校勘(종4품)으로 있는 金季昌김계창(창원 김씨)이란 자가 두 사람의 기록삭제와 개작改作을 고자질했다.

김계창은 어떤 인물이던가. 종9품 장사랑將仕郎으로 문과를 봐 을과에 급제했으니 꽤나 학문이 깊었던 모양이다.

세자시강원의 문학文學(정5품), 예문관 응교, 승문원 교감을 거쳐 춘추관 실록 편수관으로 재직하며 동료선비들의 비행을 낱낱이 알게 되었다. 강치성, 민수, 원숙강이 역사기록의 초고인 사초를 멋대로 빼돌리고 지우고 고치는 것을 세세히 다 알게 되었던 것이다.

과거에 급제한 연도를 살펴보면 선후배 관계가 드러난다.

민수는 1456년에 생원시에 장원한 후 3년 뒤인 1459년에 문과에 급제했다. 원숙강은 1460년에 을과 7명 중 3등으로 합격했다.

강치성은 1468년에 33명 합격자 중 3등 안에 들어 '갑과'로 급제했다. 그리고 고자질한 김계창은 1462년에 을과로 급제했다.

갑과에 합격한 3명은 다시 1등 장원랑壯元郎, 2등 방안榜眼 혹은 아원亞元, 3등 탐화랑探花郎 혹은 담화랑擔花郎으로 나누는데, 1등은 즉시 종6품 홍문관 벼슬에 발령을 냈다. 2, 3등은 정7품 벼슬을 주었다.

을과 7명에게는 정8품을 주고 병과 23명에게는 정9품을 주는데, 우선 홍문관, 성균관, 승문원, 교서관 등에 권지權知(시보)로 발령을 낸 후 자리가 나야만 실직實職을 주었다.

이미 품계를 지닌 벼슬아치들이 승진시험을 보아도 1등 3명에게는 승진 폭이 아주 컸다. 즉, 1등 중 첫째에게는 4계급 승진을, 1등 중 둘째, 셋째에게는 3계급 승진을 허락했다. 그리고 2등 합격자 전원에게는 2계급 승진을, 3등 합격자 전원에게는 1계급 특진을 허락했다. 한 마디로 말해, 성적에 따라 엄청난 차이가 나게 되어 있었다.

아마도 12년이나 후배인 강치성은 민수의 부탁을 안 들어줄 수 없었을 것이다. 어쨌거나 과거시험 선후배 사이로 얽히고설킨 젊은 선비들이 『세조실록』 편찬 과정에서 생사가 엇갈리고만 것이다.

강치성과 원숙강은 참형을 당했다. 민수는 임금(예종)의 백 때문에 목숨은 건졌지만 노비가 되어 제주도로 끌려가야 했다.

임금이 세자일 때 세자시강원에서 서연관書筵官을 지냈다는 배경과 외아들이라는 이유로 목숨만은 건질 수 있었던 것이다. 그는 8년 뒤(1477년 성종 8년)에 석방되어 예문관 봉교奉敎(정7품)로 재기했다. 그리고 얼마 뒤에는 사간원의 사간司諫(종3품)이 되었으니, 사경을 헤매던 암울한 수렁에서 멋들어지게 인생역전을 달성한 셈이다.

민수는 문장 실력이 대단했던 모양이다. 과거에 급제한 뒤 5년이 지나자(1464년), 조정에서는 각 분야에 걸쳐 6명의 대표급 젊은 문신을 선발했다.

이때 민수는 시학詩學 분야에 대표급 청년 문신으로 뽑혔다. 『세조실록』과 『예종실록』 편찬에 참여했던 崔敬止최경지*도 이때 대표급 문신으로 선발되었다.

李永垠이영은*과 같이 사가독서제賜暇讀書制에 뽑혀 특별 장학생으로 학문에만 몰두한 적도 있었다.

문장이 뛰어나 세종 이후 간간이 확장, 개편되다가 중종 대(1530년 중종 25년)에 李荇이행*, 洪彦弼홍언필*이 완성한 조선시대 대표적 인문지리서인 『신증동국여지승람新增東國輿地勝覽』에 그의 시문이 들어있다.

먼저 목숨을 잃은 강치성과 원숙강을 살펴보자.

*최경지 : 1460년 문과 장원, 1479년 부제학 재직 중 타계
*이영은 : 1434-1471; 한산 이씨. 1456년 문과 급제. 형조참판 때 뇌물 많이 받음. 예조판서 김겸광과 다투다가 사헌부에서 패소한 후 화병으로 죽음
*이행 : 1478-1534; 덕수 이씨; 좌의정으로 김안로와 맞서다 귀양 가서 죽음
*홍언필 : 1476-1549; 68세와 72세에 영의정을 지냄

강치성(致보낼 치 誠정성 성)의 이름에는 '결국엔 인격적으로 모범을 보이게 된다'는 뜻을 포함하고 있다. 성격과 인품을 잘 다스리다 보면 결국 모든 일에 성공을 거두게 된다는 덕담과 훈계를 포함하고 있는 셈이다. 결국 자기 자신을 제대로 다스리지 못하면 일을 그르치게 된다는 말이다.

남의 꼬드김에 넘어가 국가대사를 그르쳤다가 끝내 자신의 목숨마저 잃게 되고만 것이다. 아마도 자기 재주와 꾀에 제가 넘어가고만 케이스에 해당될 것이다.

재주가 넘치니 이름을 짓는 이가 나름대로 안전장치를 해둔 듯하다. 즉, 인격을 잘 다스려야 한다며 '다다른다'는 뜻과 '완성단계의 인격'을 뜻하는 글자를 합쳐 놓았을 것이다.

아버지의 이름은 강기(耆늙은이 기)이고, 할아버지의 이름은 강생민(生날 생 敏민첩할 민)이다. 장인의 이름은 이의견(義옳을 의 堅굳을 견)이다.

아버지의 이름에는 '느긋한 성품으로 오래오래 장수하라는 기원'이 들어있다. 할아버지의 이름에는 '목숨을 지키는데 대단히 재빨라야 한다'는 당부가 들어있다. 그리고 장인의 이름에는 '옳은 일이면 뜻을 굽혀선 안 된다는 훈계'가 서려 있다.

결국 강치성은 '목숨을 지키는데 민첩해야 한다'는 할아버지의 경고성 메시지를 가볍게 보았다가, 그만 죄인으로 처형당하게 된 것이다.

원숙강(叔아재비 숙 康편안할 강)의 자는 중화(仲버금 중 和화할 화)이다.

이름에는 '편안한 사람'이라는 평범한 의미가 들어있고, 자에는 '앞서지 말고 잘 어우러진다'는 의미가 들어있다.

결국 모나지 말고 둥글둥글하게 지내라는 당부가 깊숙이 새겨진 이름과 자인 셈이다. 쉽게 말해 잘난 척하지 말고 한 템포 늦게 나서라는 의미로 요약할 수 있다. 재주 있는 사람에게 누구나가 들려주는 말이고 경고일 것이다.

할아버지의 이름은 '생육신'으로 잘 알려진 元昊원호이다. 그는 손자가 '직필'로 화를 당해 처형당하자 서둘러 자신의 원고를 한데 모아 태워 없앴다. 그리고는 자식들을 죽 불러모아 놓고 엄히 명령했다.

"다시는 글을 배우지도 읽지도 말아라! 숙강이가 왜 죽었느냐? 아무리 정직하고 바르게 살려 해도 아무 소용이 없다. 글을 통해 출세하려는 생각을 아예 싹둑 끊어라! 내가 내 글을 모아 한 줌 재로 만들어버렸듯이 너희도 모든 야망을 이 자리에서 냉큼 버리고 다시는 글을 배우지 말아라! 그저 이름 석자를 간신히 쓸 정도면 족하다."

원호(昊여름 하늘 호)의 자는 자허(子아들 자 虛빌 허)이다. 두 개의 아호는 관란(觀볼 관 瀾물결 난)과 무항(霧안개 무 巷거리 항)이다.

'뭔가 모자라다, 부족하다'는 의미가 강하게 내포하고 있는 자의 의미가 참으로 묘하다. 또한 '흐르는 눈물을 본다, 출렁이는 물결을 바라본다'는 의미가 들어 있는 두 개의 아호도 참으로 오묘하기까지 하다. 자신이 오래 살던 지명에서 가져 온 霧巷무항은 '안개가 자욱한 거리'를 의미한다.

그는 영월로 쫓겨간 노산군魯山君(단종)을 생각하며 영월 서쪽에 자신의 아호를 딴 '관란정觀瀾亭'을 짓고 살았었다. 그리고 단종이 죽자 영월로 달려가서 3년간 상을 치르고 돌아왔었다. 자나깨나 단종의 무덤(장릉)이 있는 동쪽을 향했던 사람이다.

실로 눈물이 마를 새 없던 삶이었다. 12년을 사이에 두고 한 번은 자신이 모시던 나이 어린 왕이 죽어 울어야 했고, 또 한 번은 사랑하는 손자(원숙강)가 죽어 통곡으로 여러 날을 보내야 했다.

둘 다 죄인으로 죽어간 것이다. 왕은 친삼촌(수양대군; 세조)의 손에 의해 죽고, 손자는 동료선비(김계창)의 고자질로 죽고만 것이다.

원숙강의 부친은 승문원承文院(외교문서 관장) 검교檢校(정6품)를 지낸 元孝廉원효겸이고, 외조부는 金盼김반이다.

아버지의 이름에는 '효성스럽다, 겸손하다' 는 의미가 들어있고, 외조부의 이름에는 '눈 예쁠 반盼' 이 들어있다. '훌륭한 인격과 고운 시선을 지니고 멋지게 살아야 한다' 는 피붙이의 당연한 당부가 들어있다.

살아남은 민수를 보자.

민수(粹순수할 수)의 이름은 '티 하나 없이 맑고 깨끗하다' 는 의미를 지니고 있다.

임금(예종)이 세자시절에 잘 알고 지낸 사이라서 목숨을 살려주었지만, 만일 흠이 많다는 평판을 들었다면 아마도 당연히 죽어야 했을 것이다. 순수 그 자체로 살았기에 그나마 목숨을 건지고 8년 후 재기하여 종3품 벼슬(사간司諫)까지 지낼 수 있었을 것이다.

결국 스스로 애써 심어놓았던 이미지와 브랜드가 그를 살려낸 셈이다.

위기를 기회로 역전시킨 사람들

일본으로 끌려간 김상준은 학문이 깊었던 탓에 일본 고승들과
학문을 토론하며 한 수 가르쳐 주었다.
포로 신분이었지만 틈틈이 적의 동태를 살펴 쪽지에 기록한 후
조선을 오가는 상인들 편에 부쳤다.
조정의 정책 입안자들이 참고하기를 바랐기 때문이다.

성종 임금 대에 전형적인 항해 사고로 졸지에 명나라에 들르게
됐던 이가 있다.

김종직에게서 글을 배우고 23세에 진사에 급제한 뒤 28세에 문
과 을과로 합격했던 崔溥최부(1454-1504)가 바로 그 사람이다.

32세에는 이미 품계를 지닌 이들을 위한 승진시험인 문과중시에
서 2등인 아원亞元(장원 다음)으로 급제했다. 공부에는 아예 이골이 나
있었던 셈이다.

33세 때에는 홍문관 부교리副校理*가 되어 경서經書와
사적史籍을 편찬하는 일을 맡았다.

그 해 9월에 추쇄경차관推刷敬差官*으로 제주도에 갔다.

그런데 이듬해에 부친상을 당해 육지로 나와야 했지
만 풍랑이 생각보다 좀 심했으나 하는 수 없이 죽기로
작정하고 바다로 나갔다. 하지만 배는 파도에 파묻혀 방
향을 모른 채 멀리 표류하고 말았다.

결국 명나라 절강성浙江省* 영파부寧波府에 도착했다가

*홍문관 부교리 : 성종
1년 1470년에 설치한
종5품직
*추쇄경차관 : 사법적
임무를 띤 경차관; 경차
관은 특수 임무를 띠고
지방이나 해외에 파견
되던 종3품에서 종5품
직
*절강성 : 성도는 원나
라 때 마르코 폴로가
방문했던 항주로 용정
차의 주산지; 1936년에
65세로 타계한 '광인일
기'와 '阿Q정전'의 작
가 노신의 고향 '소흥'
도 절강성에 속함

반년만에 서울에 귀향했다.

그러자 성종 임금은 최부에게 지시했다.

"망망대해를 떠돌다가 구사일생으로 살아 돌아왔으니 그 진기한 체험을 기록으로 남겨 후세의 귀감이 되게 하라."

임금의 명령에 따라 최부는 제주도에서 절강성까지 29일간 표류했던 악몽을 되살리며 보고들은 것을 일일이 다 적었다. 그런 다음, 『표해록漂海錄』으로 책이름을 정해 임금에게 바쳤다.

명나라 연안의 기후, 도로, 관청, 풍속, 민요 등을 상세하게 적어 남겼다.

특히 논에 물을 대는 수차水車의 제작과 이용법을 전해, 훗날 충청도에 가뭄이 심하게 들었을 때 많은 도움을 주었다.

연산군 초기에는 43세의 나이로 성절사聖節使 질정관質正官으로 명나라에 다녀왔다. 하지만 항해 사고에서 죽지 않고 살아난 목숨인데도 폭군 중의 폭군인 연산군을 만나 산산조각이 나고 말았다.

*무오사화 : 1498년 연산군 4년; 김종직의 '조의제문'을 사초에 넣은 김일손을 꼬투리 삼아 훈구파가 사림파를 대대적으로 숙청
*갑자사화 : 1504년 연산군 10년; 연산군의 생모인 '폐비 윤씨'의 폐비와 사사에 얽힌 이들을 제거

그는 44세에는 무오사화戊午士禍*에 연루되어 함경남도 단천端川으로 유배를 가야했다. 50세에는 갑자사화甲子士禍*에 연루되어 참형을 당하고 말았다. 2년 뒤에 중종이 연산군을 몰아내고 새로운 통치를 시작하자 명예회복을 이뤘지만 이미 죽고 없는 뒤에 일어난 일이었다.

34세에 맞이한 위기는 무사히 넘겼는데 10년 뒤에 찾아들기 시작한 위기에서는 헤어나지 못했다. 도대체 어떤 운세를 타고났었기에 구사일생의 엄청난 행운을 덧입었던 사람인데도 폭군 치하의 참화를 이겨내지 못하고 결국 형장의 이슬로 사라져야 했을까?

최부(溥넓을 부)의 자는 연연(淵못 연 淵못 연)이다. 아호는 금남(錦비단 금 南남녘 남)이다.

'널찍한 포구'를 의미하는 이름과 '큰 연못이 연이어 펼쳐진 풍경'을 뜻하는 자의 의미가 자못 의미심장하다. 망망대해를 건너 제주도에 갔다가 부친상을 만나 다시 망망대해에서 표류했으니, 실로 큰 물과 큰 항구로 얽혀진 팔자대로 적중한 셈이다.

아호는 '비단처럼 아름다운 것들이 가득한 남쪽 땅으로 향한다'는 뜻이다. 결국, 최부의 이름이나 자나 아호는 모두 큰 물이나 이국적인 풍물이 가득한 남쪽 땅과 연관되어 있다. 그런데 그 큰 물과 남쪽 땅이 폭군을 만나자 유배와 참형으로 이어지고 말았다. 살아서 이용했던 큰 물과 남쪽 땅이 죽어서 사용하게 되었던 셈이다.

나주가 고향인 魯認노인(1566-1622)은 26세에 임진왜란을 만나 권율 장군 휘하에서 의병으로 참전한 무인이다. 그런데 5년 뒤의 정유재란 때(1597년 선조 30년)에 남원에서 왜적에 맞서 싸우다가 일본군사의 포로로 잡히고 말았다.

그는 포박되어 일본으로 끌려갈 수밖에 없었다. 하지만 기회를 엿보다가 탈출하기로 결심했다. 마침 조선을 돕기 위해 원군으로 참전했던 명나라 군인들이 그곳에 포로로 잡혀와 있었다.

林震虩임진혁, 陳屛山진병산, 李源澄이원징 등이 그와 함께 탈출하기로 하고 행동을 같이 했다. 그들은 항구에 정박 중인 배를 타고 남해, 황해를 가로질러 마침내 명나라 복건성에 도착했다. 하지만 국제관례가 있어 자유로이 명나라를 떠날 수 없었다. 그는 조선으로 떠나게 해달라고 명나라 관청에 탄원서를 냈다. 마침내 명나라 조정으로부터 떠나도 좋다는 허가를 받았다.

노인 일행은 북경에 들러 일본에 복수하는 길을 상세히 들려주기도 하고 무이서원武夷書院에 들러 정주학程朱學을 강론하기도 했다. 노인은 명나라 황제 신종神宗(14대;1563.9.4-1620.8.18)으로부터 말 한 필을 하사 받기도 했다. 정주학의 본거지인 명나라에 와서 그것도 명나라 황제로부터 직접 학문의 깊이를 인정받은 셈이다. 어디 그뿐인가. 신종은 노인에 대해 친히 극찬을 아끼지 않았다.

> "충성심은 문천상文天祥(1236-1282)과 같구나! 그리고 절개는 소무蘇武(BC140-BC80)와 너무도 닮았구나!"

문천상은 남송의 정치가이자 시인인데, 원나라가 침략하자 1만 병사를 모아 대적하기도 했고 남송이 항복하자 원나라에 가서 강화협상을 맡기도 했었다. 워낙 꼿꼿하게 나서다가 그만 승전국인 원나라에 죄수로 붙잡히고 말았다. 하지만 북쪽으로 끌려가는 와중에 가까스로 탈출에 성공하여 조국으로 되돌아왔다.

남송의 잔여세력을 이끌고 황제의 후예인 익왕益王이 복건성에 자리를 잡자 그를 위해 원나라와 싸우다 다시 포로가 되었다. 3년간 북경에서 옥살이를 하고 나니 원나라 세조가 간곡한 어투로 벼슬을 권했다. 그는 죽기로 작정하고 단호히 거절했다. 결과는 사형이었다. 그의 나이 46세였다. 옥중에서 지은 글인 『정기가正氣歌』만이 후세에 남아 그의 기개를 전하고 있다.

소무는 전한前漢의 정치가로 BC90년에 『사기史記』를 완성한 사마천과 동시대인이다. 당연히 사마천으로 하여금 궁형을 당하게 했던 친구 이릉도 소무와 동시대인이었다.

흉노족 우두머리인 '선우'에게 사신으로 갔다가 오히려 그에게 붙잡혀 바이칼호 주변에서 자그마치 19년간이나 유폐생활을 보내야 했다. BC99년에 흉노에 항복한 후 선우의 사위가 되어 정치 고문역을 담당하고 있던 李陵이릉(BC74년 몽골고원에서 병사)이 함께 잘 살아보자며 회유했다.

이릉은 우교왕右校王에 봉해져 정말 한나라 무제武帝 밑에서 있을 때보다 더 잘 지내고 있었다. 하지만 끝까지 변절하지 않고 버티다가 귀국하여 관내후關內侯에 봉해졌다.

결국 명나라 황제 신종은 노인을 그 유명한 문천상이나 소무에 견주며 극찬을 아끼지 않았던 것이다. 실로 대단한 칭송이었던 것이다.

더욱이나 신종이 누구인가. 13대 목종穆宗(1537-1572) 융경제隆慶帝의 3남으로 10세에 만력제萬曆帝에 올라 45세에 죽은 아버지의 유훈대로 48세의 張居正장거정(1525-1582)을 수보首輔로 삼아 10년간(1573-1582) 섭정을 시켰다.

29세 때에 임진왜란이 일어나 조선이 20만 왜적에게 유린당하자 조선에 육군과 수군을 보내 함께 싸우게 했다. 34세에 오사카성의 강화 협상이 실패로 돌아가고 15만에 육박하는 왜적이 재차 침략하자 다시 한 번 조선에 원병을 보내준 황제였다.

나주 사람 노인은 33세(1599년) 때에 귀국했다. 자신보다 3살 연상인 명나라 황제(신종, 만력제)로부터 말 한 필까지 선물로 받아 고국에 되돌아왔으니, 조선 조정에서도 마땅히 극진히 대접했을 것이다. 그래도 그는 37세 되던 해에 무과에 급제한 걸로 보아 대단한 노력형이었던 모양이다.

노인은 수원부사를 지내고 56세로 타계했다.

31세에 일본군사의 포로로 일본에 끌려갔다가 명나라 사람들과 함께 탈출에 성공하여 졸지에 명나라 수도인 북경까지 구경한 후 33세에 귀국했으니, 비록 56년의 생애였지만 30대 초반의 몇 년간이 그의 일생 중 가장 파란만장했던 시기였던 셈이다.

그는 1599년 2월 22일부터 그 해 6월 27일까지의 일기를 묶어『금계일기錦溪日記』로 남겼다. 일본에서의 포로생활과 탈출 경위, 그리고 명나라에 머물 때 그곳 학자들과 조선을 주제로 토론했던 내용들이 상세히 적혀 있다.

노인(認알 인)의 자는 공식(公공변될 공 識알 식)이고, 아호는 금계(錦비단 금 溪시내 계)이다.

이름과 자에 모두 '지식'에 관한 글자가 들어있다. 더욱이나 자에는 '공개적으로 자신이 알고 있는 바를 말한다'는 뜻이니 여기저기서 강의를 할 운세인 셈이다.

아호가 재미있다. '비단을 구해 냇물을 건넌다'는 의미이니 아마도 명나라 황제의 선물 보따리에는 분명히 비단 이외에도 갖가지 귀한 것들이 들어있었을 것이다.

귀한 것들을 통틀어서 비단이란 말로 표현하는 수가 종종 있다.

결국 물을 건너 귀한 것들을 구해 온다는 의미인 셈이다. 명나라 황제가 선물한 말 한 필이 조선 땅에서 얼마나 많은 새끼를 퍼뜨렸겠는가.

살아 있는 것은 또 다시 살아있는 것들을 더욱 풍성하게 만들어놓기 마련이다. 어쩌면 그리도 이름이나 자나 아호의 의미대로 삶이 펼쳐지고 마무리지어지는지…. 들여다볼수록 그저 신기하기만 하다.

영광이 고향인 姜沆강항(1567-1618)이란 이는 정유재란 때 포로로 일본에 붙잡혀 갔지만 스스로 정보원 내지 정탐꾼이 되어 비밀리에 조선 조정에 갖가지 정보를 제공해 주었다.

21세에 진사가 되고 26세에 문과에 급제해서 3년 뒤에는 공조와 형조의 좌랑(佐郎정5품)을 지냈다.

정유재란이 일어나자 분호조판서分戶曹判書* 李光庭이광

*분호조판서 : 임진왜란 발발 직후 선조가 광해군을 세자로 세운 후 일부 대신들로 이뤄진 분조(分朝)를 맡아 왜적에 맞서 나라를 지키도록 한 데서 유래; 공식적으로는 1593년 11월에 해체
*이광정 : 1552-1627; 연안 이씨; 대사헌, 이조판서 지낸 후 정묘호란 때 강화에서 병사
*김상준 : 1561-1635; 형조참판을 지낸 후 1613년 계축옥사 때 고문에 못 이겨 김제남과 함께 영창대군을 추대하려 했다고 허위자백 후 삭탈관직되어 내쫓김; 1623년 인조반정 때 '김제남 모함'이 죄명이 되어 길주로 유배되었다가 죽던 해에 풀려남

정*의 종사관으로 남원에서 군량 조달에 힘썼다.

남원이 왜적에 함락되자 고향 영광으로 가서 金尙寯김상준*과 같이 의병을 모집했다.

전세가 너무 불리하다고 판단, 그는 3도 수군통제사 이순신의 휘하로 들어가려 남쪽으로 길을 재촉했다. 그런데 중도에서 매복 중인 일본 병사들에게 생포되어 일본 오사카로 끌려갔다.

그래도 학문이 깊었던 탓에 일본 고승들과 학문을 토론하며 한 수 가르쳐 주었다. 비록 감시를 받는 포로 신분이었지만 틈틈이 적의 동태를 살펴 쪽지에 기록한 후 조선을 오가는 상인들 편에 부쳤다. 조정의 정책 입안자들이 참고하기를 바랐기 때문이다.

이듬해 교토에 이송되어서도 정탐 결과를 비밀리에 조선 조정에 보내는 일을 결코 멈추지 않았다.

그는 33세 되던 해(1600년)에 가족들과 함께 고국에 돌아왔다. 조정에서는 포로로 잡혀 있으면서도 적의 동태를 세세히 알려주었던 그의 충성심을 높이 사서 대구 교수, 순천 교수에 임명되었지만 스스로 죄인이라 자책하며 극구 사양했다.

그는 경사백가經史百家에 통달하여 막힌 데가 없었다. 일본에 성리학을 소개하여 후지와라 세이가(등원성와藤原惺窩; 1561-1619) 등 많은 유학자들을 배출했다. 그림에도 뛰어나 인물화와 송화松畵에도 조예가 깊었다.

강항(沆넓을 항)의 이름에는 '큰 물이 고여있는 모양'을 의미하니 물과 인연이 깊은 팔자인 셈이다.

자는 태초(太클 태 初처음 초)인데, '처음으로 큰 일을 도모한다'는 뜻처럼 그는 조선 최초의 일본 주재 정보원이었던 셈이다. 포로의 처지에서도 스스로 적의 동태를 파악하여 글로 정리한 후 비밀리에 인편으로 조선조정에 전달했으니 전형적인 스파이 노릇을 했던 것이었다.

수은(睡잘 수 隱숨길 은)이라는 아호의 의미가 정말 신기하다. '잠자는 것처럼 꾸미며 뭔가를 깊숙이 숨긴다'는 뜻이니, 첩보원 노릇에 너무도 잘 들어맞는 의미인 셈이다. '잘 수睡'에는 '평소와 달리 몸을 잔뜩 움츠린다'는 의미도 들어있다. 몸조심도 하고 숨기기도 해야 하는 첩보원의 처지를 너무도 잘 묘사하고 있는 셈이다.

13 | 신분을 극복하고 입신양명한 사람들

어숙권은 중인으로 수많은 저술과 해석 등을 통해
엄청난 학문적 업적을 남긴 최세진의 문인으로 한때는 율곡 이이를
가르치기도 했다. 중국어에 능통하여 승문원의 이문학관을
지내기도 했다. 『패관잡기稗官雜記』와 『고사촬요故事撮要』를 남겼다.
어숙권의 스승인 崔世珍은 중인 신분에서 당당하게
당상관에까지 오른 인물이다.

천한 신분으로 학문과 예술에서 높은 경지를 달성한 이들이 있
다. 중인中人의 신분으로 임금의 총애를 받으며 일본, 중국 등에 국
가의 위신을 한껏 높여준 이들이다.

李達이달(1539-1612; 홍주 이씨)이란 이는 부정副正(종3품)을 지낸 이수함
과 홍주洪州(홍성)관기 사이에서 태어났다.

전형적인 양반계급의 서출이었다. 그런데도 어찌나 그의 학문적
경지가 높고 문장이 출중했던지 그가 죽은 지 113년 뒤인 1725년(영
조 즉위년)에 鄭震僑정진교가 상소를 올려 '서얼 중에서 걸출한 사람
들'을 거론할 때 그 속에 당당히 들어갈 수 있었다.

조선 중기 이후의 학자들 사이에 그의 이름이 널리 알려지고, 그
의 학문적 깊이가 학자들 사이에서 두루 공인 받았다는 단적인 예
인 셈이다.

중국어에 조예가 깊어 사신 접빈사接賓使 종사관으로 일하기도
했고, 외교문서를 담당하는 승문원承文院에서 한문과 이문吏文을 담
당한 학관學官을 지내기도 했다.

영의정을 지낸 박순에게서 글을 배운 崔慶昌최경창, 白光勳백광훈과 교류하며 당대의 지식인들로부터 당시唐詩에 능한 '3당시인'으로 불리기도 했다.

최경창(1539-1583)은 29세에 과거에 급제하여 종성 부사를 지낸 사람이다. 44세에 방어사 종사관에 임명받아 상경하다가 도중에 병사했지만, 시와 그림과 피리에 조예가 깊어 당대의 풍류가로 통했다.

백광훈(1537-1582)은 열세 살 어린 나이에 상경하여 梁應鼎양응정* 盧守愼노수신*에게 글을 배웠다.

27세에 진사가 되고 35세에는 명나라 사신에게 시와 글을 지어주고 감탄한 사신으로부터 '백광白光선생'이라는 존칭을 들었다.

이달은 말년을 참으로 쓸쓸하게 살다 갔다.

자식도 없이 평양여관에 얹혀 살다 73세로 생애를 마감했다. 마치 그가 좋아했던 당나라 유명시인 李白이백(710-762)과 두보杜甫(712-770)의 일생처럼 외롭고 힘든 생애였다. 두 사람 다 안록산安祿山의 난*으로 40대와 50대 초반을 피난과 유랑과 걸식으로 보내야 했다.

특히 두보는 안록산의 난으로 세상이 완전히 쑥대밭으로 변하기 전, 거의 10여 년간이나 벼슬 한 자리 해보려 온갖 애를 썼지만 기껏해야 금위군禁衛軍의 무기고를 지키는 말단직(정8품하)이 전부였다. 안록산의 난이 끝나고 나서도 궁중의 좌습유左拾遺라는 말단 간관직諫官職에 잠시 앉아 있었을 뿐이다.

친구 嚴武엄무가 절도사로서 그를 공부원工部員 외랑外郎에 임용하여 적극 후원해 주었지만 그 친구마저 두보가 53세 되던 해 봄에 갑자기 사망했다. 결국, 폐병과 중풍에 시달리다가 객사했다. 40년이 지나 손자에 의해 고향의 할아버지(시인 두심언杜審言) 무덤 곁으로 옮겨졌다.

두보에게는 30세에 만난 부인 양楊씨와 자녀들이 있었다. 비록 한 아들은 굶어죽고 말았지만, 피난을 다니는 내내 가족이 똘똘 뭉쳐 가난과 고통을 함께 나누었다.

이달(達통달할 달)의 이름은 이상하게도 이수함(秀빼어날 수 咸다 함)이라는 아버지의 이름과 매우 흡사하다. '완벽한 단계에 이른다, 널리 알려진다, 능력이 뛰어나다' 는 의미를 지니고 있다.

재주와 소질로 승부 하여 신분을 뛰어넘을 수 있었던 것도 다 '통달한다, 완전히 이해한다' 는 이름 뜻 때문인지도 모른다.

이달의 자는 익지(益더할 익 之갈 지)이다. 세 개의 아호는 손곡(蓀향풀 이름 손 谷골 곡), 서담(西서녘 서 潭깊을 담), 동리(東동녘 동 里마을 리)이다.

그는 '점점 더 유익한 일을 만들어간다' 는 자의 의미처럼 끊임없이 노력하여 자신의 위치를 확보했을 것이다. 각각 '풀이 우거진 골짜기', '해지는 쪽에 있는 큰 호수', '해 뜨는 마을' 을 의미하는 세 개의 아호는 언뜻 보아도 대단히 목가적이다. 그런 탓인지 그는 한때 원주의 손곡蓀谷에 은거하여 학문에만 몰두하기도 했다.

이달이 교류했던 양반 벼슬아치들인 최경창과 백광훈은 영의정(1590년에)을 지낸 이산해 등과 더불어 당대(선조 임금시대)의 8문장가文章家로 통하던 유명문인들이었다. 그만큼 학문적 경지가 대단했다는 뜻이다.

정진교에 의해 이달과 더불어 서얼 출신으로 걸출한 인물에 꼽혔던 朴枝華박지화, 魚叔權어숙권, 曺伸조신을 살펴보자.

먼저 박지화는 참으로 기인이었던 것 같다. 徐敬德서경덕*에게 글을 배운 후 벼슬이라고는 고작 현감을 지낸 게 전부인데도, 유교, 불교, 도교에 조예가 깊어 마치 도사나 신선 같은 생활을 했던 것 같다. 솔잎을 먹으며 보냈으니 어

*서경덕 : 1489-1546; 조식, 성운 등과 교류. 허엽, 박순, 민순, 서기, 한백겸, 이지함 등이 그의 제자들임

떻게 속세의 진흙을 묻히며 살 수 있었겠는가.

박지화는 승문원의 이문학관에 임용되었으나 아예 부임하지 않았다. 그러면서도 당대의 유명학자로 통했다.

임진왜란이 일어나자 그는 친구 鄭宏정굉과 더불어 백운산으로 피난을 갔다. 그런데 왜병이 그 깊은 산 속까지 침입했다. 그는 두보의 오언율五言律 한 수를 적어 나뭇가지에 걸쳐놓고는 물에 몸을 던져 자결했다.

박지화(枝가지 지 華꽃 화)의 자는 군실(君임금 군 實열매 실)이고, 아호는 수암(守지킬 수 菴풀이름 암)이다.

'가지에 꽃이 핀다' 는 이름이니 영광은 누리나 그 처지는 바꾸기가 어렵다는 의미가 아닌가. 식물이 아무리 제 모습을 뽐낸다 해도 이리저리 움직여 제 처지를 바꾸기는 실로 불가능할 것이다.

'열매 중의 으뜸' 이라는 자의 의미가 너무 크다. 결국 그는 명종대(재위:1545-1567)를 대표하는 으뜸학자로 통했었다.

아호가 기가 막히다. '암자나 지키는' 은둔적이고 소극적인 운명을 지향하는 아호인 셈이다. 그래서 그는 결국 가지에 꽃을 피워 으뜸으로 여겨지는 열매를 맺은 후 풀이 무성한 산중에서 스스로 물귀신이 되고만 것인지….

다음으로 어숙권을 살펴보자.

중인으로 수많은 저술과 해석 등을 통해 엄청난 학문적 업적을 남긴 崔世珍최세진의 문인으로 한때는 율곡 이이를 가르치기도 했다. 중국어에 능통하여 승문원의 이문학관을 지내기도 했다. 『패관잡기稗官雜記』와 『고사촬요攷事撮要』를 남겼다.

어숙권의 스승인 崔世珍최세진(1473-1542; 괴산 최씨)은 중인 신분에서 당당하게 당상관에까지 오른 인물이다.

어디 그 뿐인가. 임금(연산군)의 특전으로 30세에 별시문과에 당당히 급제했다. 44세에 내섬시 부정副正(종3품), 51세에 군자감 정(정3품), 57세에 중추부 첨지사僉知事(정3품), 66세에 승문원 제조提調(2품 이상), 68세에 중추부 동지사同知事(종2품)를 지냈다.

어숙권(叔아재비 숙 權저울추 권)의 이름 뜻은 '운명을 저울질하는 사람'이다. 결국 그는 자신의 처지를 벗어나기 위해 학문을 택한 것이다. 단순히 통역이나 하고 번역이나 하는 차원에서 벗어나 유명 학자로 자기 자신을 자리매김한 것이다.

스승 최세진(世대 세 珍보배 진)의 이름에는 '세상의 보배'가 된다는 의미를 지니고 있다. 그는 자신의 이름 뜻대로 세상의 진기한 보배 같은 큰 학자로 자신을 가꾸어냈다.

그의 자는 공서(公공변될 공 瑞상서 서)이다. '길한 기운을 만천하에 드러낸다'는 자의 의미 또한 너무도 의미심장하다. 제도 속에서 출세하고 인정받음으로써 완벽하게 가문을 뒤바꾸고 자신의 신분을 완전히 역전시킨 것이다.

정진교가 꼽은 曺伸조신(창녕 조씨)은 과연 어떤 인물인가.

한 마디로 역마살이 단단히 끼었던 사람이었다. 명나라에 일곱 차례를 왕래했고 일본을 세 차례나 왕래했다. 어지간한 사람 같았으면 아마도 사고로 죽거나 병으로 죽었을 것이다.

한 번은 성종 임금이 즉석에서 시 한 수를 지어보라고 했다.

그는 전혀 당황하지 않고 침착한 마음가짐으로 즉시 시 한 수를 지어 임금 앞에 바쳤다. 임금은 감탄하여 마지않으며 그를 즉석에서 사역원司譯院 책임자인 정正(정3품)에 임명했다.

일본 통신사 卞孝文변효문의 서장관이 된 26세의 신숙주(1417-1475)를 동행했을 때는 일본 지식사회에 문명을 드날리고, 명에 가서는 성리학의 본거지인 그 땅에 지식바람을 일으켜 놓기도 했다.

말년에는 중종 임금의 어명으로 장유유서長幼有序와 붕우지교朋友之交를 강조한 『이륜행실도二倫行實圖』를 짓기도 했다.

조신(伸펼 신)의 자는 숙분(叔아재비 숙 奮떨칠 분)이고, 아호는 적암(適갈 적 庵암자 암)이다.

'활짝 펼친다'는 이름처럼 그는 자신의 재주와 잠재력을 마음껏 드러냈다. 또한 '우르르 소리내며 떨쳐 일어선다'는 자의 의미처럼 그는 오로지 자신의 재주 하나로 거친 세상에 승부수를 던졌던 것이다. 그리고 '암자로 떠난다'는 아호처럼 그는 말년을 금산에 은거하여 책이나 읽고 시나 지으며 지냈다.

한낱 노비의 처지에서 조선의 대표적인 과학자로 우뚝 선 사람이 있었다.

조선의 표준시계이자 자동으로 시보를 알리던 '물시계'인 자격루自擊漏를 만든 蔣英實장영실이 바로 그 인물이다.

아버지는 원나라 사람이었고 어머니는 기생이었다. 그러다 보니 그도 당연히 노예(노비)가 되어 동래현에 속해 있었다. 그런데 그는 워낙 재주가 출중하여 주위사람들을 놀라게 하기 일쑤였다.

금속을 녹여 무기와 각종 기계를 만드는 일, 성을 쌓는 일, 무기와 농기계를 수리하는 일 등, 무엇이든 그의 손이 닿기만 하면 척척 제자리를 잡게 되는 것이었다.

26세의 세종대왕은 특명으로 그를 발탁하여 궁중의 의복과 재화를 관리하는 상의원尙衣院 별좌別坐(정, 종5품)에 임명한 뒤 노예 신분을 벗겨주었다.

왕은 영의정 黃喜황희(1363-1452; 장수 황씨), 좌의정 孟思誠맹사성(1360 - 1438), 이조판서 許稠허조, 병조판서 趙末生조말생, 대신 柳廷顯유정현*등과 일일이 상의했다.

"내 생각에는 워낙 재주가 출중하니 상의원 별좌에 앉혀 나라에 더 큰 공을 쌓도록 하는 것이 좋을 듯하오. 노비 신분에서 상의원 별좌로 그 처지를 바꿔주는 것이 타당하겠소? 나는 경들의 고견을 듣고 싶소."

세종의 그 말에 이조판서 허조는 '택도 없습니다' 라며 반대했다. 병조판서 조말생과 대신 유정현은 '특수 케이스에 해당되는 일이니 상의원 별좌에 임명할 수 있다고 봅니다. 뜻대로 하소서' 라고 대답했다.

중추부사(사使:종2품) 李蕆이천*과 집현전 직제학直提學(종3품) 金銚김조*가 장영실을 지휘, 감독하며 물심양면으로 지원했다. 호조판서 安純안순(1371-1440)도 경회루 북쪽에 석대를 쌓아 간의簡儀 설치를 도왔다.

1421년에는 왕의 어명으로 장영실은 尹士雄윤사웅*, 최천구*와 함께 명나라에 가서 여러 과학기구들과 과학서적들을 관찰, 분석하고 이듬해에 돌아왔다.

간의簡儀, 혼의渾儀, 앙부仰釜 일구 등 각종 천문기구와 동활자 경자자庚子字, 금속활자 갑인자甲寅字 등을 만들었다.

세종의 특명으로 수학을 전공한 李純之이순지*는 모든 과학기구의 수리적 측면을 지원해 주었다.

장영실은 경상도 채방별감採訪別監이 되어 구리, 철 등의 채광과 제련 등을 감독하고 1441년에는 세계 최초로 강우량을 재는 측우기測雨器와 하천 범람을 예고하는 수표水標를 발명, 제작했다.

장영실은 영광스럽게도 무관직의 최고직에 해당하는 상호군上護

*유정현: 1355-1426; 문화 유씨; 태종이 양녕대군을 폐위시키고 충녕대군을 세자로 세우려 하자 다들 침묵하는 가운데 그가 나서서 '현명한 자로 세자를 세우소서' 라고 함; 태종 때 61세로 영의정 지냄. 세종 1년에 63세로 쓰시마정벌 '3군도통사' 로 참전. 69세에 호조판서, 71세에 좌의정을 지냄.
*이천: 1376-1451; 예안 이씨; 무과급제. 62세에 호조판서로서 각종 천문기구 제작을 지휘, 감독
*김조: 1455년에 타계; 초명은 빈(鑌), 세종이 이름을 하사
*윤사웅: 태종 대에 관상감정을 지냄; 1420년 3월에 첨성대 맡아 지진과 혜성을 관측하고 왕의 특명으로 남양 부사에 특진
*최천구: 윤사웅, 이무림과 왕의 명령으로 여러 산들의 고도를 측정함
*이순지: 1406-1465; 양성 이씨. 51세에 예조참판, 53세에 한성부판사 지냄

軍(정3품 당상관)에 특진되었다. 그런데 그가 제작을 감독한 임금님의 가마가 갑자기 부서지는 사고가 발생했다. 당연히 불경죄에 해당되어 의금부에 잡혀가 매를 맞고 파면되었다.

이로써 조선의 에디슨 장영실(아산 장씨)의 활약상도 끝을 맺게 된 것이다.

조선의 발명왕 장영실은 미국의 세계적인 발명왕 토마스 에디슨(1847.2.11-1931.10.18)보다 자그마치 450여 년 먼저 태어나 발명이 끼칠 수 있는 유익을 온몸으로 증명한 것이다.

제재소를 경영하는 아버지의 셋째 아들로 태어나 학력이라고는 초등학교 3개월 퇴학이 전부인 에디슨은 일천 종류가 넘는 발명특허를 낸 세기의 발명왕이었다.

장영실은 원나라에서 귀화한 아버지와 기생 어머니 사이에서 노비 신분으로 태어났지만, 임금님(세종)의 특별한 배려로 양민으로 신분이 뒤바뀌어 세종대의 온갖 발명을 실무적으로 뒷받침한 뒤 당당히 당상관(3품 이상)의 자리에 올랐던 불세출의 발명왕이었다.

장영실(英꽃부리 영 實열매 실)의 아버지는 전서典書를 지낸 蔣成暉장성휘였다. 고조할아버지는 서운관書雲觀(후에 관상감으로 고쳐 부름) 정순대부正順大夫(고려의 경우 '정3품 상계'를 지칭) 판서운관사判書雲觀事를 지낸 蔣得芬장득분이었다.

아버지 성휘(成이룰 성 暉빛 휘)의 이름에는 '빛이 되라'는 당부가 들어 있다. 아들은 아버지의 이름에 맞게 열매를 맺는 꽃으로 활짝 피어난 것이다.

'풀과 꽃과 열매'를 의미하는 아들 蔣英實장영실의 이름이 '가장 밝은 빛'인 아버지 蔣成暉장성휘의 음덕蔭德을 만나 한 세상 멋지게 만개한 것이다.

14 조선의 늦깎이 벼슬아치들

박문규는 재주가 있고 근면하다보니 얼마 안지나
다들 알아주는 갑부가 되었다. 그런데 타고나기를 사람들과
어울려 지내기 좋아하는 편이라 그 많은 재산을 다 탕진하고 말았고,
그는 돈도 다 떨어지고 할 일도 마땅히 없자 40세에 공부를
시작했다. 자그마치 82세에 개성별시문과에 병과로 급제했다.

파평 윤씨 尹綱윤경이란 이는 자그마치 97세로 장수했는데 벼슬
만은 엄청나게 더디게 올랐다.

78세에 공조참판(종2품)에 오르고 89세가 되어서야 마침내 공조판
서(정3품)에 임명되었다. 물론 그 전에도 실직이 아닌 '명목상'의 벼
슬로는 70세경에 가선대부(종2품 하)에 오르고 79세에는 자헌대부(정2
품 하)에 임명되었다. 80세에 중추부지사(종2품)에 오르고 89세에 숭정
대부(종1품 하), 그리고 93세에 돈령부판사(종1품)에 올랐지만 실직이
아닌 명목상의 벼슬일 뿐이었다. 29세에 별시문과에 급제했으니
시작은 지극히 정상적이었던 셈이다.

죽주竹州(경기도 안성)부사로 나갔을 때는 임기가 끝나 떠나게 되어
있는데도 백성들이 더 좀 있으라며 워낙 심하게 붙드는 통에 1년
더 유임해야 했다. 그만큼 신망이 두터웠다는 이야기일 것이다.

광해군 때는 이이첨의 인목대비 폐모론에 반대하다 파직되고 말
았다. 40대 후반에 잘나가던 벼슬길이 그만 꽉 막히고만 것이다.

광해군 말기에 54세의 나이로 접반사接伴使로 기용되어 명나라

장수 毛文龍모문룡을 맞으러 가도椵島로 향했다.

요동 도사都司로 있던 명나라 무인 모문룡(1576-1629)은 후일 청나라로 국호를 바꾸게 되는 후금의 누르하치에게 쫓겨 평안북도 철산면 가도리에 붙은 가도로 피신했다. 그 때가 윤경이 접반사로 갔던 1621년(광해군 13년)이었다.

가도에 피난 온 명나라 백성들과 함께 농사짓는 일과 전쟁하는 일을 겸하며 후금을 괴롭혔지만 후금의 황태극(후일의 청나라 태종)은 직접 군사를 끌고 와 모문룡을 가도에서 신미도로 내쫓기도 했다.

조선 조정에서는 쉬쉬하며 비밀에 붙였지만 후금에서 그런 이중적 행동을 모를 리 없었다.

명나라에서는 모문룡의 그러한 빨치산식 전투에 고무되어 그를 좌도독左都督에 임명했다. 그런데 얼마 안 지나 그의 못된 소행이 드러나고 말았다. 양식이 모자라면 철산면 등지로 누비고 다니며 조선 백성들을 약탈하고 살해했다.

조선 조정에서도 그대로 방치할 수 없게 되고 말았다. 명나라에서도 문제가 더 커지기 전에 없애야 한다고 판단했다. 요동의 경략經略으로 있는 袁崇煥원숭환*에게 밀명을 내렸다.

*원숭환 : 1626년 봄에 '영원성'을 공격하는 누르하치를 격퇴하고 부상을 입혀 결국 9월에 67세로 죽게 함

원숭환은 53세의 모문룡을 여순 근처의 雙島쌍도로 유인하여 밀명대로 그를 단칼에 참살했다.

尹絅윤경은 인조 즉위 후에는 56세의 나이로 해주 목사를 지냈다. 이듬해 57세에 이괄의 난이 일어나자 진압군과 함께 평정에 기여했다. 그리고 60세에 정묘호란(1627년)이 발발하자 왕세자(소현세자)를 완산으로 호종했다.

69세 되던 해에는 병자호란(1636년)이 발발하여 인조임금을 남한산성으로 호종했다. 도대체 어떤 이름이기에 그렇게 쇠심줄처럼 오래 버티며 벼슬길을 터벅터벅 걸어갔을까.

윤경(綱끌어 죌 경)의 자는 미중(美아름다울 미 仲버금 중)이고, 아호는 기천(岐갈림길 기 川내 천)이다.

'잡아당겨 단단히 얽어맨다' 는 이름을 보라. 명이 아무리 짧아도 이 정도면 저승사자라도 일찍 데려갈 수 없을 것이다. 아무리 관운이 없더라도 이런 정도의 찰거머리 기질이면 정승반열에 너끈히 올라설 만하지 않겠는가.

그의 자에는 '너무 빼어날 필요 없다. 뭐를 하든지 이등을 하면 족하다' 는 인생전략이 배어있다.

아호의 의미가 자못 의미심장하다. '물길이 두 갈래로 갈라지듯이 인생을 다시 한 번 꺾어서 살고 벼슬도 다시 한 번 접어서 한다' 는 의미인 셈이다. 즉, 꺾이는 부분에서 앞부분보다 더한 힘찬 기세로 땅을 박차고 내달린다는 뜻이다.

두 갈래로 갈라진 물이 합쳐져 흐를 때보다 몇 배나 더 빠르고 힘 있게 흐른다는 말이다. 한 마디로 갈라지는 물은 '인생역전' 을 의미하는 셈이다.

순창 박씨 朴文逵박문규는 자그마치 82세에 개성별시문과에 병과로 급제했다. 어려서 총명하다는 소리를 들었으나 그는 글공부가 워낙 체질에 맞지 않아 아예 채소농사에 전념했다. 글공부보다는 아무래도 돈이 제일인 것 같아 스스로 길을 바꿨던 것이다.

재주가 있고 근면하다보니 얼마 안지나 다들 알아주는 갑부가 되었다. 그런데 타고나기를 사람들과 어울려 지내기 좋아하는 편이라 그 많은 재산을 다 탕진하고 말았다. 벌기는 어려워도 쓰기는 정말 쉬웠다.

그는 돈도 다 떨어지고 할 일도 마땅히 없자 40세에 공부를 시작했다. 시를 워낙 좋아해서 자그마치 수만 편의 시를 줄줄 외우고 다녔다. 근체시近體詩*에 특히 조예가 깊어 청나라에서까지 그의 이

*근체시 : 중국의 고체 시에 대비되는 형식으로 당나라 때 확립됨. 음절의 억양에 따른 배열법이나 대구 등 구성법에 일정한 규칙이 있음; 오언과 칠언의 절구와 율시의 2종이 있음.
*병과 : 갑과 3명, 을과 7명을 제외하면 보통 11등에서 33등까지가 이에 해당함

름을 알아줄 정도였다.

그는 자그마치 40여 년 이상을 시나 외우며 지냈는지 그는 뜬금없이 82세의 지긋한 고령에 과거에 응시하여 당당히 합격했다. 11등 이하의 병과*에 합격했으니 시험을 치는 실력은 그리 대단하지 못했던 것 같다.

35세(1887년 고종 24년)의 고종임금이 너무 신기하기도 하고 가상하기도 해서 특명으로 병조참의(정3품 당상관)에 등용했다. 그래도 임종을 맞이하던 이듬해(1888년)에는 가선대부(종2품하)에 올랐다. 실로 어마어마한 늦깎이에다 엄청난 벼락출세였던 셈이다.

과거를 보자마자 당상관에 올랐으니 실로 해외 토픽감이 아닐 수 없었다. 그래도 자신의 저서인 『운소산방집雲巢山房集』과 『천유집고天游集古』를 후세에 남겼다.

도대체 어떤 이름이기에 그런 대단한 늦깎이로 당당히 대박을 터트릴 수 있었을까.

박문규(文무늬 문 逵한길 규)의 자는 제홍(霽갤 제 鴻큰 기러기 홍)이고, 두 개의 아호는 각각 운소자(雲구름 운 巢집 소 子아들 자)와 천유자(天하늘 천 游헤엄칠 유 子아들 자)이다.

그의 이름에는 '큰길에 발자국을 남긴다'는 의미를 지니고 있고, 자에는 '맑게 갠 날에 큰 새처럼 훨훨 날아 온 천하를 한 눈에 바라본다'는 거창한 의미가 담겨 있다.

아호는 '구름을 보금자리 삼아 노니는 사람'과 '하늘을 헤엄쳐 다니는 사람'을 뜻한다.

실로 너무 거창하고 황당무계하기까지 한 의미들로 가득 차 있다. 아무도 걷지 않은 새 길에 큰 발자국을 남긴다는 이름처럼 그는 아무나 하지 못하는 기이한 기록을 남기고 인생을 마감했다.

임금이 알고 조정이 알고 역사를 기록하는 사관들이 다 알았으니, 후세에 안 알려질 리가 없을 것이 아닌가. 맑게 갠 하늘을 나는 큰 새가 되어 '구름을 집 삼고 하늘을 바다 삼아' 자유롭고 풍성하고 이야기 거리 많은 생애를 살다 간 것이다.

이름에 나타난 큰 야심과 자에 들어있는 큰 포부, 그리고 두 개의 아호에 내포된 거창하고 활달한 자유인의 혼대로 그는 멋지고 기이하게 살다가 83세의 넉넉하고 긴 생애를 마감했다.

15 | 기적을 안고 산 사람들

동래 정씨 鄭太和정태화(1602~1673)는 6차례에 걸쳐 영의정을 지냈다.
자그마치 37번의 청원 끝에 사직할 수 있었다.
실로 어마어마한 운세를 타고난 셈이다.
한 마디로 기적을 안고 산 사람이다.
26세에 문과에 병과로 급제했으니 별로 대단한 출발이 아니었다.

임진왜란 직전에 생애를 마감한 동래 정씨 鄭彦信정언신(1527-1591)
은 '사약을 내려 자결하게 하라'는 왕명이 내려졌는데도 기적적으
로 살아난 사람이다.

39세에 별시문과에 응시하여 병과로 급제했다. 어지간히 늦은 나
이에 공식적인 등용문을 거친 셈이다. 검열을 거쳐 44세에는 호조
좌랑이 되고 곧이어 경기도 관찰사로 나갔다.

56세에 조선에 반쯤 귀화해 있던 여진족 추장 이탕개가 함경도
를 노략질하며 난리를 피우자 우찬성 겸 도순찰사로 토벌작전을
진두지휘 했다.

이순신, 신립, 김시민, 이억기 등 장차 임진왜란과 정유재란에서
나라를 구할 명장들이 모두 그의 휘하에 속해 있었다. 대표급 엘리
트 무인들이 줄줄이 모여 있었던 것이다.

여진족 정벌에 성공한 후 함경도 관찰사를 지내며 변방의 방위
태세를 더욱 튼튼히 했다. 곧이어 병조판서를 거쳐 62세에 우의정
에 올랐다. 그런데 그 해에 같은 동래 정씨인 鄭汝立정여립이 반란을

일으켰다.

사회 불만세력을 끌어 모아 '대동계大同契'를 조직하고 군사훈련을 시키며 『정감록』을 이용하여 '장차 정도령이 나타나 세상을 구하게 된다'는 말을 퍼뜨렸다.

정여립이 이끄는 반란군은 진안과 죽도를 무대로 전라도 전체로 그 세력을 확대해 나갔다. 안악 군수 李軸이축의 상세한 장계狀啓로 반란군의 위세를 파악한 조정에서는 당연히 토벌군을 보내 일거에 밀어붙였다. 죽도로 도망친 괴수 정여립은 자살했다.

그때 정여립의 잔당을 취조하는 일을 우의정인 정태화가 떠맡게 되었다. 그런데 서인들이 정철의 조종을 받으며 그를 공격하기 시작했다. 드디어 대간臺諫*이 그를 정면으로 공격하기 시작했다.

> *대간 : 관료를 감찰하는 사헌부와 임금을 견제하는 사간원을 합쳐 부르는 말

"정여립 모반사건을 처리할 위관이 된 정태화는 괴수 정여립과 3종從간입니다. 어떻게 공정한 처리를 기대할 수 있겠습니까? 책임은 고사하고 도의적으로 함께 비난받아야 마땅합니다. 최소한 스스로 자리를 사양하고 뒤로 물러나서 근신해야 할 것입니다."

정태화는 하는 수 없이 물러날 수밖에 없었다. 벼슬자리를 물러나니 더 만만하게 보고 이놈 저놈이 마구 덤비며 못 잡아먹어 환장이었다. 심지어는 정여립과 내통한 반란세력으로 모함하기도 했다.

임금도 어쩔 도리가 없었던지 그를 남해로 유배 보냈다. 조정의 실권을 장악한 서인 일파는 어떻게 해서든 그를 죽여 없애고자 혈안이 되어 있었다. 얼마 안 지나 임금을 옥죄어 '사약을 내려 죽게하라'는 어명까지 받아내기에 이르렀다. 그런데 임금이 어명을 거

두고 특명을 다시 내려 '감형하라' 고 명령했다.

목숨을 건지고 이번에는 개마고원이 있는 북방의 갑산으로 옮겨졌다. 그는 결국 그 곳에서 64세로 죽고 말았다. 죄인으로 죽었지만 사실은 당파싸움에 희생당하고만 것이었다. 꼭 10년 뒤에 동인이 다시 집권하자 죽은 그도 당연히 명예 회복되었다.

그의 아들인 鄭協정협(1561-1611)도 아버지가 유배지에서 죽었다는 이유로 28세에서 38세까지 10여 년간 미관말직만 전전해야 했다. 그나마 38세에 아버지가 신원되어 벼슬도 제법 오르고 44세에는 동지부사로 명나라도 다녀왔다.

광해군 시대인 47세에 이조참판을 지내고 50세로 죽던 해에는 예조참판이 되었다. 정협은 24세에 진사시에 장원하고 27세에 문과 을과(4등에서 10등에 해당하는)에 급제했으니, 비교적 일찍 멋지게 관직을 시작했던 셈이다. 그런데도 아버지의 유배지 죽음이 이유가 되고 같은 동래 정씨인 정여립과 그 아들 鄭玉男정옥남이 반란을 일으킨 것이 씻을 수 없는 흠이 되어 그의 벼슬길을 가로막은 것이다.

정언신(彦선비 언 信믿을 신)의 자는 입부(立설 입 夫지아비 부)이고, 아호는 나암(懶게으를 나 庵암자 암)이다.

남의 말을 잘 듣는 편이었던 모양이다. 선비는 마땅히 비판정신에 투철하여 남과 자기 자신을 늘 되돌아보고 또 다시 살펴보아야 하는데도, 쉽사리 덜컥 믿는다면 과연 어떻게 되는가. 십중팔구 일을 그르치고 자신의 앞날도 망치기 십상인 법이다.

'스스로 모든 일을 처리한다' 는 자립정신이 함축된 자의 의미가 자못 의미심장하다. 그런데 아호가 이상하게도 '게으름 피우며 초라한 거처에 머문다' 는 의미이다. 말년을 유배지에서 보내야 하는 팔자인 셈이다.

다행히 임금에게 믿음을 준 탓에 목숨만은 건졌지만, 죄인의 처지에서 외롭고 분한 마음으로 죽어간 것이다. 결국 '믿음을 주는 선비'라는 이름 덕분에 목숨을 건지고 '스스로 선다'는 자의 의미로 인해 주위의 도움을 전혀 못 받고 유배지를 전전하게 된 것이다. 패거리를 지어 힘을 합쳤더라면 좀더 가벼운 처벌 정도로 끝났을 수도 있었을 것이다. 결국은 아호에 내포된 의미대로 된 셈이다. 움막에서 게으른 노년을 보내다가 쓸쓸히 객사하고만 것이다. 그나마 십 년 뒤에 명예회복이 되었으니 불행 중 다행이었다고 해야 할지…. 그래도 아버지의 유배지 죽음으로 인해 벼슬길이 많이 막혔던 아들은 이름과 자의 의미대로 시와 술과 벗을 재산 삼고 성채 삼아 나름대로 멋들어지게 한 세상을 살다가 갔다.

이름이 협(協맞을 협)이니 한데 어우러져 일을 함께 도모한다는 의미인 셈이다.

자는 화백(和화할 화 伯맏 백)이고, 아호는 한천(寒찰 한 泉샘 천)이다. '한데 어우러져 그 속에서 우두머리가 된다'는 자의 의미대로 그는 나이와 학식을 뛰어넘어 누구라도 말이 통하고 마음이 열려있으면 자유로이 교제했다. 그리고 '차가운 물이 샘솟는 우물'이라는 아호대로 그는 냉엄한 현실에서 샘물 같은 역할을 하다가 50세를 일기로 살만한 인생, 구경할만한 세상에 마침표를 아주 짙게 찍었다.

동래 정씨 鄭太和정태화(1602-1673)는 6차례에 걸쳐 영의정을 지냈다. 자그마치 37번의 청원 끝에 사직할 수 있었다.

실로 어마어마한 운세를 타고난 셈이다. 한 마디로 기적을 안고 산 사람이다. 26세에 문과에 병과로 급제했으니 별로 대단한 출발이 아니었다. 그런데 34세에 타고난 소질을 발휘하는 기회를 스스로 맞았다.

병자호란이 발발하자 겁이 난 도원수가 그만 줄행랑을 놓았다.

어찌할 바를 모른 채 우왕좌왕하던 군인들은 싸울 생각은 아예 버린 채 그저 도망치기에 바빴다.

그때 그는 비록 문신이지만 선뜻 나서서 일단 패잔병을 한데 모았다. 다행히 그의 준엄한 호령이 먹혀들어 도망치던 군인들이 다시 모여들기 시작했다. 그는 모여든 패잔병을 이끌고 쳐들어온 외적에 용감하게 항전했다. 그 결과 30대 중반의 나이로 사헌부 집의 執義(종3품)에 특진했다.

사헌부 으뜸벼슬인 대사헌大司憲(종2품)의 바로 밑 자리였다.

이듬해에 소현세자 일행이 청나라에 인질로 갈 때 심양까지 함께 배종했다. 그런데 엎친 데 덮친 격으로 조선 조정과 명나라와의 밀약이 들통나 청나라 태종이 불같이 화를 냈다.

어쩔 수 없이 조정에서는 만만한 정태화를 봉황성鳳凰城(만주 개주참 開州站)으로 보내 청나라의 협박을 막아보라고 시켰다. 어명이었다.

정태화는 38세에 도승지가 되었다. 43세(1645년) 때에는 호조판서

*봉림대군 : 1649년에 효종으로 즉위하고, 후일 현종으로 즉위하게 될 그의 8세 된 아들은 왕세손에서 왕세자로 신분이 바뀌게 됨

로서 봉림대군*의 세자 책봉을 반대했다. 그 해에 33세로 8년여의 인질생활을 청산하고 영구 귀국했지만 갑자기 죽은 소현세자를 대신해 세자 책봉문제가 대두되었던 것이다. 소현세자의 아들을 후계자로 하느냐, 아니면 소현세자의 동생인 봉림대군을 후계자로 삼느냐의 중차대한 갈림길이었던 것이다.

그는 44세, 46세 때에 각각 공조판서와 형조판서를 지내고 47세에는 정승의 반열에 올랐다. 그리고 그 해에 청나라를 다녀온 후 영의정에 올랐다. 효종 즉위 이듬해에는 49세로 다시 영의정에 올랐다.

그가 56세에 병이 들어 사직했으나 곧 이어 중추부영사에 재 등용되었다. 효종 말년인 1659년에 57세로 다시 영의정에 올랐다.

효종(1619-1659)이 40세로 요절하자 그는 원상院相*이 되어 19세에 즉위한 현종(1641-1674)을 곁에서 보필했다.

*원상: 1468년 예종이 18세로 즉위하자 신숙주,한명회,구치관이 원상제도 시작;이듬해 성종 초와 1545년 명종 초,1567년 선조 초에도 원상제도 활용.

그는 60세에 다시 청나라에 다녀와 여러 차례 은퇴를 결심했으나 받아들여지지 않았다. 69세에 기로소에 들어갔는데 병이 깊어 조정회의에 나갈 수 없다고 하자, 30세(1671년)의 현종은 친히 가마를 보내 '불편하고 힘이 들겠지만 잠시 들어와 나 좀 보고 가시오' 라고 주문했다.

비록 71세의 생애였지만 엄청난 관운이고 쇠심줄보다도 더 질긴 운세였다. 단 한 번 하기도 어려운 재상(영의정)을 여섯 차례나 했다니 실로 기적 같은 관운이 아닌가.

그만큼 인격도 훌륭하고 학문도 깊고 성품도 인자했을 것이다.

모난 성격이고 얕은 실력이었다면 그 많은 눈과 입과 귀를 어떻게 견디고 재상노릇을 그렇게 오래오래 할 수 있었겠는가.

정태화(太클 태 和화할 화)의 자는 유춘(囿동산 유 春봄 춘)이고 아호는 양파(陽볕 양 坡고개 파)이다.

'화해하는 힘과 포용력이 대단하다' 는 이름이다. 자는 '온갖 것들이 한데 모여 있는 동산에 봄볕이 찾아든다' 는 뜻을 지니고 있다. 그리고 아호에는 '따스한 볕이 언덕을 비춘다' 는 의미를 지니고 있다.

관용과 포용 면에서 이상적인 성품이고 운세 또한 봄볕이 든 동산이고 채마밭인데, 누가 감히 초를 치고 그림자를 드리우며 훼방하겠는가.

16 │ 너무도 한심한 조선시대 관리

제주 판관 文希賢과 제주목사 李箕賓이
명나라와 일본 상인들, 류큐 상인들을 태운 국제상선이 표류하다
제주에 올라왔다. 두 사람은 항해에 지친 선원들과 겁에 질린
상인들을 모조리 죽이고 값비싼 물품들을 마음대로 약탈하고
중앙정부에는 헛보고를 올렸다. 외적을 물리친 용감한 관리로서
상도 타고 벼슬도 특진하려 꾀를 낸 것이다.

지도자가 시원찮으면 세상에 별 잡놈이 다 횡행하게 마련이다.
연산군과 광해군 같은 괴상한 지도자를 만나면 입신양명에 혈안
이 된 관리나 선비들이나 헛꿈 꾸는 백성이 어물전 꼴뚜기처럼 냄
새를 팍팍 피우게 되어있다. 보아주고 받아주는 쪽이 개판인데 누
가 그럴듯한 행동을 하겠는가.

문제 내는 이가 시원찮으면 모범생, 열등생이 뒤섞이게 되어있고
어느 순간에 순서가 마구 뒤바뀌게 마련이다. 위아래 할 것 없이
어지럽게 돌아가게 되어있는 것이다.

광해군 때의 일이다.

제주도 관리들이 괴상한 짓을 해놓고는 시치미를 뚝 떼며 헛소
리를 해댔다. 제주 판관 문희현文希賢과 제주목사 이기빈李箕賓이 한
통속이 되어 못된 짓을 저질렀다.

명나라 상인들, 일본 상인들, 류큐(유구琉球) 상인들을 태운 국제상
선이 표류하다 제주에 올라왔다.

두 사람은 항해에 지친 선원들과 겁에 질린 상인들을 모조리 죽

이고 값비싼 물품들을 마음대로 약탈했다. 어마어마한 물건들이었다. 도자기, 궤짝, 보석, 엽전 등, 실로 보물창고였다.

그들은 실컷 약탈하고 살육하고는 부하직원들과 우연히 보게 된 제주 백성들에게 협박과 공갈을 마구 퍼부어댔다.

"어느 놈이든 함부로 발설하면 가만히 안 두겠다. 주둥아리를 꽉 닫아두란 말이다. 너희는 오늘 일을 보지도, 듣지도 못한 것이니, 후일 무덤에 들어갈 때까지 절대로 아가리를 함부로 벌렁거리면 안 된다. 목숨이 혹 두세 개 되는 놈은 모르나, 하나뿐인 놈들은 잘 알아들어라. 입을 벌리는 날이 너희의 제삿날인 줄 알아라. 알아들었느냐!"

중앙정부에는 헛보고를 올렸다. 꿩도 먹고 알도 먹겠다는 흑심이 분명했다. 외적을 물리친 용감한 관리로서 상도 타고 벼슬도 특진하려 꾀를 낸 것이다.

"왜구가 기습적으로 쳐들어와 목사 이기빈과 판관 문희현이 목숨을 바쳐 공격했습니다. 어찌나 사나운지 저승사자들보다도 더 잔혹한 야만인들이었습니다. 왜구를 처형하고 소지품을 빼앗아 어려운 백성에게 나눠주었습니다. 소금물에 젖어 못 쓰게 된 것은 역병이 돌까 염려되어 모래사장에 쌓아놓고 불을 질러 한 줌 재로 만들었습니다. 두 사람의 적절하고 기민한 대응으로 왜구는 두려움을 갖게 되고 백성은 안도의 한숨을 쉬게 되었습니다. 몇 가지 증거물을 함께 보내니 왜구의 물산을 파악하는데 참고하시기 바랍니다."

하지만 백성이 알고 땅이 알고 하늘이 알고 아전, 말단 관원이 다 아는 일인데 언제까지 덮어져 있겠는가. 더욱이나 억울하게 죽은 원귀들이 하나 둘이 아닌데 말이 다르다고 귀신들이 말을 못하겠는가. 얼마 안지나 그들의 거짓보고가 백일하에 드러나고 말았다. 두 사람은 유배형에 처해졌다. 판관 문희현은 경성鏡城(함경북도 동해안)으로 유배되었다.

다행인지 불행인지 그래도 만주어에 능통한 덕에 살길이 자연히 열렸다. 경성의 군 책임자가 회령개시會寧開市 때 그에게 만주족 귀빈들의 접대와 통역을 맡겼다.

그때 이상한 일이 벌어지고 말았다. 조선의 제도나 관례를 잘 모르는 만주족 귀빈들이 그를 벼슬이 높은 귀인으로 오해하여 조선 임금에게 보내는 후금 우두머리 누르하치(후에 후금의 황제)의 밀서를 일개 죄수 신분인 그에게 맡겼다. '잘 전달해 주시오'라는 당부와 함께…. 그런데 제 버릇 개 못 준다고 그는 그 막중한 외교밀서를 호주머니 속에 넣고 주물럭거리다가 아예 묵살해 버리고 말았다. 후일 어찌어찌 하다가, 조선 조정에서 모든 내막을 알게 되었다. 오기로 한 밀서가 중도에서 사라지고 말았으니 왜 잠잠하기만 하겠는가.

그는 북방의 동해안 벽지에서 다시 서울로 압송되었다. 중죄인과 특수 범죄자만을 집중적으로 다루는 의금부에 갇히게 되었다. 그래도 그는 통역 능력이 있어서 다시 활약할 수 있었다.

후금이 점점 더 강해지며 명나라와 대등하게 취급되자 그의 역할도 자연히 커질 수밖에 없었다. 후금과의 외교문서 작성이나 통역 일에 눈코 뜰 새 없이 동원되었다.

임금(광해군)이 명나라와 후금을 거의 동등하게 보고 실리 외교, 실용주의 외교를 펴는 탓에 자연히 그의 쓸모도 점점 더 커질 수밖에 없었다. 그런데 1623년에 반정 혁명이 일어나 새 임금(인조)이 들어서자 사정이 확 뒤바뀌고 말았다.

광해군이 하던 일이면 뭐든지 몹쓸 것이 되어버리는 마당이라, 감히 '전에는 이러 저러했다'며 딴 소리를 입 밖에 낼 수조차 없었다. 더욱이나 반정공신들이 주로 서인들이었는데 한결같이 후금을 야만족으로 몰아붙였다.

문희현도 야만족과 내통한 자로 찍혀 처지가 급전직하, 어디 마땅히 설자리가 없었다. 화불단행禍不單行이라고, 안 좋은 일은 언제나 연거푸 일어나기 마련이었다.

李時言이시언이란 자가 느닷없이 그를 반역자로 내몰았다. 文晦문회, 李佑이우, 金光肅김광숙이 이시언을 거들었다.

윤인발*기자헌(1562-1624), 김원량(1589-1624) 등 수십 명이 인성군仁城君*을 왕으로 추대하려는 역모를 꾀하고 있다는 식이었다.

그런데 하필이면 이듬해(1624년 2월)에 반정의 2등 공신인 이괄이 반란을 일으켰다. 보통 반란이 아니었다.

삽시간에 평양을 차지하고는 그 여세를 몰아 한양마저 점령했다. 2월 11일에 선조의 10남인 흥안군興安君 '瑅제'를 왕으로 세우고 아예 '이괄의 왕국'을 선포했다.

진짜 임금(인조)은 공주로 피난을 가야했다.

비록 3일 천하로 싱겁게 끝났지만 대단한 위세였다. 張晩장만과 鄭忠信정충신에게 쫓겨 결국 이천 묵방리墨坊里에서 제 부하들(기익헌, 이수백 등)에게 목이 잘려 죽고 말았지만 일단 천하를 제 손아귀에 넣었던 사람이 아닌가.

죽을 때도 외롭지는 않았을 것이다. 구성 부사 韓明璉한명련 등 9명이 함께 목이 잘려 죽었으니 저승길에도 부하와 동료가 선뜻 동

*윤인발 : 관찰사, 목사를 지낸 윤경립의 아들; 판서를 지낸 윤의립이 숙부
*인성군 : 1588-1628; 선조와 정빈 민씨 사이에서 선조의 7남으로 태어남.

행한 셈이다.

반정에 성공하자마자 뜻밖의 반란에 쫓겨 피난을 다녔던 조정 대신들은 이제 역모라는 소리만 들어도 노이로제 증상을 보일 정도였다.

역모의 '역' 자나 '모' 자만 들어도 온몸을 사시나무처럼 떨었다.

그런 와중이니 역모에 걸려든 사람이면 그것이 모함이든 뭐든 간에 반드시 죽게끔 되어 있었다.

52세(1614년 광해군 7년)에 영의정을 지낸 62세의 奇自獻기자헌마저 목숨을 잃을 판이 아니던가. 그는 광해군 때 벼슬을 많이 했다고 인조반정에 참여하라는 반정 주동자들의 집요한 제의를 정중히 거절한 사람이었다. '내가 섬기던 임금을 쫓아내려는 일에 그 밑에서 출세한 내가 어떻게 가담하느냐? 나는 절대 그렇게는 못한다' 고 말했던 것이다. 하지만 운세가 꺾이기 시작하면 아무리 점잖고 고매한 사람이라 해도 그 죽음의 올가미를 쉽게 벗을 수 없는 법이다.

*기익헌 : 서얼 출신이 었으나 이문빈의 사위 가 된 뒤 궁중 출입. 광 해군 때 함경남도 갑산 군수를 지냄. 이괄의 목 을 베어 온 덕에 진도 유배 후 7년만인 1631 년에 석방됨

반란의 괴수 중에 奇益獻기익헌*이란 자가 끼어 있으니, 이 일을 대체 어찌 하겠는가. '저 놈을 살려두었다가는 언제 서로 내통할지 모른다' 며 죽일 판이었다.

분위기가 이렇게 험하게 돌아가는 판국이라, 일개 잡범에 지나지 않는 문희현 정도는 아예 목숨이 열 개라도 어떻게 배겨낼 도리가 없었다. 그래서 35명이 넘는 기라성 같은 대신들과 함께 그도 목숨을 내놓을 수밖에 없었다.

문희현(希바랄 희 賢어질 현)의 아버지는 판관을 지낸 사람으로 이름이 문관도(貫꿸 관 道길 도)이다.

친형은 무과에 급제한 무인으로 수원 부사, 정주 목사, 광주廣州 목사를 거쳐 병자호란 후 남한산성 축성에 공헌한 일로 이십 대에

무과에 급제한 후 꼭 46년만에 가의대부嘉義大夫(종2품 상)에 오른 文希聖문희성이다.

친형인 문희성은 백이 든든했거나 윗사람들의 신망을 받는 남다른 재주가 있었던 것 같다. 동생이 반역죄로 참형을 당했는데도 바로 그 이듬해(1625년)에 광주 목사로 나갔다.

광해군 때 수원 부사로 나갔을 때는 '관청 창고가 텅텅 비어있는데도 전혀 채워놓을 방책을 강구하지 않았을 뿐만 아니라 군사를 동원할 때마다 지나치게 예산 낭비가 심했고 행정능력 또한 순 엉망진창'이라는 사간원司諫院의 탄핵을 받아 파면되었었는데도 곧 복직이 되었다.

무과에 급제한지 꼭 20년 되던 해(1614년 광해군 7년)에는 역모사건에 연루되었다는 혐의를 받았는데도 '오해였다'는 조정의 답변을 쉽게 얻어냈다.

그후 4년 뒤에는 '도저히 안된다'는 의정부議政府*의 반대에도 불구하고 비변사備邊司*의 강력한 추천으로 정주定州(평안북도)목사로 나갈 수 있었다.

*의정부 : 영의정을 중심으로 모든 관청과 관리들을 총괄
*비변사 : 군사적 측면의 국정을 주로 관할하는 문, 무 합의기구로 현직에 있는 이들이 겸직

실로 대단한 관운이요, 행운으로 똘똘 뭉친 기적의 사나이였던 셈이다.

문희현은 '어질기를 바란다'는 이름인데 어째서 한심하기 짝이 없는 관리로 전락하고만 것일까. 아버지의 이름 또한 '도리를 훤히 다 파악하여 도道에 능통, 달통한 사람이 된다'는 의미가 아닌가. 이름이란 때로 타고난 천성과 정반대로 지어지는 경우도 종종 있는 모양이다.

어질기만 하면 모든 일이 잘 될 것이라는 은밀한 기대와 소망이 그런 식의 이름으로 귀결되게 마련인지도 모른다.

구조를 요청하러 상륙한 외국의 상인들을 잔인한 해적으로 몰아

모조리 죽이고 그 물건마저 함부로 빼앗은 주제에 무슨 놈의 '어질 현賢'인가. 그저 '바랄 희希'에 걸맞게 살다가 형틀에 목숨을 바치고 간 셈이다. 쉽게 말해 어질고 싶다는 희망만 지니고 살았을 뿐 사실은 어질게 살면 손해보기 십상이니 잔인하고 교활하게 살게 해달라고 속으로 빌고 다닌 셈이다.

후일 후금의 황제에서 청나라의 시조(태조)가 되는 누르하치의 밀서를 조선의 임금에게 보내지 않고 제 호주머니에 넣고 주물럭거리다가 깡그리 무시해버린 일이, 어떻게 그저 사내자식의 배짱이나 엉큼한 속셈이라고 보아 넘길 수 있겠는가.

완전히 일을 망치고만 싶어하는 괴상한 변태성깔이 아니고서야 어떻게 감히 그런 무모한 일들을 계속해서 저지를 수 있겠는가. 참으로 한심한 관리의 전형이었던 셈이다.

그와 함께 표류한 외국 상인들을 해적으로 몰아 모조리 살육하고 재산을 약탈했던 제주 목사 이기빈을 보자.

이기빈(箕키 기 賓손 빈)이라는 얼마나 신기한 이름인가. '손님을 맞아들이기는커녕 곡식을 까불어 겨와 알곡으로 나누는 키질을 열심히 한다'는 뜻이니 정말 기가 막힐 뿐만 아니라 그의 못된 소행에 딱 들어맞는 이름이다.

목사牧使가 어디 그리 낮은 직책이던가. 관찰사 바로 밑의 직급이지만 '정3품 외직 문관직'으로 군권軍權을 거머쥐고 있었다. 전국 8도에 겨우 20여 명이 있을 정도였다. 도가 크면 4명이고 강원도, 함경도처럼 도세가 약하면 겨우 1명이 고작이었다.

문희현이 버젓이 살육과 약탈을 자행할 때 제주 판관이었는데, 그 판관이란 벼슬도 만만한 게 아니었다. 비록 종5품직이긴 해도 중앙과 지방의 요직이었다. 경기도와 평안도를 제외한 전국의 도에 파견했는데 모두 특수지역에 해당되는 셈이었다.

유수영留守營*이 있는 지역(수원, 강화, 광주, 춘천 등)과 특정 지역(제주, 경성, 청주 등)에만 파견했을 뿐이다.

그런데도 그는 지쳐 쓰러진 외국의 난민들을 무참히 죽이고 재물을 약탈하는 짐승만도 못한 짓을 저지른 것이다. 손님을 철저히 키질하여 아예 모조리 쭉정이로 쓰레기통에 내다 버린 것이다. 아니 알곡이고 등겨고 티검불이고 간에 모조리 불타는 모닥불 속에 냅다 집어넣고만 것이다.

'키 기箕'에는 '쓰레받기' 라는 의미도 들어있다. 사람 목숨을 쓰레기로 보고 모조리 쓰레받기에 담아 악취 나는 구덩이 속에 시원하게 내다버린 것이다. 정말 한심한 관리들의 표본이라고 아니할 수 없다.

문희현을 죽게 한 고발자 文晦문회는 오천군鰲川君에 봉해지고 가의대부嘉義大夫(종2품 상)에 올랐다. 그는 종6품의 전임교수專任敎授에서 고발 한 번그럴듯하게 했다가 단번에 종2품으로 뛰어오른 것이다. 그런데 2년 뒤에 朴應晟박응성이란 자를 무고했다가 '고자질 대장이냐' 는 지탄을 받았다.

문회(晦그믐 회)의 이름은 '캄캄한 그믐 밤' 을 뜻한다. 고발의 공로로 지어준 군호도 하필이면 오천(鰲자라 오 川내 천)이다. '물을 만난 자라' 이니 힘깨나 쓸 운세인 셈이다.

그의 무고에도 멀쩡할 수 있었던 박응성의 이름을 보자.

응성(應응할 응 晟밝을 성)은 '시절에 잘 적응하여 빛처럼 융성하게 된다' 는 이름이니 '깜깜한 그믐 밤' 을 뜻하는 무고자의 이름인 문회를 무난히 이겨낸 것이다. 이름 한 번 잘 지은 덕에 프로 무고꾼의 올가미에 걸려들었는데도 거뜬히 살아남은 것이다.

*유수영 : 정, 종2품에 해당하는 '유수' 가 다스리는 특수 지역 관청; 2명의 '유수' 를 두어 한 자리는 경기관찰사가 겸직하게 했음.

17 뒤로 넘어져 코가 깨진 사람들
죽을 운명이면 귀신도 못 막는다

졸지에 53세의 나이로 교수형에 처해진 유희량은
광해군의 처남이라는 이유로 반정세력에 의해 이미 47세에 거제도에
유배되어 있었다. 그런데 5년여의 고달픈 유배생활이
거의 다 끝나 가는가 하고 기대했다가 그만 목을 매달아 죽이라는
뜻밖의 형벌을 받게 되었던 것이다.

　35세, 36세, 38세 때에 죽을 고비를 넘기고도 결국 40세에 남해의
진도에서 죄인으로 죽고만 사람이 있다.

　선조 임금의 7남으로 정빈靜嬪 민씨 소생이니 광해군의 13살 아
래 이복동생이 된다. 그러니 광해군을 몰아내고 왕이 된 인조 임금
의 숙부가 되는 셈이다.

　조카 인조 임금보다 겨우 7세 연상인 꼬마 삼촌이었던 셈이다.
한데 성격이 좀 포악했던지 광해군의 실정을 비판하기는커녕 앞
장서서 지지하며 겁 없이 총대를 메곤 했다.

　광해군이 계모인 인목대비를 폐위하려 하자 적극적으로 나서서
'맞습니다. 아무렴요. 마땅히 그렇게 하셔야지요' 라고 앞장서서 풀
무질을 했다.

　인조반정 직후 광해군의 폐정을 거론하며 반정공신들은 한결같
이 인성군의 처벌을 주장했다.

　"못된 자입니다. 인성군 자신에게도 엄연히 어머니(계모)

인데 어떻게 서인으로 신분을 바꿔 내쫓자고 할 수 있습니까? 형인 광해군이 앞장서더라도 극구 말렸어야 하는 것 아닙니까? 천성이 흉포하지 않고서야 어떻게 그렇게 천륜을 거스르고 인륜을 짓밟을 수 있습니까? 더욱이나 대비마마를 서궁에 유폐시키는데도 앞장섰지 않습니까? 마땅히 극형에 처해야 할 중죄인입니다. 백성들에게 본을 보여 인륜을 제대로 세우기 위해서라도 반드시 극형에 처해야 합니다."

하지만 28세의 새 임금(인조)은 7년 연상인 삼촌을 극구 두둔하고 나섰다. 삼촌을 절대 처벌할 수 없다고 했던 것이다.

왕은 8년 전(1615 광해군 7년)에 숙부인 광해군에 의해 목숨을 잃은 4세 연하의 친동생 능창대군綾昌大君(1599-1615)을 생각했다. 20세 되던 해에 열여섯 살 친동생이 역모죄에 얽혀들어 강화도에서 사약을 받고 죽었던 것이다.

당시 37세이던 어머니(계운궁 구씨)*는 얼마나 오열했던가. 아버지(정원군)는 35세였다.

동생 능창대군(1632년에 능창군에서 능창대군으로 고쳐짐)은 악의적인 정략에 의해 희생된 것이었다. 자그마치 24세나 연하인 조카 능창대군을 시기하는 광해군의 속셈을 눈치 챈 신하들이 임금의 비위를 맞추려고 이리저리 일을 꾸며 반역죄로 처벌했던 것이다.

의금부에서 蘇鳴國소명국이란 자를 심문하는 중에 능창군 '佺전'의 이름이 튀어나왔던 것이다.

"신경희, 양시우, 김정익, 소문진, 김이강, 오충갑 등이 능창

*계운궁 구씨 : 1627년에 이귀 등이 간청하여 임금의 부친이 원종으로 추봉되자 인헌왕후에 봉해짐
*정원군 : 선조의 5남으로 광해군의 이복동생. 39세로 광해군 말기에 죽었지만 아들이 임금이 된 후 원종으로 추존 됨

군을 왕으로 추대하려는 역모를 꾀하고 있습니다. 제 귀로 분명히 들은 이야기입니다. 절대 헛소리가 아닙니다."

소명국은 그렇게 헛소리를 했다.

인성군仁城君 '珙공 '은 35세에는 조카 인조 임금의 강력한 비호로 무사할 수 있었다. 이십 대 후반(29세)에 계모를 쫓아내 죽이려던 그 엄청난 죄를 사면받은 셈이었다.

아무리 대비, 왕비라도 일단 폐위되어 일반 백성의 처지로 돌아가면 언제 죽을지 모르는 파리 목숨이 되고 마는 거였다. 그런데 이듬해(1624년 2월)에 이괄이 난을 일으켜 3일 왕국을 세우자 다시 한 번 위기가 닥치고 말았다.

"인성군도 이괄의 무리와 반란을 모의한 일이 있다." 대신들의 그러한 탄핵에 인성군도 피할 도리가 없었다. 임금인 인조도 이 번에는 숙부를 도와줄 수 없었다.

자신마저 부랴부랴 공주로 피난을 가야할 정도로 이괄의 역적질이 대단한 위력을 지니고 있었지 않은가. 격앙된 조정 대신들의 분위기를 아무도 말릴 수 없었다. 결국 인성군은 간성에 유배되었다가 뒤이어 원주로 유배지가 옮겨졌다.

바람 앞에 등불 같은 그의 목숨을 이번에는 어머니가 살려주었다. 어머니 정빈 민씨가 중병이라 유배 된지 2년여만에 석방되었던 것이다. 그가 38세에 크나큰 행운을 만난 셈이었다. 한데 불행은 대개 2년 주기로 다가오는지 그는 40세 되던 해(1628년)에 다시 한 번 끔찍한 사건에 휘말렸다.

임금(인조)의 친형이자 자신의 조카인 능원대군의 장인 柳孝立유효립(1579-1628; 문화 유씨)이 죽음의 그림자를 드리운 것이었다.

광해군의 처남인 柳希奮유희분(1564-1623)의 조카인데, 광해군 때에는 호조참의, 우부승지를 지내며 북인北人 정권의 막강한 실세였다. 그런 이유로 광해군이 쫓겨나자마자 금방 죽게 마련이었지만 참형을 당한 큰 숙부(유희분)와 달리 제천에 유배되는 것으로 끝났다.

그런데 5년여의 세월이 지나자 그는 엉뚱하게도 그동안 친하게 지내던 사람들을 하나 둘씩 은밀히 만나기 시작했다. 물론 새 임금(인조)이 들어서자 앞길이 꽉 막히게 된 광해군 시절의 흘러간 사람들이었다.

許逌허유, 鄭沁정심, 金鐸김탁 등을 만나 속뜻을 나누었다. 그리고 네살 연상인 작은 숙부 柳希亮유희량(1575-1628)의 아들인 22세 연하의 사촌동생 柳斗立유두립*의 합류를 확인했다.

훈련도감 초관哨官* 尹繼倫윤계륜도 선뜻 동조했다.

> *유두립 : 1601-1628; 14세에 진사가 됨
> *초관 : 종9품 무관직; 100명으로 편성된 '초'를 통솔; 훈련도감에는 총 34명의 '초관'이 있었음

그때 유효립과 친하게 지내던 횡성의 李仁居이인거가 1627년 9월 28일에 한 무리를 이끌고 횡성 관아를 점령하며 서울로 쳐들어갈 태세를 갖추었다. 지방의 덕망있는 선비로 광해군 때에 전혀 참여하지 않고 학문에만 몰두했다고 해서 한 때는 '벼슬을 줄 사람'으로 천거되기도 했던 인물이다.

인조반정 직후 대대적인 숙청과 새 인물 추천을 병행할 때 세자익위사世子翊衛司* 익찬翊贊(정6품)에 천거되었으나, 그는 사양하고 횡성에 그대로 머물러 있었다.

> *세자익위사 : 세자의 '동궁'을 경비하는 관청으로 병조의 '속아문' 중 하나

그는 속으로 역심을 품고 있었던 것이다.

"임금을 제 손으로 쫓아낸 놈들이 염치 좋게 저희 스스로 왕도 되고 공신도 되다니, 어디 그게 말이 되는가? 왕이될 재목을 추대하면 몰라도 어떻게 반란군을 이끌고 궁궐을 쑥대밭으로 만들어놓은 장본인이 임금으로 올라설 수있는가? 고금동서에 그런 법은 일찍이 없었어!"

그렇게 생각하고 있는 그는 반란군을 직접 진두지휘하여 궁궐을 난입한 능양군綾陽君이 새 임금(인조)이 된 것을 천도天道에 어긋나는 것으로 보고 있었던 것이다.

이인거를 비롯하여 많은 선비들은 바로 그 점을 못마땅해 하고 있었다. 李曙이서가 장단에서 반란군을 이끌고 서울로 들어올 때 李重老이중노는 이천에서 반란군을 이끌고 서울로 향했다. 1623년 3월 21일이었다.

이중노의 반란군은 홍제원에서 김류의 반란군과 합류했다. 28세의 능양군 '倧종'이 그날 밤에 이중노의 군대와 김류의 군대를 이끌고 창의문으로 돌격했다. 실질적인 지휘는 이괄이 맡았다.

훈련대장 李興立이흥립이 기다리고 있다가 대궐문을 열어주며 깜깜한 대궐 안으로 안내했다. 많은 이들이 바로 이 날 밤중에 있었던 거사장면을 트집 잡아 입방아를 찧었던 것이다.

이인거는 일단 중앙에 상소를 올려놓고 거사했다. 일종의 선전포고인 셈이었다.

> "정묘호란(1627년)이 일어났을 때 죽기로 싸우지 않고 '후금' 오랑캐들과 강화해야 살 길이 열린다고 한 강화론자들은 모조리 역적으로 처단해야 합니다. 신은 바로 그 일을 하기 위해 군사를 일으켜 서울로 향하고 있습니다. 그 역적 놈들을 모조리 잡아 죽이고 반드시 나라와 조정을 우습게 본 그 오랑캐들을 단숨에 무찌르겠습니다. 신이 선택한 이 길을 막지 마십시오!"

이인거는 아마추어 반란군 괴수답게 우선 자신을 '창의중흥대장倡義中興大將'이라 지칭하며 횡성을 거머쥐었다. 강원 감사 崔睍최현을 찾아가 자신의 거사 목적을 설명했다. 대답은 노(No)였다.

원주 목사 洪寶홍보를 찾아가 거사 목적과 거창한 포부를 장황하게 늘어놓았다. 대답은 보다 강한 어조의 노(Never)였다. 홍보의 상세한 보고에 접한 조정은 일단 한양 전역에 계엄령을 선포한 후 지방에도 A급 경계령을 내렸다. 하지만 홍보가 일거에 급습하여 이인거와 그의 세 아들을 생포하여 서울로 압송했다.

유효립은 서둘렀다. 이인거의 섣부른 거병으로 오히려 느슨했던 경계가 바싹 조여지게 된 것이다. 더 머뭇거리다가는 성공은 고사하고 다 붙들려 멸문지화를 당할 판이었다.

그런데 낮말은 새가 듣고 밤말은 쥐가 듣게 마련이었다. 부사를 지낸 許𥛚허적이란 자가 어떻게 냄새를 맡고 한양에 고자질을 했다. 먼저 직제학과 예조참판을 지낸 53세의 유희량에게 불똥이 떨어졌다. 27세 된 아들 유두립(1601-1628)과 50세 된 조카 유효립이 거사의 주모자로 발각되었으니 목숨이 몇 개라도 살아남기 어려웠다.

쫓겨난 광해군의 처가 식구들(광해군 장인 유자신의 아들들)이라 해서, 반정이 나던 해(1623년 3월)에 큰형 유희분은 참형을 당하고 자신은 간신히 목숨만은 부지하여 거제도에 유배된 상태였다. 하지만 죽음을 도저히 피할 수 없는 형국이었다. 조정에서는 교수형에 처하라는 어명이 떨어졌다.

유희량은 파란 하늘을 보며 봄기운을 잠시 느껴보았다. 목이 조여올수록 정신이 맑아지며 지난 일들이 한 편의 파노라마처럼 뇌리를 스치고 지나갔다. 16년 전에 이꼴 저꼴 안 보고 71세로 타계한 아버지(유자신) 얼굴이 떠올랐다.

좌의정을 지낸 鄭惟吉정유길(1515-1588; 동래 정씨)의 딸로 문화 유씨 집안으로 시집와 고생만 많이 하신 어머니 얼굴도 떠올랐다. 무엇보다도 27세로 처형된 아들(유두립)이 애석하게 여겨졌다.

사촌형 유효립의 비현실적이고 황당한 '광해군을 상왕으로 삼고 인조 숙부인 인성군 珙공을 왕으로 세운다'는 발상에 홀딱 속아 넘어간 혈기왕성한 아들이 그저 한없이 안타까울 뿐이었다.

허적의 밀고로 속속들이 다 파악하고 있던 조정에서 반란 주동 세력이 하나 둘씩 서울에 잠입하기 시작하자 몰래 기다리고 있다가 하나씩 냉큼 냉큼 낚아챘던 것이다.

모친(선조의 후궁인 정빈 민씨)의 중병으로 유배에서 풀려난 인성군 '공'은 유효립 등 대북파의 잔당들이 자신을 왕으로 추대하려는 모의를 했기 때문에 다시 한 번 의금부에 붙들려가지 않으면 안 되었다. 그래도 임금(인조)이 뒤에서 봐주고 있었기 때문에 이번에도 진도에 유배되는 것으로 그쳤다. 하지만 너무 몸도 마음도 쇠약해진 나머지 더 이상 유배생활을 견뎌내기 힘들었다. 40세를 일기로 바닷바람 세 찬 외딴 벽지에서 쓸쓸히 죽어갈 수밖에 없었다. 참으로 기구하고 또 기구한 생애였다.

왕이 살려주고 또 살려줘도 운이 풀리지가 않았다. 한 번 꺾이기 시작한 팔자는 아무리 다시 일으켜 세워도 힘없이 다시 무너질 뿐이었다. 이를 아무리 악물고 다시 무릎을 세워도 곧 제 풀에 쓰러지기 일쑤였다.

인성군의 이름은 공(珙큰 옥 공)이다. 큼지막한 옥돌이라는 뜻이다. 축구공보다 더 크고 영롱한 옥돌이거나, 바위 덩어리처럼 우람한 옥바위라는 것이다. 아마도 너무 큰 덩치라서 귀하기는 분명 귀한데 마땅히 값을 매기기도 어렵고 쉽게 쪼개고 다듬어 보석을 만들기도 어렵다는 의미인지도 모른다.

다루기 힘든 보석, 세상 그 어디에도 쉽게 놓이기 어려운 귀한 돌이라서 그는 여러 차례 '가짜 왕, 그림자 왕' 노릇만 실컷 하다가 결국은 죄인으로 외롭게 죽어간 것이다.

큰 보석이라서 죽는 곳도 진도(珍보배 진 島섬 도), 즉, 보배가 가득한 섬으로 정해졌던 가보다.

인성군의 아호는 백인당(百일백 백 忍참을 인 堂집 당)이다.

'백 번을 참고 또 참는 마음으로 산다'는 뜻이다. 왕이 되고 싶은 굴뚝같은 생각을 억누르고 또 억눌러서 깊이깊이 감춘다는 뜻으로 뒤집히고만 셈이다.

같은 '참을 인忍' 자 '백 개라도 일단 역모에 끼어들면 야심을 억누르고 역심을 감춘다는 식으로 그 의미가 엉뚱한 방향으로 뒤바뀌고 마는 것이다.

인성군의 경우에는 수양과 인격 도야를 위해 그렇게 참고 또 참는다는 뜻을 아호로 정했는데, 남들은 오히려 정신과 마음을 갈고 또 닦아 고매한 인품을 지니게 된 사람쯤으로 받아들이게 되었던 가보다. 왕으로 자주 추대되었다는 것, 역적모의에 자주 오르내렸다는 것은 분명 둘 중 하나일 것이다.

자신의 제스처나 이미지, 혹은 브랜드나 캐릭터가 남들에게 괜찮게 받아들여졌다는 뜻일 수도 있다. 아니면, 실제보다 많이 부풀려져 세상에 알려진 탓에 민심을 다잡고 선비지식인들의 중론을 모으는데 그가 아주 좋은 대안으로 여겨졌을 수도 있다.

그가 원하던 원하지 않던 선비 지식인들이 왕으로 추대하고 싶다고 덤비면 언제든 목숨을 잃을 위기에 봉착하기 마련이었다. 인성군의 경우에는 아마도 광해군의 주위에 모여들어 십수 년간 입신양명한 대북파 관료들이 함께 일을 도모할 유일한 광해군 스타일의 왕자라고 여겨서 그를 왕으로 추대할 적임자로 지목했을 수도 있다.

대북파가 보기에 그는 상왕으로 모실 광해군과 가장 호흡이 잘 맞을 왕 후보였을 수도 있다. 신기하게도 광해군과 그는 참으로 인연이 깊었던 모양이다.

이복형제인 광해군과 인성군은 13세 차이인데 생애를 마감한 것
도 13년 차이였다. 광해군은 인성군보다 13년 먼저 태어나 13년 더
오래 살다가 66세로 타계했다. 17세에 임진왜란으로 갑자기 세자에
오른 후 16년간 불안한 세자노릇을 하다가, 33세에 왕이 되어 15년
간 왕 노릇 잘 한 뒤 48세에 쫓겨났다. 18년 동안 왕이 아닌 쫓겨난
일 개 군君으로 살다가 66세로 생애를 마쳤던 것이다.

그를 왕으로 세우려 목숨 걸고 일을 꾸민 이들은 과연 누군가.

유효립, 유두립, 허유, 정심, 김탁 등이다.

효립(孝효도 효 立설 립)과 두립(斗말 두 立설 립)…. '섬기던 대로 계속 한
결같이 섬겨 한 치도 틀림이 없다'는 뜻과 '크게 세운다, 룰에 맞게
세운다'는 뜻이다.

허유(逌만족할 유)는 '작은 일에 만족하여 항상 느긋하다'는 뜻이고,
정심(沁스며들 심)은 '물 속에 가라앉아 있는 것을 꺼낸다, 물 속에 깊
이 숨겨져 있는 것을 애써서 찾아낸다'는 뜻이다.

김탁은(鐸방울 탁)은 '처마 끝에 매달려 살며시 부는 바람에도 젱그
렁 소리를 내는 쇠처럼 세상의 흐름을 예민하게 따른다, 민심 돌아
가고 세상 변하는 것에 아주 민감하다'는 뜻이다.

유효립과 유두립의 이름에 공통적으로 들어있는 '설 립立', 정심
과 김탁의 이름에 들어있는 '스며들 심沁'과 '방울 탁鐸'이 뭔가 강
한 메시지를 품고 있다.

세운다, 물 속에 있는 것을 찾아낸다, 소리를 내어 뭔가 움직임이
있음을 알린다는 뜻 하나 하나가 다 뭔가 큰 변화를 암시하고 있
다. 변화를 의미하는 이름들, 변화를 시도하는 사람들 때문에 이름
이 珙공인 인성군은 끝내 멀고 먼 유배지 외딴 섬에서 목숨을 잃게
되었던 것이다.

땅 속 깊이 박혀 있어야 할 큰 옥, 물속 깊이 잠겨 있어야 할 큰 옥(인성군)이 그만 세우려하고(유효립, 유두립), 찾아내려 하고(정심), 소리 내어 알리려는(김탁) 불만세력에 의해 세상에 불쑥 드러나게 되어 그 값과 빛을 단숨에 잃어버리고만 것이다.

허유의 '만족할 유逾' 도 '만족할 수 없으면 반드시 만족할 수 있도록 뒤바꿔놓는다' 는 뜻으로 풀이하면 그 암시가 실로 혁명적이다. 만족과 불만족, 안주와 변화는 실로 종이 한 장 차이인 것이다. 모든 것은 결국 사람이 어떻게 느끼느냐에 달려있는 셈이다.

졸지에 53세의 나이로 교수형에 처해진 유희량을 살펴보자.

27세 아들(유두립)과 49세 조카(유효립)의 역모 주동으로 뜻밖의 참화를 당한 가련한 아버지이자 불운한 숙부였다.

그는 광해군의 처남이라는 이유로 반정세력에 의해 이미 47세에 거제도에 유배되어 있었다. 그런데 5년여의 고달픈 유배생활이 거의 다 끝나 가는가 하고 기대했다가 그만 목을 매달아 죽이라는 뜻밖의 형벌을 받게 되었던 것이다.

유희량(希바랄 희 亮밝을 량)의 자는 용경(龍용 용 卿벼슬 경)이다. 두 개의 아호는 각각 제교(霽갤 제 橋뾰족하게 높을 교)와 봉음(峯봉우리 봉 陰응달 음)이다.

'명석한 두뇌로 일을 잘 처리하기 바란다' 는 이름, '임금 곁에서 큰 벼슬을 한다' 는 자의 의미가 모두 성공적인 관료생활을 암시하고 있다. '비 갠 날 선명하게 드러난 높은 봉우리처럼 세상에 환히 드러난다' 는 아호, '높은 봉우리의 그림자처럼 세상을 두루 덮는다' 는 또 하나의 아호는 실로 거창하다 못해 그 야심만만한 기질이 물씬 묻어나지 않는가.

12세에 자기 또래의 누이가 자기와 동갑인 어린 광해군의 아내가 되는 것을 보고 비로소 궁궐과 왕과 왕자의 생활에 대해 잔뜩 호기심을 갖게 되었다.

그는 33세의 약간 늦은 나이에 문과 을과(4등부터 10등까지)에 급제했다. 33명 합격자들 중에서 그래도 당당히 10등 안에 들었던 셈이다. 매부인 광해군이 왕이 된 직후에 본격적인 벼슬생활을 시작했어도 30대 중반에 벌써 요직 중의 요직인 이조정랑(정5품)을 지내고 직제학(정4품)에 이르렀다. 곧이어 사복시司僕寺(말, 목장, 가마를 관할) 정正(정3품)과 예조참판(종2품)에 올랐으니 꽤나 고속승진이었던 셈이다.

그래도 이름과 자와 아호에 들어있는 단단하고 거창한 의미 때문인지, 11세 연상인 큰 형(유희분)보다 벼슬은 비록 낮았지만 명은 더 긴 듯해 보였었다. 53세에 병조판서를 지낸 권력 실세였지만 큰 형은 반정직후에 59세로 참형을 당했다.

큰 형의 이름은 희분(希바랄 희 奮떨칠 분)이다. '우르르 달려나가고 불쑥 솟아오르듯이 재빨리 출세하여 세상 사람들이 다 선망해 마지않는 유명인사가 되기를 바란다' 는 뜻이다. 실로 엄청난 야심과 급한 기질이 덕지덕지 내포되어 있는 이름이다.

조카 유효립의 자는 행원(行다닐 행 源근원 원)이다. '시대흐름의 한 끝을 잡고 그 흐름 자체를 마음대로 조종한다' 는 적극적이고 급진적인 의미가 배어 있다.

유희량이 26세 되던 해에 낳은 아들 유두립의 자는 군수(君임금 군 壽목숨 수)이다. '임금의 자리를 오래 가게 한다, 임금을 오래도록 지켜낸다' 는 뜻이다.

자신의 고모부인 광해군을 상왕上王으로 받들고자 했으니, 자의 의미에 딱 들어맞는 셈이다. 더욱이나 외딴 섬으로 쫓겨난 몹쓸 왕(광해군)을 다시 상왕으로 받들고자 했지 않은가. 광해군 쪽에서 생각하면 너무 너무 갸륵하고 어여쁜 처조카들이 아닌가.

아버지의 이름은 '스스로 새롭게 변신한다' 는 뜻의 柳自新유자신이고, 조부의 이름은 '자맥질하여 깊숙이 숨는다' 는 柳潛유잠, 증조부는 '목숨이 천 년 정도는 가야 한다' 는 의미의 柳壽千유수천이다.

한결같이 '몸조심해라! 오래 살아야 마지막에 웃을 수 있다, 난세에는 무조건 깊이 숨어라' 는 간곡한 당부가 배어 있다. 조상들은 아마도 후손들(유희분, 유희량, 유효립, 유두립 등)의 참형과 교수형을 미리 내다보고 있었던 모양이다.

유효립은 간단한 신분이 아니었다. 인조 임금의 친형인 능원대군(11세에 백부인 의안군 '성' 의 아들로 입양됨)이 바로 유효립의 사위였으니, 따지고 보면 인조 임금과 유효립은 전혀 남남일 수 없었던 사이였다.

형의 장인이니 동생인 임금 쪽에서 보아도 엄연히 사돈어른에 해당하는 셈이었다. 더욱이나 형인 능원대군은 워낙 인품이 깔끔하고 고매해서 많은 이들이 역시 종실의 모범이 될 왕족이라고 우러러보지 않았던가.

그가 61세 되던 해(1653년 효종 4년)에는 '왕손의 서출 및 외손들에게도 먹고 살 것을 넉넉히 주고 힘든 국가임무에서도 면제시켜주시오' 라고 제안했었다.

역사를 기록하는 이들이 입을 모아 청아근실淸雅勤實한 성품이었다고 평했으니, 대단히 훌륭한 사람이었던가 보다.

그가 58세로 죽자 34세의 효종 임금은 몸소 빈소에 들러 큰아버지의 죽음을 진심으로 애도했다고 한다.

朴礎박초(1367-1433)라는 이는 고려 말과 조선 초에 벼슬생활을 한 함양 박씨 집안인데 정작 고려 말에는 극형을 면하고 목숨을 부지했다가 조선에 들어와서 목숨을 잃고 말았다. 24세에 혈기왕성한 동료 선비들과 함께 문제가 될 상소를 올리게 된 것이 화근이었다.

공양왕 3년, 1391년이었다. 조선왕조가 개국하기 꼭 1년 전의 일이었다. 성균관 박사 金貂김초, 대사성 金子粹김자수, 17세의 尹向윤향이 함께 연명하여 강력한 상소를 올렸던 것이다.

"불교는 요사스러운 사교입니다. 그 폐해가 이만 저만 큰게 아닙니다. 헌데도 아직도 숭불정책을 국가의 기본정책으로 추진하고 있는 것은 실로 심각한 문제라고 봅니다. 당장 억불정책을 펴지 않으면 나라의 기본이 무너져 다시는 회복할 수 없게 될 것입니다. 서둘러야 합니다. 이미 폐해가 커서 말로 감히 형언할 수조차 없을 정도입니다. 사찰을 증축하는 일, 여기저기에 탑을 쌓는 일을 당장 중지해야 합니다. 그리고 무엇보다도 나라의 임금님이 직접 지원을 약속하며 국고를 탕진하는 것은 실로 망국적인 처사라고 아니할 수 없습니다. 도저히 그냥 넘길 수 없는 죄악입니다.

유학을 중흥시키고 유학자들을 중용하여 나라의 윤리와 기강을 다시 바로 잡아야 합니다. 사악한 불교로 무너진 나라의 윤리와 기강을 유학의 중흥, 발전으로 속히 만회해야 합니다."

46세의 공양왕恭讓王(1345-1394; 재위는 1389-1392)은 그때 폐위된 창왕昌王에 이어 이성계와 정몽주 등에 의해 임금이 된지 겨우 2년여 밖에 안됐었다.

왕은 노발대발했다.

"이 놈들이 정신이 있는 거야 없는 거야! 태조 왕건께서 고려를 창건할 때 숭불정책을 국가의 기본법으로 삼았다는 걸 모를 리가 없을 텐데 왜 이런 식으로 임금의 심기를 어지럽게 하고 평온한 나라를 혼란스럽게 하는 거야? 당장 극형에 처하도록 해! 도저히 용서할 수 없는 놈들이야. 취조를 단단히 해서 혹시 역모가 있는 게 아닌지 샅샅이 조사해 보도록 해! 제 정신으로 불교를 사악한 사교로 몰았다면 이는 필시 다른 의도가 있는 거야. 자그마치 34대 왕을 거치며 오늘까지 474년간이나 불교는 나라의 기본으로 받들어야 한다는 대원칙을 고수해 왔는데 왜 이제 와서 새삼스럽게 국교인 줄 뻔히 알면서 사교로 내모는 거야? 당장 극형에 처해서 다시는 이런 평지풍파를 일으키는 역신들이 안 나오도록 조치해!"

공양왕은 불교를 국시國是(국민의사로 결정된 국정의 기본방향)로 알고 있던 사람이었다.

공양왕은 불교를 태조 이후 5백여 년 가까이 존중되고 추앙되어 온 고려백성의 정신적 지주이자 나라의 으뜸 종교로 굳게 믿고 있던 사람이었다. 따라서 불교를 사교로 내모는 유학자들의 움직임은 고려를 멸망시키려는 사악한 음모로 여겨질 수밖에 없었다. 박초를 비롯한 유학자들이 대대적으로 핍박을 받을 수밖에 없는 험악한 분위기가 팽배했던 것이다.

심상치 않았다. 이미 피비린내가 슬슬 풍겨오기 시작하고 있었다. 박초, 김자수, 윤향, 김초는 왕명에 의해 옥에 갇혀 꼼짝없이 죽을 수밖에 없었다.

46세의 왕이 어디 한 번 해보자는 식으로 극형 운운했겠는가. 아무리 우유부단한 공양왕*이라도 이번만은 그렇게 호락호락 넘어가 줄 것 같지 않았다.

더욱이나 권력 실세인 이성계 일파가 '요승 辛旽신돈*의 혈통인 우왕禑王*과 창왕昌王*을 폐했으니 이제는 정통 '왕'씨를 왕으로 세워야 한다'며 제20대 신종神宗의 7대 손인 그를 고려의 마지막 왕인 제34대 공양왕으로 세웠던 게 아닌가.

쉽게 말해 10세에 얼김에 왕이 되었던 32대 우왕이나 8세에 신군부(1388.5.20, 위화도 회군 주역인 이성계, 조민수 등)에 의해 우격다짐 식으로 왕이 되었던 33대 창왕과는 질적으로나 혈통적으로나 백 팔십 도로 달랐다.

확고한 정통성(검증된 왕씨 왕손), 탄탄한 지식 배경, 지긋한 나이(46세) 등이 왕의 자격을 충분히 갖추고 있었을 뿐만 아니라 신군부 우두머리격인 이성계가 확고하게 뒤를 봐주며 그를 밀고 있었지 않은가.

그의 명령은 곧 신군부 실세들의 방침이나 마찬가지였다. 그의 명령은 태조 이래의 왕씨 왕조를 계승한 정통성 있는 지당한 지시였다. 그런데 그 때 두 정씨가 그들을 살려내기로 작정하고 임금에게 글을 올렸다.

먼저 병조좌랑으로 있는 청주 정씨 鄭擢정탁(1363-1423)이 상소를 올렸다.

"임금께서는 박초, 김초 등이 국가의 기본시책을 파괴하려 했다고 했지만 그건 말도 안 되는 소리입니다. 선왕의 법전을 무시한 대역죄라고 했지만 그건 앞뒤가 전혀 안 맞는 말입니다. 선왕의 법전이란 것을 한 마디로 옮기면 바로 '삼강오륜三綱五倫'입니다.

한데 이 삼강오륜은 불교와 완전히 배치되는 것입니다. '삼강三綱'은 군위신강君爲臣綱, 부위자강父爲子綱, 부위부강夫爲婦綱으로 '임금과 신하 사이, 부모와 자녀 사이, 그리고 부부 사이에 반드시 지켜야 할 도리가 있다'는 뜻이 아닙니까? 또한 '오륜五倫, 五常, 五典'은 부자유친父子有親, 군신유의君臣有義, 부부유별夫婦有別, 장유유서長幼有序, 붕우유신朋友有信으로 부모와 자녀 사이에는 사랑이 있어야 하고 임금과 신하 사이에는 의로움이 있어야 한다는 말이 아닙니까? 부부 사이에는 어느 정도 거리가 있어야 하고 나이에 따라 순서를 지켜야 하며 친구 사이에는 믿음이 있어야 한다는 말이니 얼마나 금과옥조 같은 말입니까? 전한前漢의 동중서가 공자, 맹자의 가르침을 삼강오륜으로 축약한 것이니, 이것이 바로 선왕의 유지였고 선왕 이래의 위대한 법전이었습니다. 임금께서는 무얼 보고 불교를 숭상하고 불교를 중흥하는 것이 선왕의 법전이라고 하는 겁니까? 저는 상감마마의 그러한 해석에 고개가 저절로 갸우뚱해지지 않을 수 없습니다. 도저히 이해할 수 없는 억지 논리입니다."

논조와 주장이 너무 격하다고 여긴 대언代言*들은 정탁의 단도직입적인 상소문을 감히 임금에게 올릴 수 없었다. 그저 겁을 잔뜩 먹고 엉덩이 아래 깔고 앉은 채 끙끙거리며 고민만 하고 있었다.

*대언 : 조선 세종 이후 '승지'로 고쳐 부름

사정이 여기에 이른 것을 알아차린 노련한 54세의 鄭夢周정몽주(1337-1392; 연일 정씨)는 혀를 끌끌 차며 28세의 나이에 어울리지 않게 과격한 글을 올린 정탁의 과실을 나무랐다.

"이 사람아, 공양왕이 누구인가. 2세 연상인 신군부 실세 이성계와 함께 자기 자신이 적극적으로 옹립해서 왕이 된 사람이 아닌가. 앞뒤를 헤아리는 지혜도 있어야지."

정몽주는 부드러운 어투로 상소를 올렸다.

"이번에 상감마마의 심기를 어지럽게 한 박초, 김초 등은 젊은 유학자들입니다. 그들이 배운 논리에 의하면 불교는 당연히 그릇된 것일 수밖에 없습니다. 선왕의 법전을 파괴하려고 불교를 사악한 사교로 몰아세운 것이 절대 아닙니다. 저희가 배운 내용과 워낙 다르기 때문에 잘못된 것이라 섣불리 주장한 것뿐입니다. 상감께서는 국권을 책임지자마자 말씀하셨습니다. '말하는 자에게는 벌을 주지 않겠다'고 분명히 말씀하셨습니다. 얼마나 귀한 지침인 줄 모릅니다. 열린 왕궁, 열린 조정, 열린 정치를 지향하시겠다는 자애로우신 지침으로 알고 저희가 얼마나 기뻐했는지 모릅니다. 불교배척은 유학자이면 누구나 하는 상사常事에 지나지 않습니다.

상감께서는 이번에 상소를 올려 죽을 죄를 짓고만 젊은 유학자들을 부디 너그럽게 용서해 주십시오. 자질구레하기 짝이 없는 자들입니다. 어리석기 짝이 없는 자들입니다. 자애로우신 상감께서 이번 일을 용서해 주신다면 반드시 태평성대를 구가하실 수 있을 겁니다. 부디 노여움을 푸시고 본래의 자애로우심을 저희에게 환히 보여주십시오!"

공양왕은 노 대신 정몽주의 상소를 읽고 화가 저절로 풀렸다.

뿐만 아니라 체면을 구기지 않고 슬그머니 어명을 철회할 수 있는 근거가 생겼던 것이다. 결과는 석방이었다. 박초는 연명으로 상소를 올렸던 유학자들과 함께 무죄 방면되어 다시 벼슬길에 들어설 수 있었다.

고려 말의 정치적 소용돌이에서 무사히 살아나 조선왕조 태종 대인 37세 때(1404년 태종 4년)는 정5품 헌납獻納에 올랐다. 그런데 그는 다시 한 번 곤욕을 치르게 되었다.

전에 선공감繕工監* 승永(종6품)으로 재직할 때 정부의 쇠 300근을 개인적으로 유용한 일이 들통나 다시 감옥에 갇히고 말았다. 전과*가 있는 몸이라 작은 죄로도 중벌을 받기 십상이었다. 더욱이나 새 왕조 조선의 초기라 모든 일들이 엄격하고 단호하게 처리되던 때였다.

> *선공감 : 토목과 영선 즉, 건물 신축 및 관리를 담당
> *전과 : 고려 말, 24세 때 불교 배척 상소로 투옥됐던 일

그러나 이번에도 목숨을 건졌다. 장형으로 다스려져 매만 엄청나게 맞고 한 달여 동안 몸져누워 있었을 뿐이다. 청년 시절에 자신을 살려낸 정몽주는 이미 55세의 나이로 12년 전에 선죽교에서 죽고 없었다. 하지만 3년 전(1401년 태종 1년)에 영의정으로 추증되어 완전히 명예회복 된 상태였다.

28세의 나이로 4세 연하인 자신을 위해 과감한 상소를 올려주었던 정탁은 41세로 의정부 지사知事(종2품)에 올라 있었다. 그나마 천만다행이었다. 찾아가 도와달라고 할 수 있는 힘 있는 사람이 있다는 게 얼마나 든든한 일인가.

어쨌거나 37세에 만난 창피스러운 혐의로 벼슬길이 완전히 막힐 수 있었지만 얼마 안 지나 다시 살아날 수 있었다. 46세 때에는 전라도수군 도만호都萬戶로서 회례사回禮使로 일본을 다녀왔다.

그는 50세 때에는 제주 목사, 의주 목사를 지냈고 이듬해에는 병조참의에 올랐다. 52세에는 좌군절제사, 전라수군 도절제사, 경상

우도수군 처치사處置使에 올랐다. 그리고 64세에는 강계절제사를 지냈다.

그런데 2년 뒤인 66세에 마침내 다시 한 번 죽음의 그림자가 드리우기 시작했다. 북방 야인들이 침략했는데 그만 방비를 소홀히 하여 참패당하였을 뿐만 아니라 막대한 손실을 초래하였다. 늙은 몸으로 변방을 지켜낸다는 일이 그렇게 말랑말랑하고 녹녹한 일이 결코 아니었을 것이다. 하지만 조정에서는 '변방 하나 제대로 방어하지 못해 국가를 어렵게 하고 백성을 죽게 했으니 마땅히 극형으로 다스려야 한다'는 탄핵이 빗발쳤다.

결국 죽을 수밖에 없었다. 유일하게 부탁할 수 있는 우의정 정탁도 이미 8년 전에 60세로 죽고 없었다. 쓸쓸히 죽어갈 수밖에 다른 도리가 전혀 없었다.

함양 박씨 박초(礎주춧돌 초)의 자는 자허(子아들 자 虛빌 허)이고, 토헌(土흙 토 軒추녀 헌)이다.

이름은 '주춧돌을 놓는다'는 거창한 의미인데 자는 이상하게도 '뭔가 되게 모자란 사람'이라는 뜻이다. 아호마저도 '흙으로 지은 초라한 집'이다. '주춧돌'이 될 재목으로 태어났지만 받쳐주는 이들이 별로 없다. 그의 타고난 성품에도 홀로 서기에 성공할만한 강인하고 억척스러운 구석이 별로 없다. 자마저도 뭔가 모자라도 한참 모자란다는 비리비리한 의미를 지니고 있다.

아호는 또 어떤가. '흙집'이니 그게 대체 얼마나 버티겠는가. 기질은 딴딴한 편인데, 자와 아호가 허虛하니 뭘 하든 섣불리 덤비는 편이었을 것이다. 자신을 너무 과신한 나머지 만일의 불행에 대비하는 편이 아니었을 것이다. 본래부터 무모하고 경솔한 처리로 여러 차례 죽을 고비가 닥칠 사람이었다.

그가 24세에는 어명으로 사형을 기다리다 정몽주 같은 거물실세가 직접 구명운동을 펴 살아날 수 있었다. 37세에는 앞서 맡았던 토목, 건축 일에 하자(쇠 300근을 유용한 일)가 생겨 매를 맞고 창피만 약간 당하고 끝났다. 허나, 66세에는 국방에 소홀히 하다가 국토를 유린당하고 동정의 여지가 전혀 없이 처형당하고 말았다.

주춧돌을 놓으려는 야심만만한 포부를 자나 아호로 잘만 감싸주고 감춰주었더라도, 그는 그 마지막 죽을 고비를 무난히 넘겼을 것이다.

18 어떤 종교든 살기를 품으면
사람이 죽는다

파평 윤씨 윤향은 17세 때에 '불교가 나라를 망치니 정도전 같은
유학자를 존중하여 나라를 다시 튼튼하게 해야 합니다'라고 상소를
올렸다. 하나, 30세 때 사간원 지사知事(종3품)를 지냈는데
남재의 부정을 탄핵하다가 오히려 자신이 공주로 귀양을 가야 했다.
윤향은 결국 44세에 형조판서로서 진하사進賀使로 명나라에
갔다오다 평양에서 객사했다.

　고려 말에 있었던 '불교 박해' 상소에 연루된 이들은 마치 이집
트 피라미드를 파헤친 고고학자들처럼 하나 같이 괴상한 죽음을
맞고 있다.

　1391년 24세의 함양 박씨 朴礎박초와 17세의 파평 윤씨 尹向윤향이
주동이 되어 왕이 된지 겨우 2년여 밖에 안 된 공양왕에게 상소를
올렸다. 물론 김초와 경주 김씨 김자수도 상소에 연명하여 그 무게
를 더했다.

　불교를 숭상하고 사찰의 불탑 쌓기를 나라가 나서서 지원하는
것은 망국적인 병폐라고 지적했다. 불교는 사악한 사교邪敎라고 단
정했다.

　"불교의 폐해는 이루 말로 다 표현할 수 없을 정도입니
다. 사찰을 중흥한다 하여 나라의 금고를 털고 백성을 함부
로 동원하는 것은 진실로 문제입니다. 승려라고 하는 작자
들이 얼마나 교만해 졌는지 모릅니다. 백성의 마음과 육체

를 얼마나 좀먹고 있는지 모릅니다. 실로 그 폐단을 필설로 감히 다 묘사할 수 없을 정도입니다. 사악한 사교에 불과한 것을 나라가 나서서 백성에게 강요하듯 하는 것은 정말 한심한 일입니다. 속히 국가정책을 백 팔십 도로 바꿔야 합니다. 더 이상 불교를 지원하다가는 나라의 뿌리마저 다 뽑힐 지경입니다. 유학을 중흥하고 정몽주 같은 유학자들을 중용해야만 나라의 기강과 기본이 확고부동해 질 것입니다. 태조 왕건이 고려왕조를 열 때 불교를 숭상하라고 했다는 것은 전혀 근거없는 거짓말입니다. 사실 태조께서는 군주와 신하, 부모와 자식, 남편과 아내 사이에 반드시 지켜야할 기본 도리가 있다는 점을 강조하신 것입니다. 그리고 나이의 많고 적음이 질서가 되고 친구 사이의 믿음이 돈독해야만 비로소 사람 사는 참 세상이라고 보신 것입니다. 한마디로 공자, 맹자의 가르침을 나라의 기본으로 삼고자 하셨던 겁니다. 삼강오륜이 바로 태조와 선왕들의 기본 방침이고 통치의 기반이었습니다. 불교 운운하는 것은 부패하고 사악한 승려들과 그들에 속아넘어간 몇몇 눈 먼 자들의 단골 구호이고 십 팔 번 노래였습니다."

이와 같은 상소가 올려졌던 것이다.

중요한 것은 고려의 국교로 34대 470여 년 이상이나 지켜져 내려온 불교를 사교 집단으로 몰아붙인 일이었다. 정말 목숨이 백 개라도 도저히 무사히 넘어갈 수 없는 망발이고 신성모독이었다. 공양왕의 표현대로 '선왕의 법전을 파괴하자는 것' 이었다.

그것은 곧 반역이고 선왕 모독이었다. 뻔히 알면서 성역시되어온 부분을 일부러 건드려본 것으로 받아들여졌다. 즉, 왕을 우습게 보고 종묘사직을 비웃은 셈이었다.

공양왕의 진노는 너무도 당연했다.

46세나 된 왕이었으니 사리를 분간 못한다고 몰아붙일 수도 없는 일이었다. 지식이든 상식이든 이미 알만큼은 다 아는 프로 수준이었다.

"모두 옥에 가두고 철저히 심문하여 여죄를 파헤친 후 극형에 처하라!"

판결은 이미 나 있었다. 사형에 처하라는 선고는 이미 내려져 있었다. 박초, 김초, 김자수, 안향은 그저 옥에 갇혀 몇 대를 더 맞고 죽느냐와 몇 끼를 더 얻어먹고 죽느냐만 남아 있었다. 죽는 것은 이미 정해져 있었다. 그저 날짜와 시간만 뒤로 미뤄져 있는 상태였다.

유학자들이 들고 일어났다. 함께 죽는 것이 곧 숭고하고 거룩한 순교로 여겨졌다.

"…… 밀어붙이자! 왕은 허수아비에 지나지 않는다. 이성계 일파와 정몽주 등이 왕으로 세운 사람이니 밀어붙이면 470여 년간이나 마치 국교처럼 여겨져 온 불교를 깔아뭉갤 수 있을 것이다. 지금 방향을 바꾸지 않으면 유학은 그 설자리를 잃고 만다.

죽기로 각오하고 상소를 올려 왕을 꺾어놓아야만 고려에도 비로소 참지식과 참믿음이 싹을 틔울 수 있을 것이다. 불교중흥 470여 년이 남겨놓은 일이 대체 뭐냐?

산 속의 사찰들과 국가 의무를 면제받은 승려라는 이들만이 그 속살을 피둥피둥 찌웠지 않았느냐? 백성의 삶이 더 나아졌느냐? 백성의 정신과 양식이 더 풍요로워졌느냐? 모두 헛것이고 헛소리에 불과한 것을 태양으로 알고 섬기고 달님으로 알아 하루 스물 네 시간 우러러보고 있었던 것이다.

이제 유학을 국가 운영의 기본으로 삼아야 한다. 무너져 내린 고려를 유학 위에 다시 세워 찬란한 옛 영화를 되찾아야 한다. 승려들이 무너뜨린 정신과 양심을 유학자들이 다시 일으켜 세워야 한다. 피를 흘리지 않고는 변화를 불러들일 수 없다.

피를 보지 않고는 단 한 치도 앞으로 나갈 수 없다. 일어서자! 몇몇은 여기서 죽어야 한다."

유학자들의 그러한 격앙된 마음을 읽은 정탁이 먼저 항의성 상소를 올렸다.

"선왕의 법전을 파괴하려 했다고 하셨습니까? 대체 무엇이 선왕의 법전입니까? 제가 알기로는 공자와 맹자의 가르침을 요약한 '삼강오륜'이 바로 선왕의 법전입니다. 불교가 선왕의 법전입니까? 틀렸습니다. 택도 없습니다. 아무리 까막눈이라도 그런 억지 주장을 늘어놓지는 않습니다. 선왕의 법전과 유학은 전혀 어긋남이 없습니다. 오히려 불교를 숭상하자고 하는 것 자체가 선왕의 법전을 욕되게 하는 것입니다."

오죽했으면 왕의 비서실 직원들(대언代言;후에는 '승지'로 고쳐 부름)이 겁이 나서 감히 왕에게 올리지 못하고 전전긍긍했겠는가.

왕이 노발대발할 글을 올렸다가는 올린 비서도 목숨을 지켜내기 어려워지는 법임을 너무도 잘 알고 있었던 것이다.

54세의 노련한 유학자 겸 정치 9단이 나설 수밖에 없었다.

28세의 병조좌랑 정탁이 자칫 일을 엉망진창으로 만들어 엄청난 피를 불러올 수 있었기 때문이다. 정몽주는 이성계 일파의 승승장구를 심히 염려하며 한시도 경계를 늦추지 않고 있었다.

이성계의 권력욕을 견제하고 고려를 지켜내려면 기질이 순수하고 성품이 대쪽 같은 유학자들을 자기 주변에 묶어두는 것이 대단히 중요했다.

정몽주는 목숨을 걸고 극형을 기다리고 있는 유학자들을 구해 전국의 유학자들을 자기 주위에 모아두고 싶었다. 누군가의 위기는 내 쪽의 기회가 될 수 있는 법이었다.

"상감마마! 즉위하자마자 들려주셨던 그 금과옥조 같은 말씀을 아직도 어제 일처럼 생생하게 기억하고 있습니다. '말하는 자는 내가 절대 벌주지 않겠다' 고 하셨지요? 열린 토론, 열린 정부, 열린 통치를 내외에 선포하신 것입니다. 지금이 바로 상감의 그러한 통치방침을 증명할 때입니다. 사실 유학자라면 누구나 불교를 붙들고 시시비비를 가리려 할 것입니다. 전혀 이상한 일이 아닙니다. 이번에 투옥된 젊은 유학자들도 다른 속셈이 있어서 그러한 상소를 올린 것이 아닙니다. 유학자라면 누구나 불교가 되었든 아니면 도교가 되었든 그 허망함과 요사스러움을 지적하게 되어 있습니다. 제 학문과 제 진리와 제 믿음을 제일로 여기고 남의 것을 작고 우습게 여기는 거야 너무도 당연한 일이 아닙니까? 더욱이나 이번에 불교억제를 임금에게 올린 자들은 그렇게 심오하거나 신중한 자들이 아닙니다. 경솔하고 경박한 조무래기들에 지나지 않습니다. 상감처럼 나이 지 긋한 분이 조그마하고 어리석은 자들을 혼내셔서 얻는 게 대체 뭐겠습니까? 잊어버리세요. 용서고 뭐고가 어디 있습 니까? 그냥 조무래기들의 어리석은 말로 여기시고 무시해 버리세요."

정몽주의 이와 같은 고단수 상서로 죄인들은 풀려나고 임금은 화가 풀렸다. 그런데 이상한 일은 그 다음부터 일어난 일련의 사건 들이다.

박초는 24세에 정몽주의 상소 덕분에 살아났지만 66세에 변방의 수비를 소홀히 한 죄로 처형당하고 말았다.

경주 김씨 金子粹김자수는 형조판서까지 지낸 중진 정치인이었는 데도 고려 말, 조선 초에 정세가 흉흉하자 잔뜩 겁을 집어먹고 안 동으로 낙향하여 은둔생활을 했다.

태종(이방원)이 형조판서에 임명하며 조정에 출근할 것을 요구하 자 극구 사양하고는 무슨 이유에서인지 자결하고 말았다.

파평 윤씨 윤향은 어떤가.

17세 때에 '불교가 나라를 망치니 정도전 같은 유학자를 존중 하여 나라를 다시 튼튼하게 해야 합니다'라고 상소를 올렸던 그 가 아닌가. 30세 때(1404년 태종 4년) 사간원 지사知事(종3품)를 지냈는데 南在남재*의 부정을 탄핵하다가 오히려 자신이 공주로 귀양을 가 야 했다.

윤향은 33세에 이조참의로 복귀하여 대사헌과 한성부 윤을 지냈다. 이듬해에는 전라도 관찰사 겸 완산부윤으 로 나갔다. 그리고 36세에는 경상좌도 병마절도사를 지

*남재 : 1351-1419; 의령 남씨; 65세에 영의정 지 냄. 산수에 능해 '남산'이라는 별명 지님; 1차 왕자의 난 때 61세의 정도전 등과 함께 44세 로 죽은 남은의 친형

내고 38세에는 다시 한성부윤을 지냈다. 39세에는 공조, 형조, 호조 판서를 지냈다.

그런데 호조판서로 있을 때 '위화도회군 때 공을 세운 장수들의 공신녹권功臣錄券*을 개정하라고' 상소했다가 파직된 채 적성으로 유배되었다.

윤향은 결국 44세에 형조판서로서 진하사進賀使로 명나라에 갔다오다 평양에서 객사했다.

金貂김초는 성균관 박사(7품에서 9에 해당) 시절에 '불교 중흥은 안됩니다! 유학을 존중해야 합니다' 라는 상소를 올렸는데 그 이후의 기록이 변변하지 않은 것으로 보아 단명短命으로 끝난 듯하다.

불교를 이단異端으로 몰며 사교邪敎 운운한 이들이 하나같이 불우한 말년, 비참한 최후를 맞았다. 박초는 사형을 당했고 김자수는 자살, 윤향은 객사, 김초는 요절했다.

이들을 구명 운동했던 정탁과 정몽주의 경우는 어떠했는가.

정탁은 19세에 문과에 급제하여 10년 뒤 29세에 조선개국을 도와 개국공신 1등에 올랐다. 곧이어 성균관 대사성을 지냈다.

33세(1396년)에는 명나라 황제에게 보내는 글(표문表文)을 지었는데, 내용이 경박하다며 명나라 황제가 비난하자 서둘러 명나라를 찾아가 해명하고 돌아와야 했다.

명나라를 건국한 68세의 홍무제*가 '글이 어찌 이리 경박한고' 라며 이맛살을 찌푸렸으니, 자칫 잘못했으면 뼈도 못 추릴 뻔했던 것이다.

그래도 해명이 잘 받아들여져 귀국 후에 좌승지로 태조(이성계)의 비서실에 중용되었다. 35세에 만난 1차 왕자의 난 때 승자인 이방원 편에 선 후 정사공신定社功臣 2등에 올랐다.

그 후 부친 鄭公權정공권이 지녔던 정당문학政堂文學에 올랐다. 42세(1405년 태종 5년)에는 살인죄를 뒤집어쓰고 유배되었다. 유배지에서 죽어야 마땅한 중죄인이었으나 공신이니 특별히 감형한다고 하여 풀려났다.

그해에 체제가 개편된 개성 유후사留後司 유후留後로 발령받아 34대 475년간 고려의 수도였던 개성의 행정을 총괄했다. 개성만은 지방직이 아니라 중앙직으로 대우받았으니 결코 외지로 좌천되거나 강등된 것이 아니었다.

45세 때에 명나라에 다녀와 이듬해(1409년)에 세자 좌빈객左賓客(정2품)이 되었다. 15세 세자는 10세(1404년)에 세자에 책봉되었지만 엄격한 궁중생활과 철저한 유교식 교육에 싫증을 내고 있었다.

세자가 24세(1418년) 때에 21세 된 둘째 동생(충녕대군);*에게 세자 자리를 내놓게 되는 양녕대군*을 가르치는 일이었다.

49세 때에는 정조사로 명나라를 다시 다녀왔다. 그리고 58세 때에는 진하사로 또 한 번 명나라를 다녀와 우의정에 오르게 되었고, 60세에 환갑을 맞으면서 바로 그해에 생애를 마감하게 되었다.

*충녕대군 : 그 해 8월에 51세의 태종으로부터 양위받아 세종대왕으로 즉위
*양녕대군 : 세자에서 밀려난 뒤 대군에 봉해짐

정탁은 40여 년의 관료생활에서 네 차례나 명나라를 왕래했으니 최소한 2, 3년 정도는 길바닥에서 보낸 셈이다. 그래도 운세가 대단하여 고려 말, 조선 초의 격동기를 잘 헤쳐 나와 입신양명을 이뤄냈다. 비록 42세 때에 살인죄로 유배생활을 해야 했지만 그 어마어마한 죄명에 비해서는 처벌이 실로 대단치 않았던 셈이다.

일단 유배형에 처했다가 다시 불러 사약을 내리거나 처형하는 일이 다반사였기 때문에 유배형을 최종적인 형량으로 볼 수 없었을 것이다.

정몽주는 어떠했던가.

모두가 잘 알다시피 그는 55세에 사냥하다가 다쳐 몸져누운 2세 연상의 이성계를 문병하고 오다가 개성 선죽교善竹橋에서 철퇴에 맞아 객사했다.

그가 여러 차례 제거하고자 기회를 엿보고 있던 고려 왕조의 위험인물 제 1호 이성계는 명나라를 방문하고 돌아오는 세자를 마중하러 나간 틈에 잠시 사냥을 하다가 말에서 떨어졌던 것이다. 그는 사실 병문안을 핑계로 이성계의 신상에 어떤 일이 있는가를 염탐하려던 참이었다. 그때 이성계는 황해도 땅 황주黃州에 몸져누워 있었다.

정몽주도 한때(43세 때인 1380년)는 이성계의 휘하에 속해 왜구를 토벌하기도 했다. 52세 때는 이성계 일파와 정책 공조를 펴 20대 신종神宗의 7대 손으로 정원定原부원군 鈞균의 아들인 瑤요를 고려의 마지막 왕인 34대 공양왕恭讓王*으로 옹립했었다.

정몽주는 23세에 장원급제했는데 3차례(초장, 중장, 종장) 모두 장원하여 주위를 놀라게 했다.

*공양왕 : 1345-1394; 재위는 1389-1392; 폐위 뒤 원주로 추방되어 공양군으로 강등된 뒤, 1394년 49세로 삼척에서 살해됨

그가 39세(1376년) 때에는 북원北元이 서신을 보내오자 권력 실세인 李仁任이인임과 池奫지윤이 갑자기 8년 전(1368년)에 건국한 명나라와의 외교 관계를 끊고 원의 잔류 세력과 국교관계를 재개하려 했다.

공민왕 말년에 주원장이 홍무제가 되어 명나라를 건국하자 정몽주는 서둘러 명과 국교관계를 맺자고 제안하여 관철시켰다. 그런데 그가 37세 되던 해에 공민왕이 피살되고 엎친데 덮친격으로 金義김의라는 자가 명나라 사신을 살해한 큰 사건이 터졌다.

그는 우왕좌왕하는 고려 조정을 설득하여 서둘러 명나라에 사신을 보내 '공민왕이 피살되어 정세가 흉흉 하자 김의라는 자가 명

나라 사신을 죽이는 못된 짓을 저질렀'고 해명하게 했다. 하지만 이번에는 사정이 많이 달랐다. 이인임과 지윤이 권력의 핵심에 앉아 정몽주를 심히 못마땅하게 여겼던 것이다. 결국 정몽주는 39세의 나이로 언양彦陽에 유배되었다.

이듬해에 석방되었는데 이번에는 또 희한한 제안이 들어왔다. 왜구가 끊임없이 고려 해안을 노략질하여 하루도 편할 날이 없었다. 고려 조정에서는 羅興儒나흥유를 일본에 보내 제발 왜구 좀 어떻게 단속해 달라고 요청하도록 했었다. 그러나 일본에서는 고려 사신을 투옥한 후 괴롭히다가 거의 아사직전에 되돌려 보냈다.

이인임, 지윤 등 고려의 권신들은 눈엣가시 같은 정몽주를 일본으로 보내려 했다. 많은 대신들이 위험하다며 염려했으나 정작 당사자인 정몽주는 조금도 두려워하는 기색이 없었다.

그는 일본에 가서 그 쪽 책임자를 만나 전후사정을 간곡하게 설명했다. 일본 승려들은 고려의 최고 유학자가 왔다며 앞다투어 시한 수를 얻어가려 했다. 실로 인기 만점이었다. 승려들이 매일 같이 가마를 메고 와 일본의 명승지를 구경하고 가라고 간청했다.

귀국 시에는 구주九州 절도사가 파견한 周孟仁주맹인과 함께 尹明윤명, 安遇世안우세 등 수백 명의 고려 포로들을 동행하여 귀국했다.

이때 자유의 몸이 되어 귀국한 윤명은 그 후로도 일본을 여러 차례 오가며 포로로 잡힌 고려의 양민들을 구출해 왔다. 한 번은 정몽주가 앞장서서 여러 대신들로부터 약간의 사재를 거두어 그 재물로 일본에서 종노릇하고 있던 백여 명의 양민 자제들을 석방시켜 데려온 일도 있었다. 물론 이 때도 정몽주의 간곡한 서신을 들고 윤명이 일본에 갔었다.

그는 확실히 고려 말의 대학자요 큰 정치인이요 큰 외교가 였다. 당연히 이성계 일파의 역심을 온몸으로 막고자 했을 것이다. 그냥 놓아두면 고려의 왕씨 왕조에서 이성계의 이씨 왕조로 뒤바뀔 게 너무도 뻔했다.

두 살 위인 이성계는 가능한 한 정몽주를 회유하거나 최소한 묵인, 방관하는 쪽에 서도록 하려 했다. 하나 20대 중반인 다섯 째 아들 이방원은 마음이 전혀 달랐다.

"정몽주가 우리를 죽이려 하는데 어떻게 살려 두자고만 하십니까? 아량을 베풀려다가 우리가 죽습니다. 의외로 교활한 자입니다. 왜구를 무찌를 때 보셨지 않습니까? 용기가 대단하고 배짱 또한 여느 무인을 뺨칠 정도입니다. 잔정을 버리셔야 합니다. 옛정을 싹둑 잘라내셔야 합니다. 아버님 한 분의 문제가 아닙니다. 수많은 사람들의 목숨이 달려있습니다. 우리를 방해하고 더욱이나 우리를 죽이려 하는 자를 그대로 살려둘 수 없습니다. 제가 알아서 처리하겠습니다. 일단 설득해 보겠지만 아마 이빨도 안 들어갈 위인일 것입니다. 세가 우리 편으로 기운지가 벌써 4년여 되는 데도 전혀 끄떡도 하지 않습니다. 더 이상 보고만 있을 수 없습니다."

이방원은 趙英珪조영규(신창 조씨의 시조로 1395년에 타계)를 시켜 우선 장사 4,5명을 병문안을 핑계대어 상황을 염탐하고 돌아가는 그를 선죽교에서 격살했다.

조영규는 이성계의 천거로 벼슬을 시작하여 이성계 휘하에서 왜구 격퇴에 많은 공을 세운 무인이었다. 21년 전(1371년)에 벌써 위위시衛尉寺(의장儀仗 맡은 관청) 판사判事(정3품)를 역임했다.

신기한 것은 이방원이 왕(태종)이 되자마자 자기가 죽인 정몽주를 영의정으로 추증(1401년 태종 1년; 중종 때는 문묘에 배향 됨) 한 점이다. 그뿐만이 아니다. 익양益陽부원군으로 추봉하기까지 했다.

결론적으로, 고려 말년(1391년 공양왕 3년)에 일어났던 불교 타도 상소 사건(불교를 이단 내지 사교로 몰아붙였던)에 연루되었던 사람들 대다수가 비참한 최후나 외로운 주검을 맞이했다는 기이한 사실에 주목할 필요가 있다.

66세의 나이로 '변방 방비에 소홀한 죄'로 사형에 처해진 박초(礎주춧돌 초)의 자는 자허(子아들 자 虛빌 허)이고, 아호는 토헌(土흙 토 軒추녀 헌)이다.

이름은 '주춧돌이 된다, 주춧돌을 놓는다'는 뜻이고, 자는 '뭔가 되게 모자란 데가 있다'는 의미이다. 아호는 '흙 집'을 말한다. 이렇게 놓고 보면 쓸만한 것은 '주춧돌을 놓는다, 주춧돌이 된다'는 이름뿐이다.

유학자의 신분이었지만 뒤를 봐주는 든든한 줄이 없었던지 66세의 나이임에도 변방을 지키는 강계 절제사로 있다가 만주 야인들의 변방침략과 노략질로 그만 목숨을 잃고 말았다.

37세 이전에는 병조좌랑(정6품), 선공감 승丞(종6품)도 지내고 37세에는 헌납獻納(정5품)에도 있었는데, 37세에 전에 선공감 승丞으로 재직 시 유용한 쇠 300근 때문에 장형杖刑에 처해진 이후로 전라도, 제주도, 경상도를 거쳐 전략적 요충지인 평북(의주, 강계 등) 방어 책임자로 전전하게 되었던 것이다.

이름과 아호에 들어있는 '돌'과 '흙'이 자신의 운명이 되고만 것이다. 발에 밟히고 발길에 차이는 처지로 전락하고만 것이다.

'아들 자子, 빌 허虛'로 이뤄진 자의 의미 또한 '나라의 빈 곳을 채워주는 사람이 된다'는 의미로 바꿔 생각할 수도 있다. 즉, 변방을 방어하는 사람이 되어 자나 깨나 늘 평안할 날이 없다는 의미인 셈이다. 실로 어지간히도 나약한 팔자, 사나운 운세인 것이다.

조선 개국 후 형조판서에 임명되었으나 극구 사양하고 자살을 해 버린 金子粹김자수는 과연 어떤 인물인가?

그는 하필이면 공민왕이 피살된 해(1374년 공민왕 23년)에 문과에 장원으로 합격했다. 그런데 성격이 좀 삐딱했던지 왜적을 격퇴한 曹敏修조민수*가 포상을 받은 후 감사편지를 임금에게 보내왔는데 그에 대한 임금의 답장을 쓰라는 어명을 거절한 죄로 돌산突山(전남 여수)에 유배되었었다.

석방 뒤에 전교시典校寺(적, 축문, 상소를 담당) 고위직과 사재시司宰寺(해산물, 하천 교통을 담당) 판사判事를 거쳐 공양왕 때는 성균관의 으뜸 벼슬인 대사성(정3품)에 올랐다.

이 때에 불교의 폐해를 지적하며 '사찰의 중수공사를 중지하라'고 상소를 올렸다. 그로 인해 위기에 처한 그는 정몽주의 주도면밀한 상소내용으로 공양왕의 극형에 처하라는 어명이 거두어지자 석방되어 형조판서로 재기하게 되었다. 그런데 어째서 태종의 어명(형조판서에 임명)을 정중히 거절하고 자살했을까?

정세가 흉흉하여 목숨을 부지하기 힘들다고 여기고 고향 안동으로 낙향하여 은둔생활을 했는데 그 때 혹시 어떤 일이 있었다는 것인가? 경주 김씨 집안이니 가문 또한 쟁쟁했을 텐데 무엇이 그를 자살로 내몰았을까?

김자수(子아들 자 粹순수할 수)의 자는 순중(純생사 순 仲버금 중)이고, 아호는 상촌(桑뽕나무 상 村마을 촌)이다.

'마구 뒤섞이기 싫어하는 깔끔하고 순수한 성품'이라는 이름이 왠지 마음에 걸린다. 고려 말, 조선 초의 격동기를 살아내기에는 아무래도 좀 서툴고 어수룩한 편이었을 것이다.

죽고 죽이는 교활한 정략이 판을 치고 배신과 변절이 횡행하는

*조민수 : 창녕 조씨; 1388년 5월 20일 이성계와 위화도 회군 주역; 전제개혁을 통해 구세력을 와해시키려는 이성계 일파에 저항하다 조준의 탄핵으로 창녕에 유배되었다가 창왕 생일기념 특사로 석방; 우왕 혈통을 문제 삼는 이성계 일파에 저항하다 서인으로 강등된 채 창녕 유배지에서 죽음.

정치환경, 사회환경에 신물이 났을 것이다. 어쩌면 출세 혐오증, 권력 염증이 극에 달했을 수도 있다.

자마저도 이름과 겨우 오십보 백보 차이일 뿐이다. '순결을 지키기 위해서라면 언제든 뒤로 물러선다' 는 뜻인 셈이다.

아호는 '뽕밭이 널려진 촌 동네' 를 뜻한다. 누에처럼 싱그러운 뽕잎이나 먹으며 새하얀 실을 뽑아내는 성격이고 지향이니 형제들과 충신들을 마구 잡아 죽이고 왕에 오른 이방원이 얼마나 저승사자 같았겠는가.

어쩌면 살인을 밥먹듯이 한 너를 왕으로 섬기느니 차라리 죽음을 택하겠다고 생각하고 자결을 택했는지도 모른다. 아니면 친한 동지가 애꿎게 죽음을 당하자 너무 상심하여 자신도 더 이상 살 필요가 없다고 여겨 자살했는지도 모른다. 하여튼 흔치 않은 최후를 맞이했던 셈이다.

44세의 나이로 명나라를 다녀오다 집에 거의 다 와서 객사하고만 윤향은 과연 어떤 인물인가.

그는 고려 말 공양왕 때에 멋모르고 서둘렀다가 까딱 하면 목숨을 잃을 뻔했었다. '불교가 나라를 망치니 정도전 같은 유학자들을 존중하여 흔들리는 나라의 기강을 바로 잡아야 한다' 고 엄연히 국교 취급을 하고 있던 불교를 '망국의 원흉' 으로 타도한 것이다.

34대 470여 년 이상 어엿한 나라의 으뜸종교, 공식종교, 유일 종교였는데, 젊디젊은 애송이 관료가 겁 없이 '망국의 뿌리요 줄기요 열매이니 냉큼 잘라내고 뽑아내어 햇빛에 말려 죽여야 한다' 고 주장했던 것이다. 더욱이 특정인 정도전을 거명하며 중용하라고 했으니 왕의 인사권을 정면으로 침해한 셈이다.

당연히 '선왕의 법전을 파괴하자는 말이냐' 고 공양왕이 진노했으니 이미 죄목과 형량이 확정된 셈이었다. 나라의 근본을 무너뜨리려 했으니 열 번, 천 번 죽어도 시원찮을 대역죄인이었다.

그래도 정계 실세인 정몽주의 구명상소로 목숨을 건지고 30세
(1404년 태종 4년)에는 사간원 지사(종3품)가 되었다. 한데 고위관료의 온
당치 못한 처신을 탄핵하며 하필 남재를 지목했다가 도리어 자신
이 공주로 귀양을 가야 했다.

南在남재가 누구인가.

이색의 제자로 동생 南誾남은(1354-1398)과 함께 이성계의 조선 개국
을 적극적으로 도운 인물이다. 그 덕에 형제가 다 개국공신 1등에
오르기도 했다.

*정도전 : 1337-1398; 연
일 정씨 정몽주와 동갑
내기; 봉화 정씨
*세자사부 : 정1품 정
승급이 담당; '사' 나
'부' 나 모두 정1품에
해당

비록 동생이 1차 왕자의 난(1398년) 때 정도전*과 함께
이방원에게 살해되었지만 잠시 유배생활을 한 후 2년
뒤 태종 즉위년에 세자사부世子師傅*가 되었다. 그 후에도
경상도 관찰사, 의정부 찬성사贊成事를 거쳐 우의정에 이
르렀으니 막강한 실세였던 셈이다.

윤향은 결국 겁도 없이 자신보다 23세나 연상인 53세의 개국공
신을 탄핵했던 것이다. 하지만 33세에 귀양에서 풀려나 이조참의,
대사헌, 한성부윤을 지내고 이듬해에는 전라도 관찰사 겸 완산부
윤을 지냈다.

39세 때에는 공조와 형조의 으뜸 벼슬인 판서를 지냈다. 그런데
호조판서를 지내며 25년여 전의 위화도 회군을 들먹였다가 파직되
어 유배되었다.

그는 위화도 회군 때 공을 세운 장수들의 공신녹권을 개정하라
고 목청을 높였던 것이다. 호조를 책임 맡고 보니 공신들에게 넘어
간 국토가 너무 넓어 농토가 절대적으로 부족하게 되었다고 판단
했는지도 모른다. 즉, 사유화된 부분을 공유화로 바꿔야 농토의 절

대량을 늘릴 수 있다고 여겼을 것이다. 국가 재정이 어려워지면 언제든 공신들에게 돌아간 토지를 넘보게 되어 있었던 것이다.

그는 적성(파주)으로 유배되어 중년의 쓸쓸함을 절절히 느끼고 있다가 44세에 형조판서로 재기용되었다. 그런데 그 해에 진하사로 명나라를 다녀오다가 평양에서 그만 객사하고 말았다.

윤향(向향할 향)의 이름에는 '북쪽으로 난 창문'이라는 의미도 들어있고 '뭔가를 열심히 구한다'는 뜻도 들어있다.

얼마나 신기한가. 그는 객지 평양에서 개성의 가족과 임금을 그리워하며 44세를 일기로 쓸쓸히 생애를 마감했던 것이다.

아마도 명나라 수도인 북경을 떠나 명나라 땅 어디에서부터인가 이미 병을 얻었을 수도 있다. 아니면 본래 지병이 있던 탓에 평양의 관영官營 여관에서 잠을 자다 깨어나지 못했을 수도 있다. 어쨌거나 병사가 아니라 객사로 나온 것으로 보아 원인 불명의 사인死因이었다고 볼 수도 있을 것이다.

하여튼 집을 간절히 바라보는 나그네로 객지에서 죽어 가족을 간절히 그리워하는 불귀의 객이 되고만 것이다. 살아서나 죽어서나 '창문에 턱을 괴고 그리운 얼굴이 있는 정든 땅, 정든 집을 한없이 바라본다'는 이름인 셈이다.

입신양명의 꿈이 꺾인 채 겨우 성균관 박사(7품 이하)로 일생을 마감한 김초의 경우는 어떤가.

김초(貂담비 초)의 이름은 '족제비처럼 재빠르고 사납다'는 뜻을 지니고 있다. 별똥별처럼 후루룩 타버리고 주먹만한 운석이나 집채만한 운석으로 이름 모를 어디엔가에 굉음을 내며 처박힌 것이다. 어쩌면 정몽주의 구명운동으로 풀려난 후 낙향하여 아예 이름도 흔적도 없이 초야에 묻혀 살았는지도 모른다. 아니면 감옥에서 얻은 병으로 석방되자 시름시름 앓다가 일찍 숨을 거두었는지도 모른다.

이름을 왜 '족제비'로 정했는지 모르겠다. 사납고 재빠르지만 늘 숨어살며 깜깜한 밤에나 나타나 뭔가를 잡아먹고 해쳐야 살 수 있는 짐승이 아닌가. 사람들마저 그 가죽과 털이 탐나 사방에 올가미와 덫을 놓고 잡아 죽이려 하지 않는가.

사나운 세상을 살아가기도 힘든 데 하물며 밤중에 돌아다니며 사냥을 해야 하니 그 얼마나 고달픈 운명인가. 불교라는 엄청난 종교 세력을 타도하려다 임금(공양왕)으로부터 혼쭐이 났으니 제 아무리 족제비 같은 기민한 몸, 약삭빠른 두뇌라도 어떻게 해 볼 도리가 없었을 것이다.

40여 년의 벼슬생활에서 4차례나 명나라를 오가며 역마살 낀 생애를 힘겹게 살던 정탁은 결국 죽기 2년 전에 명나라를 다녀와 우의정에 올랐다가 환갑 나이에 별세했다.

42세에는 살인죄로 영해부寧海府(경북 영덕)에 유배되었다.

개국공신 1등에 정사공신 2등이라 해서 간신히 목숨을 건지고 일찍 석방되었다. 사실 그는 여러 차례 죽을 고비를 넘겼다. 28세 때에는 병조좌랑(정6품)으로 임금의 '정당한 국정처리'를 논박하다가 자칫 잘못했으면 목숨을 잃을 뻔했다.

임금은 몇몇 유학자들의 '불교 배척 주장'을 선왕의 법전을 파괴한 신성 모독죄로 단정짓고 이미 사형수 명단에 올려놓고 처형만 기다리게 했다.

그런데 그는 이런 분위기를 간과한 채 일개 하급관료의 처지로 감히 임금의 통치 행위를 정면으로 걸고 넘어졌던 것이다.

만일 정몽주가 나서서 좀 더 부드러운 톤으로 논리정연 하게 왕을 설득시키지 않았더라면 한바탕 피비린내를 풍겼을 것이 너무도 분명하다.

어디 그뿐인가.

앞에서 설명했다시피 33세 때에는 명나라 태조 홍무제에게 보내는 공문서(표문表文)를 작성했는데 갑자기 명나라로부터 황제께서 글이 경박하다고 노여워하셨다는 긴급 통지가 왔다.

"작성한 자가 직접 가서 죽던지 아니면 잘 해명하고 살아오던지 해야 하는 것 아니냐?"

조정 대신들과 자신보다 28세나 위인 61세의 임금(태조 이성계)이 그를 명나라로 내몰고 있었다. 개국공신 1등으로 조선개국 초에 성균관 대사성을 지냈기 때문에 자신이 명나라 황제에게 올리는 글을 지었던 것이다.

하는 수 없었다. 직접 명나라 수도 북경으로 달려가 그렇게 쓰게 된 내력을 해명하고 터벅터벅 되돌아와야 했다.

그래도 임금(태조)은 수고했다며 좌승지로 발령을 냈다. 임금은 '정탁'이라는 이름을 똑똑히 기억하고 있었다. 자신을 새 왕조의 임금으로 추대한 '52명의 문, 무 대신들' 속에 분명히 끼어 있었던 것을 기억하고 특별히 챙겨 주었던 것이다.

여러 번의 죽을 고비, 힘겨운 액땜을 다 거친 후 60세로 죽었으니, 그나마 운세가 대단히 강했거나 인간관계가 대단히 끈끈했다고 추측해 볼 수 있을 것이다.

정탁(擢뽑을 탁)의 자는 축은(築쌓을 축 隱숨길 은)이고, 아호는 춘곡(春봄 춘 谷골 곡)이다.

'선발한다, 발탁한다'는 이름이니 뒤집어보면 아무리 넘어져도 누군가가 반드시 일으켜 세워 준다는 의미이다. 즉 '벼슬에 계속 뽑혀 점점 탄탄해지고 높아진다'는 뜻이니 그의 벼슬생활이 어떠했는지를 암시하는 셈이다.

자는 '높이 담을 높이고 성을 쌓아 들키지 않게 한다'는 뜻이다.

얼마나 절묘한가. 어지간한 공격에는 끄떡하지 않을 정도로 철저하게 보호받는다, 철저하게 방어한다는 의미인 셈이다. 철옹성 속에서 머물러 누가 감히 넘보거나 얕볼 수 없다는 의미이니 여러 차례의 고비에서도 끝끝내 살아남아 천수를 다한다는 암시가 아닌가.

아호는 '봄기운이 무르익은 골짜기에서 편히 쉰다'는 뜻이다.

참으로 이름과 자와 아호가 멋들어진 3박자를 이루고 있는 셈이 아닌가. 결국 천수를 다 누리고 천명에 따라 목숨을 거두게 됨을 암시한다.

이름과 자와 아호가 어쩌면 그리도 그의 공적생활과 액땜과 임종을 잘 표현하고 있는지….

아버지의 정공권(公공변될 공 權저울추 권)의 이름에는 '세상이 다 알 정도로 공정하게 기준을 정한다'는 뜻을 지니고 있다.

아들의 앞날을 흔들리는 저울추를 한 자리에 고정시키듯이 있는 힘을 다해 꽉 붙들어 주고 있었을 것이다. 아마도 아들은 아버지의 그런 뒷심과 음덕 덕분에 죽을 고비를 다 넘기고 60세 천수를 누릴 수 있었을 것이다.

정몽주의 경우를 살펴보자.

55세에 선죽교에서 피를 뿌리고 죽었지만 목숨을 앗은 자(이방원: 태종)에 의해 9년 뒤에 명예 회복되어 영의정에 추존되었으니 비록 비참한 최후를 맞았지만 뭇 사람의 존경을 한 몸에 받았던 셈이다.

그는 대가 센 사람이었다. 어느 날 어머니 영천 이씨가 낮잠을 자다 꿈을 꿨는데 '검은 용이 언덕을 넘어 날아오다가 배나무 위에 머무는 모습'이었다. 놀라 잠을 깨고 동산의 배나무를 보니 8살 난 몽란夢蘭이 배나무 아래에서 놀고 있는 것이 아닌가.

*태몽 : 안고 있던 난초 화분을 갑자기 떨어뜨려 깨뜨린 일

그래서 어머니는 태몽*때문에 夢蘭몽란으로 지었던 이름을 다시 夢龍몽룡으로 바꿨던 것이다.

그 흑룡처럼 기가 센 탓인지 그는 매번 위기를 맞아 다들 몸을 사릴 때 앞장서서 그 어려움을 말끔히 해결하곤 했다. 몸을 전혀 사리지 않는 용맹함이 온 몸에 배어 있었다.

정몽주는 23세에 과거에 장원급제하여 예문관 검열을 지냈다.

그런데 25세 되던 해에 스승인 25세 연상의 金得培김득배가 50세로 길거리 장대 끝에 목이 걸리는 효수형을 당했다.

그 해(1362년)에 安祐안우, 李邦實이방실, 崔瑩최영, 李成桂이성계 등과 같이 총병관 鄭世雲정세운의 휘하에 들어가 20만 군사로 전년에 홍건적에게 점령된 개경을 수복했다.

그런데 정세운의 정적인 평장사平章事 金鏞김용이 정세운, 안우, 이방실을 역적으로 몰아 처형했다. 정몽주의 스승인 김득배(상주 김씨)마저도 김용의 계략에 빠져 효수형에 처해지고 말았다.

정말 소름끼치는 대사건이었다. 홍건적으로부터 개경을 수복한 충신들이 정치적 계략에 휘말려 무참히 죽고만 것이다.

다들 쉬쉬하며 몸을 사렸다. 난세에는 몸을 낮추고 병신처럼 살아야 한다고들 수군거렸다. 하지만 25세 열혈청년 정몽주는 전혀 달랐다. 일개 하급 관료였으나 임금에게 공손히 간청했다.

"상감마마, 상주에서 효수된 김득배는 저의 스승입니다. 임금과 스승과 부모는 똑같이 소중한 분들이라고 배웠습니다. 스승의 시신을 거두어 장사라도 지내게 허락하여 주십시오. 이 어리석은 신하의 간청을 너그러이 용서해 주시기 바랍니다. 허락하시면 친부모의 예로 정중히 장례를 치르겠습니다."

임금(공민왕)의 허락을 받아 그는 상주로 달려 내려가 스승의 시신을 거두어 경건하고 엄숙하게 장례를 치렀다. 그리고 제문祭文을 지어 스승의 억울함을 하늘의 모든 귀신들 앞에 고했다. 스승은 그 후 30년 뒤(1392년 공양왕 4년)에 명예가 회복되고 스승의 후손들에게도 벼슬길이 훤히 열렸다.

35세(1372년 공민왕 21년) 때에는 성균관 사성司成으로 있었는데 명나라 태조가 촉나라를 평정한 일을 축하하러 가는 사절 洪師範홍사범의 서장관으로 지명받았다.

귀국 길에 태풍을 만나 정사 홍사범은 익사하고 그는 한 바위섬에 닿았다. 열 명 중 목숨을 건진 사람은 단 두 명뿐이었다.

말 다리를 베어 먹으며 13일을 버텼다. 표류 소식을 들은 명 태조는 배를 보내 구조한 후 후하게 대접하여 귀국시켰다.

성균관 대사성으로 있던 39세 때에는 권력가 이인임, 지윤 등이 흥하는 신생 명나라 대신 원나라 잔류 세력과 국교를 정상화하려 했다. 그는 10여 명 문신들과 함께 '말도 안 되는 소리'라며 임금(우왕 2년, 1376년)에게 글을 올렸다.

"국정운영의 기본은 우선 큰 줄기를 정하는 것입니다. 국가의 큰 방향이 정해지지 않으면 민심이 흉흉해집니다. 돌아가신 공민왕께서는 세상이 어찌 돌아갈 가를 훤히 다 내다보고 중국 땅을 다 차지한 명나라와 국교를 맺었던 것입니다. 국교를 맺은 지 벌써 6년이나 되는데 이제 와서 왜 나라의 큰 방향을 바꾸려 하는지, 참으로 안타까울 따름입니다. 2년 전(1374년)에 난데없이 역적 김의가 명나라 사신을 죽이고 북원에 들어갔는데, 그런 놈은 처단하지 못하면서 이제 또 북원의 사신을 환영한다고 하면 장차 어떤 일이 생기겠습니까? 우리 조정에서는 오히려 재상 김서를 시켜 북원에 토산물을 보냈지 않습니까? 오계남은 국경을 지키는 무인으로 제 멋대로 정료위定遼衛에 근무하는 명나라 관료 세 명을 죽였습니다. 공부상서를 지낸 張子溫장자온*은 김의와 함께 명나라 사신 일행을 환송하러 갔던 사람인데도 김의가 저지른 일을 정료위에 보고조차 하지 않고 아무 일 없었던 듯이 귀국했습니다. 이 때의 고려 재상은 김의 등과 모의하여 명나라와 관계를 끊고 북원과 교류하려 시도한 일조차 있습니다. 함께 모의했던 安師琦안사기가 일이 들통나자 자살했지 않습니까? 큰 일입니다. 만일 명나라가 해군, 육군을 동원하여 한꺼번에 공격해 오면 무슨 말로 명나라에 답변할 수 있겠습니까? 북원의 '조서'를 회수하고 오계남, 장자온과 김의의 일행이었던 자들을 포박하여 명나라로 압송하면 큰 오해를 사지 않고도 일을 잘 해결할 수 있을 것입니다. 그런 후 정료위와 함께 군대를 양성하여 향후에 북원을 칠 것을 약속하면 원나라 잔류세력이 꼬리를 감추게 될 것입니다. 그리고 우리나라의 행복은 영원무궁할 것입니다."

*장자온 : 여러 차례 명나라 왕래함; 1388년에 명나라에 갔는데 전 년에 보낸 말이 질이 안 좋다고 명나라 수도방위사령부 격인 '금의위'에 투옥되어 옥사함

　상소 내용이 이러하니 친명정책에서 친원정책으로 바꾸려던 핵심 세력인 이인임과 지윤 등이 겁을 집어먹지 않을 수 없었을 것이다.
　결국 정몽주 쪽에서 언양(울산)으로 귀양을 갈 수밖에 다른 도리가 없었다. 파워 게임에서 완패 당한 셈이다. 이듬해에 풀려나자 이인임, 지윤 등은 그를 일본에 사신으로 보내 죽게 하려 했다. 일전에 羅興儒나흥유를 일본에 보내 협조를 요청했다가 도리어 곤욕을

치른 적이 있었기 때문이다.

고려와 밀접한 관계를 맺어 고려의 해안지방을 괴롭히는 왜구의 약탈을 막아달라는 당연한 요구를 했는데도 일본 측은 오히려 고려 사신 나흥유를 투옥했다. 아사 직전에 귀국했지만 그 일이 있은 후 누구도 일본에 가려하지 않았던 것이다.

다들 두려워하며 다시는 살아서 돌아오지 못할 것으로 여겼지만 그는 일본 지배층의 극진한 대접을 받고 일본측 사절인 주맹인을 동행하여 귀국했다.

그 즈음 명나라와의 분쟁이 그치지 않아 고려와 명의 관계가 무척 껄끄러워져 있었다. 고려에서는 5년여간 약속한 토산물을 제대로 보내지 않았고 명나라에서는 매년 보내는 토산물의 양을 대폭 늘려달라고 강요했던 것이다.

이런 사이에 洪尙載홍상재, 金寶生김보생, 李子庸이자용 등을 사절단으로 보냈는데 명나라에서는 '어디 한 번맛 좀 보아라!' 하며 사절단을 일제히 장형杖刑으로 다스린 후 유배형에 처했다.

이때 고려에서는 진퇴양난격인 일을 하나 맞게 되었다. 명나라 태조의 생일이 10월 21일인데 생일 축하 사절단을 보내지 않을 수 없게 되었던 것이다. 이 때가 정몽주의 나이 47세였으니, 명 태조는 56세 생일을 맞게 되었던 셈이다.

우스운 일들이 자꾸 일어나고 있었다. 대신들마다 명나라에 가기

*임견미 : 평택 임씨; 1380년에 구 세력 '경복흥' 등을 제거하고 1384년에 문하시중이 됨. 1388년에 최영, 이성계 등에 살해됨

를 꺼려 하다보니 나중에는 밀직부사 陳平仲진평중에게 그 사명이 떨어졌는데 문하성 시중門下省 侍中(국정을 총괄하는 대신)林堅味임견미*에게 노비 수십 명을 뇌물로 주고 아파서 못 가는 것으로 해달라고 간청했던 것이다.

뇌물을 먹은 임견미는 진평중을 대신하여 정몽주를 추천했다. 전후사정을 훤히 다 아는 우왕은 은밀히 그를 불러 당부했다.

"미안하오. 비겁한 자들이 농간을 부려 대신 가게 되어 정말 미안하오. 그 동안 명나라와 관계가 악화된 것은 모두 조정 대신들이 잘못 한 탓이오. 그대는 고금의 역사에 정통하고 내 뜻도 잘 아는 사람이니 현재의 어려운 상황을 잘 해결하고 돌아오리라 확신하오. 진평중이 저리 아프다니 어쩌겠소? 그대가 갔다와야 하지 않겠소?"

완곡한 당부지만 '네가 갔다 오라'로 명령하는 것이나 마찬가지였다. 정몽주는 시일이 너무 촉박하여 '명나라 황제의 생일이 지난 다음에 당도하면' 더욱 일이 꼬일 것 같아 그게 가장 걱정이었다.

"임금의 명령인데 물불을 가리겠습니까? 문제는 시일이 너무 촉박하다는 것입니다. 여기서 남경까지는 8천리 떨어진 길인데 발해에 가서 배를 띄워도 될지 바람을 기다리다 보면 10일 정도는 잡아먹게 마련입니다. 60일 남은 기간에서 10일을 빼면 겨우 50일이 남습니다. 서둘러 떠나지 않으면 생일 축하가 오히려 욕이 되어 화를 자초할 수도 있습니다."

그는 새벽부터 밤중까지 보폭과 속도를 두 배로 늘려 평소의 갑절로 거리를 단축시켰다. 명 태조는 고려왕이 보낸 '축하의 글'에 적힌 날짜를 보고 엄청나게 서둘러 왔다는 것을 금방 눈치챘다.

"다들 오기가 겁나 이 핑계 저 핑계 대다가 자네를 보낸 게 아닌가? 내가 다 알아! 차일피일 미루다가 날짜가 임박하니 평소에 밉보인 자네에게 부담스러운 짐이 맡겨진 게 아닌가? 그런데 전에 우리가 만난 적이 있었지? 그래, 내가 촉을 평정하고 나라를 넓혔을 때 자네가 축하사절로 왔었지?"

정몽주는 그때 배가 부서져 섬에 다다랐다가 태조가 보내준 배를 타고 목숨을 건진 일을 상세히 회상하며 다시 한 번 '성은에 감사드린다' 고 엎드려 인사했다.

황제는 '맞아, 맞아! 그렇다면 자네는 중국말을 할 줄 알겠군' 하며 더욱 극진하게 대접해 주었다. 주변의 여러 나라들에서 많은 사절단이 와 있었는데 유독 그만이 황제의 친근한 상대가 되었던 것이다.

결국 옥에 갇혀 고생하던 홍상재 등 고려 사절단을 석방시켜 함께 귀국했으니 그는 실로 불세출의 해결사였던 셈이다.

그런데 정몽주가 55세가 되던 해에 액운이 끼고 말았다.

신군부 핵심 실세인 57세의 이성계가 명나라를 다녀오는 세자 奭석을 마중하러 황해도 황주에 나갔다가 돌아오는 길에 황해도 해주에서 사냥을 하게 되었는데 그만 말에서 떨어지고 말았다.

이성계는 벽란도에서 쉬며 요양을 하려 했으나 다섯째 아들 이방원이 '위험하니 집으로 가야 합니다' 라고 강력하게 주장했다.

아들의 강요에 못이겨 이성계는 결국 아픈 몸을 가마에 맡긴 채 밤을 틈타 비밀리에 귀가했다.

그때 이성계를 제거할 기회를 놓친 정몽주는 며칠간이나 속이 상해 식음을 전폐했다고 한다. 그런데 이성계의 형인 李元桂이원계의 사위 卞仲良변중량이 전후사정을 정몽주에게 고자질했다.

정몽주는 반색을 하고는 직접 눈으로 확인하고자 슬그머니 이성계의 집을 찾았다. 이성계는 아들 이방원으로부터 '정몽주가 바로 이씨 일족을 죽이려는 장본인' 이라는 말을 귀가 따갑게 들었지만 속을 드러내지 않고 여느 때처럼 반갑게 맞았다.

그때 이방원은 이성계의 아우인 李和이화의 사위 李濟이제와 머리를 맞대고 밀담을 주고받고 있었다.

"정몽주 저 놈이 왜 왔는 줄 알아? 아버님이 돌아가실 병에 걸렸나 안 걸렸나를 염탐하러 온 거야. 지금 저 놈을 죽이지 않으면 다시는 기회가 안 와."

그는 그렇게 해서 이방원이 보낸 조영규 등에게 선죽교에서 무참히 살해되고 말았다. 1337년 12월에 태어나 1392년 4월 4일 밤에 힘겹던 세상 나들이를 접고만 것이다.

정몽란, 정몽룡에서 정몽주로 이름이 바뀌었는데 왜 그렇게 참혹한 최후를 마쳐야 했을까?

정몽주(夢꿈 몽 周두루 주)의 이름에는 '꿈속에서라도 여기저기를 자세히 살핀다' 는 뜻을 지니고 있다. 상당히 꼼꼼하고 치밀한 사람이었을 것이다. 그리고 뭐를 하든 명석하다는 평가를 받았을 것이다. 11살 연상인 유학파 성리학자 李穡이색*마저도 그를 높이 칭송했다.

*이색 : 1328-1396;여러 차례 명나라에 가서 성리학을 공부했고 명나라 관직을 역임하기도 했음;이성계의 조선 개국을 못 마땅하게 여겨 태조 이성계가 '한산백' 으로 임명해도 수락하지 않음. 지방을 여행하다 68세로 죽음.

정몽주의 자는 '모든 것에 훤히 통하여 그르침이나 그릇됨이 없다' 는 뜻의 달가(達통달할 달 可옳을 가)이다.

그는 완벽주의자였을 뿐만 아니라 담대하고 치밀하여 주위 사람들이 가끔은 은근히 경계했을 것이다. 내가 갖지 못한 출중한 능력을 지닌 사람을 경계하고 멀리하는 것은 사람의 본성이 아닌가. 그래서 아마도 아호는 몸을 바싹 낮추고 사리는 쪽으로 정한 듯하다.

아호는 '밭에 앉아 채소나 가꾸며 몸을 숨긴다'는 뜻의 포은(圃밭 포 隱숨길 은)이다. 모든 것에 훤히 통하여 그르침이나 그릇됨이 없는 자신의 타고난 기질과 재능을 은근히 감추고 덮으려 했던 것 같다.

그의 선조의 이름은 정습명(襲엄습할 습 明밝을 명)으로 '뭔가가 갑자기 찾아들어 새 세상을 열어놓는다'는 뜻이다. 17대 인종 때 지주사(知奏事)를 지낸 사람이었으니 아마도 어느 정도의 앞일은 감지하고 있었을 것이다.

후손의 비참한 죽음을 미리 내다보고 있었는지 하필이면 '엄습할 습襲' 자를 이름에 넣고 지냈다. '기습적으로 찾아온다, 갑자기 당한다'는 뜻과 '이어 계승한다'는 의미가 함께 들어있지만 어찌 보면 한 쪽은 기습적으로 당하고 다른 쪽은 무너진 터전에서 새 것을 이어간다는 암시가 깃들여진 이름 같기도 하다.

한 쪽이 거꾸러져야 다른 쪽에서 볕이 환하게 든다는 이름 같아, 왠지 후일을 예견한 듯하기도 하다.

성균관 복응재생(服膺齋生)을 지낸 아버지 정운관(云이를 운 瓘옥이름 관)은 '부디 옥처럼 아름답고 고귀한 사람이 되어라'는 간곡한 당부가 깃들여져 있는 이름이다.

아들은 아버지의 그런 간절한 소망대로 고려 말의 보석에서 고려의 보물로, 나아가 모든 백성의 영원한 정신적 유산으로 자리잡게 되었던 것이다.

마지막으로 1391년의 불교에 대한 이단, 사교론과 직접적으로 관계가 있는 공양왕을 살펴보자.

그는 46세에 왕이 되어 겨우 3년여 동안 옥좌에 앉아 있었다.

무능하다, 우유부단하다, 어리석다는 평판을 들으며 바늘방석 같은 왕의 자리를 지키고 있어야 했던 그는 49세(1392년 7월) 때에 왕의 자리에서 쫓겨나 '공양군'으로 강등되었다.

원주에서 머물다 삼척으로 옮겨져 51세로 그만 생애를 마감했다. 천수를 다 못 누리고 살해되고 말았다.

이름은 요(瑤아름다운 옥 요)이다. '옥처럼 아름답고 귀한 존재가 되어 세상 사람들의 길잡이가 되어라'는 당부가 들어있는 이름이다. 그래서 아마도 늦은 나이에 475년 고려 왕조의 마지막을 장식하게 되었는지도 모른다. 그러나 굳이 옥玉만을 의미하진 않고, 세상의 여러 가지 것들을 되도록 높여 부르고 예쁘게 부를 때 마땅히 그렇게 부르는 수가 있었다니, 기준을 엄격히 적용하는 이들의 눈에는 아무래도 어딘가 엉터리로 보일 수도 있었을 법하다.

즉, 이름에 든 의미부터가 이중적이고 표리가 부동한 측면이 있다는 것이다.

'옥을 의미하기는 하나 반드시 옥이 아닌 것을 그렇게 부르는 수도 있다'는 뜻이니 그 얼마나 애매모호한가. 그의 입지가 그렇게 애매모호 했을 것이다. 하여튼 그의 역할과 쓰임새가 언제든 표변할 수 있었다는 뜻일 것이다.

공양왕 아버지(정원부원군)의 이름은 균(鈞서른 근 균)이다. 그리고 장인 노진의 이름은 나무 이름을 뜻한다. 아버지의 이름은 '무게의 기준'을 의미하고 장인어른의 이름은 '나무처럼 쓰임새가 많다'는 뜻인 셈이다.

결국 아버지는 스스로 옥을 재는 저울추가 되어 제 값을 잘 받아낸 셈이다. 즉, '옥'인 아들이 제 값 이상을 받을 수 있도록 아버지가 저울추 역할을 해 준 것이다. 하지만 그것도 잠시 한 때로 그치고 끝내 50을 넘기자마자 외진 벽지에서 비참하게 살해되고 말았다.

세상의 격변이 저울추를 냉큼 바꿔치기 하여 옥玉으로 여겨지던 왕을 하루아침에 값없는 돌멩이로 만들어놓고만 것이다. 세상이

워낙 급하게 흘러가면 어지간한 팔자, 운세로는 쉽게 위기를 넘어
갈 수 없다.

바람이 불면 우선 부드러운 풀부터 먼저 눕고, 바람이 점점 거세
지면 억지로 서 있던 억센 풀이 소리를 내며 부러져 허공에 산산이
흩어지게 되어있다.

19 | 조선시대의 과거 MVP, 9관 왕

율곡은 별시문과에서 『천도책天道策』을 지어 장원급제했다.
이후 29세까지 그는 자그마치 9차례나 과거를 보아
매번 장원을 했다. 그런 이유로 그는 '9도장원공九度壯元公'이라는
칭호를 듣게 되었다. 다시 말해 '과거시험 9단 최고수'라는
별칭을 달고 다녔던 것이다.

조선 땅에 책을 읽고 글을 쓴 이들이 실로 부지기수였을 텐데도 조선을 대표하는 학자나 정치가를 손꼽으라면 대개 두 세 명의 이름을 떠올리기 십상이다.

그 중에 반드시 손꼽게 되는 인물이 바로 율곡栗谷 李珥이다.

15세에 어머니 사임당 신申씨(평산 신씨)를 잃었다. 시인이요 화가이던 어머니는 47세를 일기로 운명했다.

그 때 아버지는 50세였다. 어머니는 아버지에게 '애들이 7남매나 되니 괜히 짐스럽게 재혼하지 마세요'라고 신신당부했다. 공연히 애들이 주눅들기 쉬울 뿐만 아니라 새로 들어온 여자마저 생고생할 테니 깨끗이 혼자 살라는 당부였다.

아버지는 재혼하는 대신 동거할 여자로 권씨를 맞아들였다. 까다롭고 변덕이 심하고 이기적인 여자였지만 이율곡은 친어머니처럼 극진히 모셨다.

율곡은 이미 12세에 진사가 되었다. 어린 나이에 선비로 대접받게 된 것이다. 하지만 어머니를 여의고 금방 이어서 사춘기가 찾아

와 정신적 방황이 시작되었다.

결국 그는 19세가 되던 해에는 금강산 속의 한 사찰에 들어가 불교에 심취하게 되었다. 그러나 얼마 동안 수련에 열중해 보아도 가슴 속이 답답하기는 마찬가지였다. 이듬해에 하산하여 오래 전에 밀쳐놓았던 성리학 책들을 다시 들추어보기 시작했다. 2년여간 학문에 열중하고 나니 세상살이에 대한 생각도 조금씩 체계가 잡혀가기 시작했다.

22세에 성주 목사 盧慶麟(노경린)의 딸을 맞아 가정을 꾸몄다.

이듬해에 도산서원(예안 도산 토계리)으로 35세 연상인 대학자 이황을 방문했다. 비록 20대 초반의 젊은 선비와 50대 후반의 대학자의 만남이었지만 학문적인 토론에 있어서 만은 전혀 격의가 없었다. 두 사람의 지식 토론과 삼강오륜 반추는 마치 냇물이 강물로 흘러 들어 가듯 그렇게 자연스럽게 조화를 이루며 형형색색의 비단을 짜나갔다.

율곡은 그해에 별시문과에서 『천도책天道策』을 지어 장원급제했다. 이후 29세까지 그는 자그마치 9차례나 과거를 보아 매번 장원을 했다. 그런 이유로 그는 '9도장원공九度壯元公'이라는 칭호를 듣게 되었다. 다시 말해 '과거시험 9단 최고수'라는 별칭을 달고 다녔던 것이다.

*대간직 : 사간원, 사헌부의 직책
*옥당직 : 홍문관의 여러 직책
*승지직 : 승정원의 여러 직책

그후 6조의 좌랑을 두루 거쳐 대간직*, 옥당직*, 승지직*을 고루 역임했다. 뿐만 아니라 청주 목사, 황해도 관찰사 등 지방 목민관 경력도 충분히 쌓았다. 이런 다양한 경륜을 통해 불혹의 나이인 40세 경에는 정국을 주도하는 핵심 실세로 자리잡았다.

그러나 40세 되던 해(1576년 선조 9년)부터 동인, 서인간의 당쟁이 점점 더 심해져 정치가 대단히 불안정해지기 시작했다. 부제학으로 재임할 때부터 명종 비 '청송 심씨' 인순(仁順)왕후의 친정 동생인 沈義謙심의겸(1535-1587)과 金孝元김효원(1532-1590; 선산 김씨)이 서로 으르렁거리며 당파를 짓기 시작했다.

발단은 이조정랑 자리를 놓고 티격태격한 것이었다. 선조 5년(1572년)에 김계휘가 김종직 계통의 신진사류인 김효원을 이조정랑 자리에 추천했다. 한데 이조참의로 있는 심의겸이 반대했다.

"김효원은 못된 사람입니다. 윤원형이 영향력이 있다고 판단, 그의 집에 빌붙어 산 적이 있습니다. 공평무사해야 할 낭관*의 자리에는 전혀 어울리지 않는 인물입니다. 이조의 낭관은 병조 못지않게 중요한 자리입니다. 추천된 후보자를 기록하는 자리인지라 사리사욕과 주관적인 감정이 개입되면 임의로 사람의 이름을 멋대로 뺄 수도 있는 막중한 위치입니다."

> *낭관 : 6조의 5, 6품 직에 해당하는 정랑과 좌랑을 합쳐서 부르는 말

이와 같이 심의겸의 반대에도 불구하고 김효원은 결국 2년 후인 1574년에야 이조정랑에 발탁될 수 있었다.

억울하기 짝이 없었다. 사실은 친구 李肇敏이조민이 윤원형 집에서 처가살이를 하는 처지라 그 친구 때문에 함께 기식한 적이 있었던 것이다. 그런데 얄궂게도 이듬해(1575년)에 자신의 천거를 반대했던 심의겸의 10살 아래 동생 沈忠謙심충겸*이 문제의 이조정랑 자리에 천거되었다.

이번에는 김효원이 반대했다.

> *심충겸 : 1545-1594; 임진왜란 초기에 병조참판, 2년 후에 병조판서를 지냄

"이조정랑 자리에 왕실의 외척을 앉히는 것은 여러모로 바람직하지 않습니다. 그런 막중한 자리를 왕실 외척의 사

유물로 전락하게 방치해서는 안됩니다."

이일로 당쟁의 조짐이 보이자 부제학으로 있던 이이가 소방수로 자청하고 나섰던 것이다.

우선 대립각을 날카롭게 세우고 있던 두 사람을 갈라놓기로 하

*경흥부사 : 김효원의 동료들이 나서서 부령 부사로 옮기게 하고 곧 이어 삼척부사로 전임 시켰음

고 심의겸은 개성유수부의 유수로, 김효원은 경흥부사*로 전직시켰다. 이이가 39세이던 1575년의 일이었다.

그런데 아무 소용이 없었다. 김효원은 자기로 인해 조정에 분란이 생겼다고 자책하며 그 후에도 안악, 영흥 등지의 벽지를 전전하며 한사코 중앙관직을 사양했지만 불화의 씨앗은 그대로 잠복해 있었다.

김효원은 아마도 한 스승 밑에서 공부한 동문수학한 동료 입장에서 별 것 아닌 것을 두고 다투며 주위를 불편하게 만들었던 일을 깊이 뉘우쳤을 것이다.

더욱이나 자신이 심의겸보다 3살 위였지 않은가. 심의겸은 李滉 이황(1501-1570; 진보 이씨; 심성교육을 강조)의 문인이고 김효원은 이황과 曺

* 조식 : 1501-1572; 창녕 조씨; 수양교육을 강조; 65세에 정5품 '상서원 판관'에 제수되어 잠시 임금에게 국정의 기본 을 설명한 후 평생동안 처가인 김해와 고향인 합천 삼가현, 그리고 산 청 등지에서 학문과 후 학지도에만 전념한 전 형적인 재야학자.

植조식* 밑에서 수학한 사람이니 누가 보아도 동문이요 동창생이었다. 하지만 이조정랑 자리를 놓고 서로 대립각을 세우다가 심의겸과 김효원은 각각 서인과 동인으로 나뉘어 당쟁의 못된 씨앗을 심어놓고 말았던 것이다.

이이는 본의 아니게 '서인'으로 라벨(label)이 붙여지고 말았다.

정인홍(1535-1623; 서산 정씨; 조식의 문인)이 동갑내기 심의겸을 탄핵하여 어렵게 되자 이이가 나서서 적극적으로 변호해 준 일이 있은 후 사람들은 이이와 심의겸을 한데 묶어 서인 일파로 단정지었던 것이다.

이이가 심의겸보다 한 살 아래였으니 결국 1570년 대 중반을 살았던 엇비슷한 나이들(30대)끼리 갈등이 생겨 그 일이 마침내 조선 왕조를 뿌리부터 좀먹는 당파싸움으로 비화되고만 것이다.

뜻하지 않게 당쟁의 뿌리에 연루되고만 이이는 훌훌 털고 벼슬을 정리해야만 했다. 그는 벼슬을 그만두고 파주 율곡리의 본가와 해주 석담의 처가를 왕래하며 학문과 제자교육에 전념했다.

밀려나야 새로운 전기를 마련하는 것이 세상의 이치인지 그래도 그는 40대 초반에 맞았던 그 한가롭고 풍요로운 개인생활 덕에 48세의 짧은 천수라도 누릴 수 있었을 것이다. 알찬 재충전의 기회가 되어 흩어진 마음과 허물어진 몸을 다시 일으켜 세울 수 있었던 것이다.

그는 관직에서 물러난 지 5년여 뒤인 45세(1581년)에 정계에 복귀하여 대사간大司諫*을 지내고 6조 판서를 두루 역임했다.

그는 이 즈음의 한 경연經筵에서 유명한 '10만 양병설養兵說'을 주장했다.

*대사간 : 간쟁, 논박을 맡은 사간원의 정3품 으뜸 벼슬

"힘을 기르지 않으면 평화도 없습니다. 힘이 없는 상태에서 누리는 평화는 잠시 머물다 꺼지고 마는 촛불 같은 것입니다. 일본의 분위기가 심상치 않습니다. 통일의 기운이 감돌아 일본 전역이 전운에 휩싸인 듯 합니다. 저들이 유력 제후를 중심으로 통일을 이루게 되면 그 무력으로 우리를 언제든 넘보려 할 것입니다. 본래가 약탈과 침략으로 꾸려나가는 저들인지라 저희끼리 죽고 죽이는 일대 살육전이 어느 정도 마무리단계에 접어들면 틀림없이 우리를 괴롭히려 할 것입니다. 대비하지 않으면 화를 자초하게 되고 미리 투자하지 않으면 훗날에 반드시 후회하게 되는 거야 동

서고금의 교훈이 아닙니까? 최소한 10만 정예군사를 육성하여 놓지 않으면 필시 훗날에 큰 환난을 자초하게 될 것입니다. 야만의 무리라고, 금수나 마찬가지라고 깔보다가는 큰코다칠 수도 있습니다."

그러나 임금과 조정 대신들은 한 마디로 반대했다.

"공연히 주변국가들을 자극할 필요가 뭐 있겠는가? 일어나지도 않은 전쟁을 미리 준비한답시고 백성을 불안하게 하고 물자를 함부로 낭비할 필요가 뭐 있는가? 하늘이 무너질까봐 집밖으로 나가지 못했다는 기杞나라 사람의 쓸데없는 염려(기우杞憂)와 무엇이 다른가. 그렇지 않아도 고단한 백성들의 삶에 괜한 부담을 줄 필요가 어디 있는가. 일은 당해서 준비해도 전혀 늦지 않으니 미리부터 공연한 호들갑을 떨 필요가 없다!"

죽기 한해 전(1583년)에는 환갑을 막 넘긴 대사헌 李墍이기(1522- 1600; 한산 이씨)가 사헌부 관원들과 함께 그를 심하게 탄핵했다. 그는 이이보다 14세 위였다.

근거 없다고 판명이나 이이는 무사하고 반대로 이기가 장흥 부사로 좌천되었지만 그는 이 일을 통하여 후일 당쟁이 극심할 것을 예감했다.

이기는 동인에 속해 이이를 서인의 우두머리로 생각하고 의도적으로 공격한 일면이 있었기 때문이다. 이기는 이후 10여 년 뒤에도 서인의 우두머리인 鄭澈정철(1536-1593)이 1589년의 정여립 모반사건을 처리하며 조식의 문인으로 재야 석학인 崔永慶최영경*을 무고로 옥사시켰다'며 강력하게 탄핵했다.

그래도 워낙 귀하게 태어났고 인품과 학식이 뛰어난 덕에 무사할 수 있었다.

율곡은 결국 이듬해(임진왜란이 일어나기 꼭 8년 전인 1584년)에 48세를 일기로 한양 대사동大寺洞 자택에서 생애를 접었다. 세상의 온갖 풍진風塵이 한꺼번에 털어내지는 순간이었다.

신기하게도 그렇게 속을 썩히던 서모庶母 권씨가 율곡의 극진한 효심에 감동하여 그가 먼저 세상을 뜨자 3년간 소복을 입고 예를 다했다고 한다.

사헌부 감찰監察(정6품)을 지낸 아버지 李元秀이원수(덕수 이씨)는 사임당 신씨가 47세로 세상을 먼저 하직한 후 10년 정도 더 살다가 타계했다. 그러니 홀로 남겨진 서모 권씨를 율곡이 25세경부터 모시게 되었던 것이다.

율곡은 해주 석담 처가에 머물 때도 서모를 함께 모시고 가 효성스럽게 모셨다. 서모의 성격이 얼마나 괴팍했는지 모른다. 조금만 섭섭해도 빈 독에 머리를 처박고 통곡하여 이웃 사람들을 놀라게 했다고 한다. 툭하면 나뭇가지나 대들보에 목을 매다는 시늉을 하여 주위 사람들이 우르르 달려와 구해내게 하기도 했다.

한 번은 선물로 들어온 홍시를 보고 율곡이 시장해 보이는 손님에게 하나 집어주고 자신도 하나를 집어 들었더니 서모는 '어디 네 마음대로 물건에 손을 대느냐? 위아래도 모르느냐'고 호통을 쳤다. 하는 수 없이 손님에게 주었던 것과 자신이 들고 있던 것을 다 합쳐서 '죄송합니다. 용서해 주십시오'라고 여러 차례 사죄하니 그제서야 분을 가라앉혔다.

공연히 이부자리에서 일어나지 않은 채 식음을 전폐할 때는 예

*최영경: 1529-1590; 화순 최씨; 서울 출생으로 여러 차례 벼슬 사양하다 55세에 교정청校正廳(서적 편찬시 설치; 1470년 『경국대전』을 최종 검토하려 처음 설치) 낭관(郎官: 정5, 6품; 병조와 이조의 낭관은 '전랑'으로 부름)을 맡아 『경서훈해(經書訓解)』 편찬을 교정한 후 낙향.

복을 입고 문 밖에서 '죄송합니다. 용서해 주십시오. 앞으로는 더 잘 모시겠습니다' 라며 무릎 꿇고 사죄를 해야 비로소 자리에서 일어나기도 했다.

여자이지만 술을 워낙 좋아해서 율곡이 새벽에 일어나 손수 술을 걸러 술잔을 올리지 않으면 아이처럼 심통을 부리기도 했다. 결국 그 속 썩이던 서모는 '3년 소복' 으로 효도를 다한 율곡에게 마지막 보답을 한 셈이다.

이이(珥귀걸이 이)의 이름은 '해의 둘레에 보이는 흰 테두리 즉, 햇무리' 를 의미하기도 한다. '빛을 발한다, 임금의 총애를 받는다, 사람들의 칭송을 듣는다' 는 의미로 해석할 수도 있을 것이다.

자는 '어질게 살아가는 사람' 이라는 뜻인 숙헌(叔아재비 숙 獻바칠 헌)이다.

두 개의 아호는 율곡(栗밤나무 율 谷골짜기 곡)과 석담(石돌 석 潭깊을 담)이다. 각각 본가의 주소지(파주 율곡리)와 처가의 주소지(해주 석담)에서 따온 아호이다.

'과일나무가 가득 찬 골짜기' 니 그 얼마나 풍요로운 광경인가. '깊은 물에 잠겨 있는 돌멩이' 를 뜻하는 아호에서는 심오한 사색과 신중한 처세를 엿볼 수 있다.

이름에서는 빛처럼 고귀한 운세를 엿볼 수 있고, 자에서는 헌신적이고 성실, 공정한 성품을 짐작할 수 있다. 두 개의 아호 중 밤나무 골짜기는 화려한 벼슬생활을 암시한다. 그리고 깊은 못 속에 가라앉은 돌멩이는 깊은 사색과 명석한 논리를 뜻한다.

아버지의 이름 이원수(元으뜸 원 秀빼어날 수)에는 '무엇을 하든 으뜸이 되어라' 는 당부가 배어 있다.

35세에 얻은 귀한 아들이었으니 얼마나 소망과 기대가 컸겠는가. 어머니 사임당 신씨는 32세였다. 6살 아래 남동생이 있었으니,

화가이자 시인인 어머니는 38세의 늦은 나이에도 아들을 낳은 셈이다. 하기야 그 시절에 무슨 특별한 피임이 있었겠는가.

동생 李瑀이우(1542-1609)는 모전자전母傳子傳이라고 어머니처럼 예술적 재능이 뛰어났다. 시와 서예와 그림과 거문고에 능해 '4절絕'이라는 별칭을 들었다.

이름이 '옥 다음 가는 돌'을 의미하는 우(瑀패옥 우)라서 인지, 그는 빙고氷庫* 별좌別坐(정, 종5품), 사복시司僕寺* 주부主簿(종6품)를 거쳐 괴산 군수와 고부 군수로 나갔다. 군자감軍資監* 정(정,정3품) 정도에서 벼슬은 마쳤지만, 安堅안견*의 화풍을 따른 어머니의 화풍을 이어 풀과 벌레와 사군자와 포도 등을 특히 즐겨 그리며 시와 악기와 풍류로 여유 있는 나날을 보냈다.

이우의 자는 계헌(季끝 계 獻바칠 헌)이었다. 세 개의 아호는 옥산(玉옥 옥 山뫼 산), 죽와(竹대나무 죽 窩움집 와), 기와(寄부칠 기 窩움집 와)였다.

자로 보아 아마도 문화 콘텐츠(cultural contents)의 대부 이우는 7남매의 막내였었나 보다. '바칠 헌獻'이 들어간 자로 보아 성실하고 온순한 성품이었을 것이다.

세 개의 아호는 그가 무엇을 마음속으로 지향하며 살았는가를 짐작하게 한다. '옥이 묻힌 산'처럼 보이지 않는 귀한 재능을 많이 지니고 그걸 하나하나 세상에 드러내며 살고 싶었을 것이다. '대나무로 지은 별장'과 '움집에 의탁한다'는 아호에서는 은둔적이고 예술적인 취향을 엿볼 수 있다.

결론적으로 율곡은 그의 이름에서 풍기듯이 '햇무리'가 되어 사람들의 우러름을 받은 것이다. 함부로 다가갈 수 없는 고매한 인품과 탁월한 재능을 소유하고 깊은 물에 잠긴 돌처럼 되도록 자신을 숨기려 애쓰며 조신하고 신중하게 처신했을 것이다.

'밤나무 골짜기'라는 의미를 지닌 '율곡栗谷'이라는 그의 아호는 그가 지향했던 실용주의 노선과 적극적인 민생정치 신념을 암시한다. 그는 학문을 위한 학문이 아니라 세상을 변화시키고 사람들에게 유익을 끼치는 보편성과 실용성을 추구했을 것이다.

허황된 탁상공론 대신 참여적이고 실리적인 진리를 추구했을 것이다. 배워 익히고 가르쳐 눈을 띄우는 그런 실질적인 학문을 지향했을 것이다.

19세에 접했던 불교로 인해 그는 평생 동안 소위 내로라하는 유학자들로부터 비난을 받아야 했다. 그는 서푼어치의 지식과 재능으로 사람을 욕보이고 세상을 어지럽히는 속된 무리들을 무척이나 경계하며 살았을 것이다.

그는 실제로 자신의 의도와 전혀 다르게 서인 일파로 몰려 어쩔 도리 없이 당쟁에 휩쓸리게 되었었다. 그나마 죽기 한 해 전에 벼슬을 정리하고 칩거하여 학문에만 전념한 탓에 욕된 최후를 모면하고 짧은 천수를 다할 수 있었던 것이다.

9도 장원! 결혼 직후인 23세에서부터 29세까지 아홉 차례나 장원급제를 했으니 시험 운도 정말 특별했고 실력 또한 대단했던 셈이다. 자그마치 6년여간이나 그를 대적하여 딛고 올라설 자가 나오지 않았다니 얼마나 출중한 능력인가.

그는 '햇무리'를 의미하는 이름 때문에 그는 그처럼 남들이 감히 접근할 수 없고 쉽게 넘볼 수 없는 창조력과 통찰력을 지니고 있었을 것이다.

20 | 제자 손에 죽음을 당한 스승

구수담이 50세를 일기로 죽게 되는 데는 그의
제자인 진복창陣復昌의 역할이 컸다.
실세 중의 실세였던 윤원형의 심복이었으니 생각만 좀 고쳐먹었으면
얼마든지 스승 구수담을 살려낼 수 있었을 것이다.
그런데도 스승이 '정신 똑바로 차리고 반듯하게 살아라' 며 쓰디쓴
충고 좀 했다고 꽁하고 있다가 복수의 칼날을 들이댄 것이다.

미움이나 시기, 질투는 모든 동물들의 본능에 속한 것인지도 모
른다. 싫고 좋은 것이 분명한 탓에 갈등과 대립도 생기고 죽고 죽
이는 끔찍한 일까지도 셀 수 없이 일어나고 있는 것이다.

이 동물적인 본능의 세계를 과연 어떻게 틀어막을 수 있겠는가.

사람도 결코 예외일 수 없다. 생활의 에너지인줄 착각한 채 그대
로 묻어두고 살 수밖에 없다.

具壽聃구수담(1500-1550)은 제자를 잘못 둔 탓에 그만 50세를 일기로
생목숨을 잃어야 했다.

제자에게 '남들이 다들 손가락질 하니 처신에 좀더 신중해야 할
것 같다' 고 충고했다가 그걸 몹시 기분 나쁘게 생각하
고 있던 제자에게 역적으로 몰려 사약을 받게 되었던 것
이다.

19세에 생원이 되어 28세에 문과 병과로 급제했으니
시험 운은 그렇게 좋았던 게 아닌 듯하다. 검토관檢討官*
으로 있을 때는 기묘사화己卯士禍*로 화를 당한 숱한 사

*검토관 : 경연청 정6
품; 임금에게 역사, 경전
을 강의하고 현실정치
에 적용하여 토론; 집현
전 후신인 홍문관의 수
찬, 부수찬이 겸임
*기묘사화 : 1519년 중
종 14년; 남곤, 홍경주
등 훈구파가 조광조 등
신진사류를 탄압한 일

림파 선비들을 다시 발탁해 달라(서용敍用)고 청했다가 도리어 자신
이 파직되고 말았다. 그리고 곧이어 羅世纘나세찬(1498-1551)의 옥사에
연루되어 용천(함경북도 회령)으로 유배되었다.

나세찬은 승진시험인 중시重試에 응시하여 당대의 세도가였던
김안로를 통렬하게 비판하는 내용을 '대책문對策文'에 적어 넣었다.

이 일로 나세찬은 고성에 위리안치되고 구수담은 용천에 유배되

었다. 몇년 지나 김안로*가 중종의 밀령에 의해 붙잡혀
사약을 받고 56세로 죽자(1537년) 나세찬은 봉교로 복직되
고 구수담은 42세에 부제학으로 복귀했다.

그후 그는 사간원 대사간, 성균관 대사성, 사헌부 대사헌을 역임
했다. 그런 대로 화려한 40대 중년시절이었다. 헌데 24세 연상의 권
력실세 이기를 공박했다가 그만 먹구름이 몰려드는 외진 땅으로
밀려나게 되었다.

이기가 과연 누구인가. 그는 25세에 문과에 병과로 급제하여 벼
슬생활을 시작했다. 30대 후반 이후에는 함경도 변방에서 근무했
고, 함북병마절도사를 끝으로 12년여간의 변방생활을 마치고 51세
에 중추부 동지사로 명나라를 다녀왔다.

그가 57세 때에는 권력가 김안로의 탄핵을 받아 강진으로 유배
되었다. 61세에 김안로가 사사되자 간신히 풀려나 62세에 예조참판
으로 복귀했다. 그리고 60대 중반의 나이로 도원수가 되어 건주위
建州衛 야인들의 준동을 진압했다.

69세(1545년) 되던 해에 명종이 즉위하자 이기는 우의정의 자리에
앉아 병조판서를 겸직했다. 명종의 외삼촌인 '소윤小尹'의 우두머

리 윤원형*과 철저한 공조를 이뤄나갔기 때문에 덩달아
권력가로 등장하게 되었던 것이다.

실로 화려한 60대 후반이었다. 죽기 한 해 전인 75세에

병이 깊어 명목상의 벼슬인 중추부 영사로 물러앉았다. 76세의 천수였으니 실로 대단한 운세였던 셈이다.

중년의 나이를 거친 변방에서만 보냈는데도 그토록 장수한 걸로 보면 타고난 건강체질이었던 것 같다. 하지만 '사람은 관 뚜껑을 닫은 후에 알아본다'는 말처럼 그는 죽고 나서 치욕스러운 대접을 받았다.

명종(1534-1567)이 어머니 문정왕후(1501-1565)가 64세로 타계하고 난지 2년 뒤에 33세로 죽자 세상형편이 완전히 달라졌다.

대윤大尹이다, 소윤小尹이다 하며 '파평 윤씨'들끼리 죽고 죽이던 인종, 명종 대의 23년여 세월이 지나가자 드디어 약간 숨통이 트이기 시작했다.

선조가 즉위하자 이기는 윤원형과 작당하여 을사사화乙巳士禍를 일으킨 못된 간신 정도로 여겨지게 되었다. 이미 죽은 목숨이지만 생전에 누렸던 모든 훈작과 벼슬이 무효화되었다. 그리고 묘비마저 뽑혀나가고 말았다. 그런 막강하고 노회한 이기를 공박했으니 얼마나 가소롭게 여겼겠는가.

결국 구수담은 갑산으로 유배되고 말았다. 명종이 즉위(1545년)하자 69세의 고령임에도 불구하고 권력의 맛에 새삼 눈을 뜨게 되었던 사람을 맞수로 삼았으니 어떻게 무사할 수 있었겠는가.

임금의 외삼촌이자 수렴청정을 하는 문정대비의 친정동생인 윤원형과 손을 잡고 있던 사람이다. 날아가는 송골매도 말 한 마디로 떨어뜨릴 수 있는 막강한 파워를 지니게 된 사람을 논박했으니 어찌 후환이 없었겠는가.

엎친 데 덮친 격으로 좌의정과 원상院相을 지내고 5년 전(1545년 명종 즉위 년)에 61세로 죽은 柳灌유관(1484-1545; 문화 유씨)과 연루되고 말았다.

소윤(명종 외척)이 대윤(인종 외척)을 숙청하기 위해 일으킨 을사사화

(1545년 명종 즉위년)에 희생당해 유배지 서천으로 떠나다가 과천에서 사약을 받고 죽은 사람인데, 그런 죄인을 변호한 일이 있다고 트집을 잡힌 것이다.

보통 일이 아니었다. 사간원과 사헌부가 공조하여 탄핵을 하고 나섰다. 사약이 내려져 그걸 마시고 피를 토하며 죽어야 했다.

구수담이 50세를 일기로 죽게 되는 데는 그의 제자인 陣復昌진복창(여양 진씨로 풍덕 출신)의 역할이 컸다.

일찍이 문과에 장원급제했으니 재능은 꽤 괜찮았던 모양이다.

부제학과 부평 부사를 지내며 평범한 벼슬생활을 했는데 유유상종類類相從이란 말처럼 비슷한 심보들끼리 뭉치게 마련이어서 윤원형의 최고 심복으로 자리잡았다.

실세 중의 실세였던 윤원형의 심복이었으니 생각만 좀 고쳐먹었으면 얼마든지 스승 구수담을 살려낼 수 있었을 것이다. 그런데도 스승이 '정신 똑바로 차리고 반듯하게 살아라' 며 쓰디쓴 충고 좀 했다고 꽁하고 있다가 복수의 칼날을 들이댄 것이다.

앙심을 품고 기회를 엿보던 그는 스승이 5년 전의 을사사화에 죄인으로 몰려 사사된 유관을 변호했던 일을 용케 기억해 냈다. '옳거니 잘 되었다' 며 그 즉시 '스승 죽이기 비밀 프로젝트'에 몰입했던 것이다.

진복창은 대체 어떤 사람이었던가.

그에게 걸리면 집안의 한낱 어린아이라도 쉽게 죽음의 덫을 빠져나갈 수 없었다. 사람들은 그런 그를 두고 '극적極賊'이라며 슬금슬금 피했다.

을사사화 때는 인종의 외삼촌인 윤임과 가깝게 지내던 사림의 선비들을 색출해 제거하는 일에 앞장을 섰다. 그 일로 인해 역사를 기록한 사관들은 그를 '독사毒蛇'로 기록해 두었다. 그를 심복으로 거느렸던 윤원형마저도 그를 두고 간교하고 음험한 위인이라며 혀를 내둘렀다.

모전자전인지 그의 어머니마저도 치맛바람이 요란했던 가보다. 행실이 방정맞고 오만하여 주위 사람들의 빈축을 많이 샀다고 한다. 요란한 해코지 이력, 무고질 이력, 숙청 앞잡이 이력에 비해 출세는 그렇게 대단했던 게 아닌 것 같다.

대사헌과 공조참판을 지낸 게 전부였으니 그리 대단한 벼슬길이 었다고 보기 힘들 것이다. 하지만 문장과 글씨에 재주가 제법 뛰어났던지 중국과 한반도의 역대 제왕들과 성현군자들을 기리는 노랫말(가사)을 지어 남겼다. 「역대가歷代歌」「만고가萬古歌」가 덩그러니 남아 그의 흉악한 이미지와 이름에 그나마 사람의 입김을 조금씩 불어넣고 있다.

김안로에게 걸리면 목숨을 부지하기 어려웠던 것처럼 누구라도 일단 진복창에게 걸리면 반드시 무엇으로든 희생을 치러야 했다.

이율곡의 장인인 **盧慶麟**노경린*마저도 그에게 밉보였다가 사헌부 지평持平(정5품) 진급명단에서 빠뜨려지고 말았었다.

사헌부 지평은 이조의 전랑銓郎*과 함께 조선시대 선비관료사회를 지탱하던 요직이었다. 문과 급제자들 중에서도 강직하고 유능하다고 평가가 나야 임명될 수 있는 요직이었다.

그런데 노경린이 23세에 문과에 급제하여 벼슬 생활을 시작한지 얼마 안 되는 햇병아리 관료였을 때, 그만 저승사자보다 더 무서운 진복창에게 발목이 잡히고 말았던 것이다.

사필귀정인지 악명 높은 '여양 진씨' 진복창도 나중엔 파직되어

*노경린 : 1516-1568; 곡산 노씨; 성주 목사, 숙천 부사를 지냄; 41세인 1557년에 21세의 이이를 사위로 맞이함
*전랑 : 정5품 정랑과 정6품 좌랑을 합쳐서 부르는 '낭관'과 같은 말. 이조, 병조를 제외한 나머지 관청에서는 낭관을 '조랑'으로 불렀음

삼수부三水府(함경남도 갑산 부근)로 유배되었다. 자신이 보스로 받들던 윤원형이 영의정을 지내던 해(1563년)에 죽었으니 어쩌면 '여양 진씨' 상가喪家 집은 그런 대로 조문객이 들끓었을 것이다.

죽은 진복창이 겁나서가 아니라 그가 보스로 받들던 윤원형이 최고 전성기를 맞았던 시기였으니 아무래도 어딘가 신경이 꽤 써지지 않았을까. 최소한 윤원형의 눈치를 살펴야 하지 않았겠는가.

스승인 구수담과 제자인 진복창의 이름을 비교해 보자.

먼저 스승 구수담(壽목숨 수 聃귀바퀴 없을 담)의 자는 천노(天하늘 천 老늙은이 노)이다.

'목숨을 지켜주는 보호막이 없다' 는 이름 뜻이 참으로 신기하기만 하다. 귀 바퀴가 무엇인가. 소리를 모아 더 잘 들리게 할뿐만 아니라 완전한 모양이 되도록 끝마무리를 해 주는 꼭 필요한 신체기관이 아닌가. 없어서는 안 될 것이 빠져있다는 의미이니 액땜으로 끝나도 될 일이 그만 목숨을 앗아가는 치명타로 작용하고만 것이다.

자는 '늘그막의 운세는 오직 하늘만 안다' 는 의미를 품고 있다.

보호막이 빠뜨려진 목숨이니 결국 하늘에 맡기고 살아야할 운명이었던 셈이다.

스승을 죽음으로 내몬 제자 진복창(復돌아올 복 昌창성할 창)의 이름에는 '한창 잘 나가는 것을 뒤집어엎는다' 는 뜻을 지니고 있다. 실로 대단히 변혁적이고 혁파적인 이름이다. '남의 운세마저 뒤집어 내 마음대로 바꿔놓는다' 는 이름이니 어느 누가 감히 그 억센 운세에 맞설 수 있는가.

그의 자는 '첫 번째로 이룬다, 무엇을 하든 첫 째가 되어야 직성이 풀린다' 는 뜻의 수초(遂이룰 수 初처음 초)이다. '되돌려 내 것을 만든다' 는 이름이나 '앞장서서 이룬다' 는 자나 적극적이고 공격적이기는 매 한 가지이다.

'보호막이 없는 목숨'이라는 이름과 '하늘에 맡기고 살아야 할 말년'이라는 자를 지닌 스승 구수담은 결국 제자의 억센 운세에 맞닥뜨려 죽고만 것이다.

죽기 5년여 전에 있었던 죄인 아닌 죄인 변호가 꼬투리가 되어 목숨을 빼앗기고 말았다. '뒤집어 놓는다'는 이름과 '앞장선다'는 자를 지닌 제자 진복창의 거칠고 사나운 기질과 공격적이고 파괴적인 운세를, 대체 무슨 수로 피할 수 있었겠는가.

타고난 재주나 재능보다도 먼저 무엇을 최고의 가치로 여기고 사는 사람인가에 초점을 맞춰야만 사람을 제대로 볼 수 있다. 가장 귀하게 여기는 것이 천륜, 인륜에 합치되는 것인 한 자질구레한 차이나 잘못은 얼마든지 덮어둘 수 있다.

그러나 사람과 짐승 사이를 멋대로 오고가는 부류라면 절대 함부로 가까이 하거나 쉽게 믿어선 안 된다. 차라리 '정들여 키운 가축을 제 손으로 잡아먹는' 평범한 촌부를 가까이하는 게 백 번, 천 번 더 낫다. 평범한 이들은 최소한 자신을 해치지 않는 이를 함부로 해코지하지는 않는다.

李滉이황(1501-1570)의 형인 李瀣이해(1496-1550)도 구수담이 죽을 때 그의 일파로 몰려 54세에 함경남도 갑산으로 유배되던 중에 양주의 한 민가에서 죽고 말았다.

두 형제는 비록 다섯 살 차이였지만 숙부인 李堣이우* 에게서 함께 글공부를 했던 사이였다. 어쨌거나 '진보眞 寶 이씨' 집안의 두 형제는 이래저래 '덕수 이씨' 집안의 이기와 떼려야 뗄 수 없는 악연을 맺게 되었다.

동생인 이황은 44세(1545년 명종 즉위년의 을사사화) 때에 이기에게 미운

*이우 : 1469-1517; 45세에 '김은'의 상소로 중종반정 공신녹권을 박탈당했다가 안동부사로 복직됨

털이 박혀 삭탈관직되었다. 그때 69세의 이기는 우의정과 병조판서를 겸하고 있었고 이황은 42세에 성균관의 대사성을 지낸 중진 정치인이었다.

이황은 그 후 사복시司僕寺 정正으로 복직되어 51세에 다시 한 번 성균관 대사성에 올랐다. 동생은 이기라는 실세 정객에게 공격당해 을사사화의 무서운 소용돌이에 휘말렸지만 파직되는 정도로 액땜을 하고 끝이 났다.

형 이해는 사헌부 대사헌으로 있던 48세(1544년 인종 즉위년)때에 68세의 이기가 우의정에 천거되자 사간원 대사간과 함께 강력히 반대했었다.

이기는 그 때의 일을 빌미로 이해를 몹시 미워하며 제거할 기회만 호시탐탐 노리고 있었다. 이듬해에 '소윤'의 우상인 명종이 즉위하자 소윤의 우두머리 윤원형과 철저히 공조하던 그는 드디어 때는 왔다며 일을 꾸미기 시작했다.

이기는 충청도 관찰사로 나가 있던 54세의 이해를 해치려 제 일파인 사간 李無彊이무강을 꼬드겼다. 을사사화 때 죽은 柳灌유관*을 변호한 죄로 뒤늦게 역적의 잔당으로 몰려 처벌받게 된 구수담의 일당으로 탄핵하라고 시켰던 것이다.

이황의 형인 이해는 본래 강직한 사람이었다.

29세에 진사가 되고 32세에 문과 병과로 급제했으니 아주 평범한 출발이었던 셈이다. 그러나 37세에 사간을 거쳐 40대 후반에는 도승지, 대사헌, 대사간을 역임했다.

권력 실세인 18세 연상의 김안로가 어릴 적에 이웃에 함께 살았다는 인연으로 그에게 '내 밑으로 오면 내가 잘 돌봐주겠다'며 집요하게 유혹했지만 '일 없다'며 단호히 거절했었다.

이해가 이기에 의해 올가미 씌워져 유배지로 떠나다 도중에서

*유관 : 1484-1545; 문화 유씨; 좌의정과 '원상'을 지내고 을사사화 때 유배지 서천으로 가던 중 과천에서 61세로 사사됨

죽던 때에 형조정랑 李思聖이사성*의 아버지도 윤원형에게 밉보여 이해의 일당으로 몰려 매맞아 죽었다.

*이사성 : 1525-1571; 이기와 같은 덕수 이씨. 장살 된 아버지로 인해 벼슬길이 막혔다가 복직되어 군자감, 사옹원 정을 역임

이황의 형으로 권력가에게 억울하게 걸려들어 유배지로 떠나나가 도중에서 객사한 이해(瀣이슬 기운 해)의 자는 경명(景볕 경 明밝을 명)이고, 아호는 온계(溫따뜻할 온 溪시내 계)이다.

'이슬 같다'는 이름 뜻이 너무도 의미심장하다. 덧없는 인생임을 강조하는 이름이지만 성품이 순수하고 강직하다는 암시로도 풀어볼 수 있다. '이슬처럼 신비롭고 순수하다'는 뜻도 되고 '이슬처럼 쉬이 사라진다'는 의미도 된다.

자와 아호는 각각 '햇빛'과 '따뜻한 시냇물'이니 그런 대로 잘 어울리는 짝인 셈이다. 그는 본래 몸이 약한 사람이었으니 개마고원으로 유배를 떠나면서도 그 북쪽 변방의 춥고 매서운 바람을 겁냈을 것이다. 결국 삭풍(朔風)을 피해 양주(경기도 북부) 땅에다 마지막 숨결을 내뱉고만 것이다.

제자 진복창이 제 스승 구수담을 죽게 할 때 구수담보다 4년 연상인 이해도 앙심을 품고 기회를 노리던 진복창 일파(병조판서 겸 우의정 이기, 사간 이무강)에게 걸려들어 죽고 말았다.

68세의 이기가 우의정에 올라가는 것을 반대했다가 그만 5년 뒤에 부메랑으로 되돌아온 이기의 앙심에 뒷덜미를 잡혀 죽고 말았던 것이다. 45세의 사간원 대사간 구수담과 49세의 사헌부 대사헌 이해가 '이기는 정승 재목이 못됩니다'라며 이구동성으로 반대했었다.

결국 정확히 5년 뒤에 74세의 이기가 복수의 칼을 빼들자 50세의 구수담과 54세의 이해는 천수를 다 못 누린 채 죄인으로 죽어야 했다.

21 │ 조선의 유명 인물들의 별명

김우항은 이런 난세를 살았으면서도 '흠 하나 없는 대인'이라는
의미를 지닌 '장자長子'와 '완인完人'으로 불렸다.
청빈淸貧의 대명사요 선비의 사표師表였던 것이다.
만백성의 맏형이요 많은 벼슬아치들의 이상적 모델이었다.

이름을 함부로 부르기 어렵다하여 보통 성인식에 해당되는 관례
冠禮를 치르고 나면 자字를 지어 부르고 또한 사회생활을 본격적으
로 시작할 무렵이 되면 스승이나 친구들이 지어주는 아호雅號를 주
로 부르게 되어 있었다.

그런데 그런 고루한 사회에서도 '별명'이 횡행했다면 이를 대체
어떻게 받아들여야 할 것인가. 때로는 존경의 뜻으로, 때로는 비아
냥거림으로 별명을 지어 불렀다.

존경의 뜻으로 지어 부르는 별명은 그런 대로 들어줄 만 했을 것
이다. 그러나 저주와 비난을 가슴에 숨긴 채 우회적인 의미와 수단
을 빌려 별명을 지어 불렀다면, 그 어떤 노골적인 표현이나 비난보
다도 몇 십 배, 몇 백 배 더 치욕적이라 해야 할 것이다.

고려 말의 대표적인 성리학자이자 큰 정치가였던 鄭夢周정몽주
(1337-1392)를 두고 李穡이색(1328-1396)은 '동방이학지조東方理學之祖'라고
불렀다. 고려 성리학의 시조라는 칭송의 뜻이 배어있는 별명이고

별칭이다.

9년 연상인 '한산 이씨' 이색이 '연일 정씨' 정몽주의 학문적 깊이를 칭송해 마지않았던 것이다.

> "정몽주는 함부로 말하듯이 쉽게 표현해도 전혀 논리에 어긋남이 없다. 대단한 사람이다. 성리학을 완벽하게 터득한 사람이기 때문일 것이다. 실로 고려 성리학의 시조로 부를만한 사람이다."

이색은 정몽주를 서슴없이 그렇게 칭찬했다.

정몽주가 국내파라면 이색은 누가 보아도 해외파였다. 물론 정몽주 자신도 30대 중반과 40대 후반에 명나라 태조(주원장)를 직접 만나 대화도 하고 관상도 서로 비교해 보았지만 이색처럼 중국 대륙에서 학문을 하거나 중국의 관직을 갖고 봉직해 본 적은 없었다. 이색과 명 태조가 동갑내기였으니 결국 정몽주와 명 태조는 9세 차이였던 셈이다.

30대 중반에는 명 태조가 촉나라를 평정한 것을 축하하기 위해 간 사절단의 서장관으로서 명 태조를 만났고 40대 후반에는 명 태조의 56회 생일을 축하하기 위해 만났었다.

서장관으로 갔을 때는 귀국 도중에 태풍을 만나 죽게 되었었기 때문에 만날 수 있었다. 즉, 태풍을 만나 배가 다 부서지고 열 명 사절단 중 겨우 두 명만 살아남아 명 태조가 보내준 배를 타고 구사일생으로 살아났던 것이다.

정몽주는 살아남은 한 사람과 더불어 말 다리를 베어 먹으며 2주간 가까이 생존하다가 구사일생으로 구조되어 극진한 간호와 대접을 받고 귀국할 수 있었다.

40대 후반에 9세 연상인 명 태조의 생일을 축하하기 위해서 갈 때에는 고려 조정의 내로라하는 대신들이 모두 혼쭐날 줄 알고 서로 가기 싫어 미룰 때 왕따 당하듯이 지목되어 먼 여행을 했지만, 전후 사정을 잘 아는 명 태조는 십여 년 전에 조난당했던 바로 그 사람임을 알고 정몽주를 특별히 따뜻하게 맞아주었다.

40대 초반에는 일본에 가서 왜구들이 붙잡아다 노예로 팔아먹은 고려인들을 수 백 명이나 데리고 오기도 했으니, 정몽주는 비록 유학파는 아니었지만 당시의 국제 환경 속에서 외국을 활발하게 오가며 국익과 백성을 훌륭히 지켜냈던 것이다.

이색은 전혀 달랐다.

20세에 원 나라에 가서 그곳 국자감國子監의 생원이 되어 성리학을 연구했으니 진정한 해외파 내지 유학파라고 보아야 할 것이다. 3년 뒤에 부친상을 당해 귀국해야 했지만 3년여의 해외유학 생활이었던 셈이다.

3년 상을 마치고 공식 사절단의 서장관으로 다시 원나라로 향했다. 26세였던 그는 원나라 과거에 응시하여 원나라 벼슬을 하게 되었다. 회시會試에 장원을 하고 전시殿試에서는 차석을 했다.

첫 벼슬은 국사원國史院 편수관이었지만 몇 달 근무한 뒤 다시 귀국했다. 한데 이듬해에 다시 원나라 한림원에서 27세인 그를 채용했다. 그는 28세에 귀국하여 29세에는 '3년 상'을 제도화하는데 앞장섰다. 불교의 나라 고려에 성리학의 깃발을 꽂기 시작했던 것이다.

20년 뒤인 49세 때에는 辛旽신돈의 혈육이라는 비난을 받고 있던 우왕禑王의 사부師傅가 되어 쓰러져 가는 고려왕조의 끝자락을 붙들고 있었다.

그는 우왕과의 개인적인 인연 때문에서라도 이성계 일파와 같은 길을 걸을 수 없었을 것이다. 자신이 임금으로 떠받들던 사람을 일개 요승 신돈의 첩(이름은 반야般若)이 낳은 사생아로 낙인찍어 제거하려는 정략적 음모에 어떻게 동조할 수 있었겠는가.

그는 우왕의 아들인 창왕昌王이 즉위하도록 적극적으로 나섰을 때부터 이미 이성계 일파와 건너지 못할 강을 건너고만 것이었다.

정몽주(夢꿈 몽 周두루 주)의 이름은 '두루 바라는 것이 많다'는 의미를 지니고 있다.

자는 달가(達통달할 달 可옳을 가)인데, '무엇에든 깊이 파고들어 옳고 그름을 분명하게 밝힌다'는 의미로 풀어볼 수 있다.

이상이 대단히 높고 포부 또한 아주 큰 사람이었을 것이다.

무엇을 하든 철저히 파고들어 완벽을 기하는 치밀함과 끈기가 있었을 것이다.

아호는 '밭이나 가꾸며 숨어산다'는 의미인 포은(圃밭 포 隱숨을 은)이다. 자신의 속에 숨긴 은둔적이고 목가적인 측면을 암시하고 있다. 산골에 숨어 학문에만 골몰하고 싶은 욕구야 학자들의 공통된 소망이 아니겠는가. 정몽주도 세월이 다 지나가 더 늦어지기 전에 초야에 묻혀 공부에만 열중하고 싶다는 간절한 소망을 지니고 있었을 것이다.

이색(穡거둘 색)의 이름은 '곡식을 거둬들이듯이 자신의 생애를 잘 가꿔 풍성한 추수를 기약한다'는 의미로 풀어볼 수 있다.

자는 영숙(潁강이름 영 叔아재비 숙)으로 '강가에 나가 배를 기다리는 사람'이니 평생 길에서 보낸 시간이 아주 많았을 것이다.

역마살驛馬煞이 낀 학자요 여행 복이 터진 사람이었던 셈이다.

아호는 목(牧칠 목 隱숨길 은)으로 '가축이나 키우며 초야에 묻혀 산다'는 뜻이다. 아니면 제자들을 키우고 사람들의 이성과 양심을 일깨우며 숨어산다는 뜻으로도 풀어볼 수 있을 것이다.

'밭을 가꾸며 숨어 지낸다' 는 정몽주나 '가축을 키우며 숨어지 낸다' 는 이색이나, 둘 다 소란한 세상살이를 벗어나 숲과 물과 하 늘과 바람만을 벗한 채 진리 탐구, 진리에 대한 사색에 빠져들고 싶다는 소망에서만은 일치하고 있었을 것이다.

꿈속에서나마 모든 것을 해 보고 싶은 정몽주나 추수할 때를 기 다리는 농부의 심정으로 생애를 이끌어 가는 이색이나, 마음 한 구 석에 관념적이고 이상적인 특별한 지향을 지니고 살았을 것이다.

세속의 먼지 뒤집어 쓴 삶을 넘어 보이지 않는 곳에 엄연히 존재 하는 좀 더 비밀스럽고 신비로운 그 무엇을 끊임없이 추구하고 있 었을 것이다.

두 사람의 자에서 드러나듯 무엇을 하든 철저히 꿰뚫어야 직성 이 풀리는 정몽주… 강가에 나가 배를 기다리는 사람인 이색….

정몽주는 어딘가 극성스럽고 독선적인 데가 있었을 것이다. 스스 로 완벽을 기하고자 하는 적극적이고 공격적인 사람은 남에게도 자칫 똑 같은 기준과 목표를 강요할 가능성이 큰 법이다.

반면에 이색은 한 곳에 안주하지 못한 채 항상 어디론가 훌쩍 떠 나고 싶은 충동과 욕구에 휩싸였을 것이다. 어딘가 적극적이면서 도 소극적이고 앞장서는가 하면 뒤로 물러서는 그런 이중적인 측 면을 지니고 있었을 것이다.

한 마디로 정몽주는 대단히 정치적인 사람이었고 이색은 전형적 인 학자 스타일이었을 것이다. 그런 탓에 이색은 정몽주를 평하며 오로지 학문적인 측면에서만 그의 높이와 깊이를 재보게 되었던 것이다. 그래서 정치적 칼라나 캐릭터는 뒤로 한 채 9세 연하인 그 를 성리학의 창시자로 높여 주었을 것이다.

조선을 건국한 태조 이성계가 직접 이름을 바꿔준 南在남재는 위낙 셈본이 빨라 '南算남산' 이라는 별명을 갖고 있었다.

본래 南謙남겸이었는데 태조가 '겸손할 겸謙' 자를 '있을 재在' 로 바꾸도록 하라고 하여 남겸이 남재로 바뀐 것이다. 이색의 제자였으니 스승과 제자는 마치 부모와 자식 사이 같아서 성품이나 지향이 대개 엇비슷하게 마련이다.

남재도 정작 조선 건국에는 적극적으로 나섰으면서도 불사이군 不事二君의 도리를 저버린 죄인이니 공신의 포상을 받을 수 없다며 초야에 몸을 숨겼었다.

23세 연상인 스승 이색이 조선왕조에는 결코 참여할 수 없다며 이리저리 피해 다니다가 여강驪江으로 가는 도중에서 68세로 죽은 것처럼 제자도 양심의 가책을 못 이겨 공신 포상을 극구 피했던 것이다.

결국 숨어있던 처소가 태조에게 알려져 하는 수 없이 불려나와 개국 1등 공신에 올라 의성군宜城君에 봉해졌다. 40대 초반에 새로운 왕조를 세우고 새롭게 벼슬길을 열어놓았던 것이다.

그가 45세 때에는 도병마사가 되어 대마도를 정벌했다. 그리고 47세 때에는 3세 연하의 동생 南誾남은(1354-1398)이 44세로 태조의 다섯 째 아들로서 당시의 정계 실세였던 이방원 일파에게 살해되어 형인 그도 유배되고 말았다. 이름하여 제1차 왕자의 난 때였다.

거물 중의 거물로 경복궁의 모든 문들과 건물들의 이름을 지을 정도로 막강한 영향력을 지니고 있던 鄭道傳정도전(1337-1398; 봉화 정씨로 연일 정씨 정몽주와 동갑내기)마저도 단칼에 목이 달아날 정도의 정치적 혼란기였으니, 죽고 사는 것이 모두 하늘에 달려 있던 시절이었다. 무혐의로 풀려났지만 죽은 동생을 생각하면 함께 못 죽은 것이 천추의 한이었다.

어떤 동생이었던가. 기라성 같은 대신, 장수들을 포함하여 52명이

문하시중門下侍中(영의정에 해당됨) 이성계를 이씨 조선의 첫 왕으로 세우자며 무혈 쿠데타를 일으켰던 형제였다.

혈육으로 보면 친형제요, 정치적으로 보면 죽어도 같이 죽고 살아도 같이 살아야 할 동지 중의 동지였다. 동생이 죽고 없는 하늘 아래서 형은 그래도 승승장구하여 60대에는 우의정을 거쳐 영의정에 올랐다.

남재는 셈이 빠르고 통계에 밝은 탓에 자타가 인정하는 경제전문가, 예산결산 전문가였다. 오죽하면 다들 그의 빠르고 정확한 셈을 부러워하여 '남산南算'이라고 불렀겠는가.

천수도 스승인 이색과 똑같이 68세였다.

남재(在있을 재)의 이름은 '마땅히 있어야 할 곳에서 제 자리를 잡고 제 목소리를 낸다'는 의미이니, 대단히 적극적이고 실존적인 이름이었던 셈이다.

자는 경지(敬공경할 공 之갈 지)이고, 아호는 구정(龜나라이름 구 亭정자 정)이다. '공손하고 신중한 사람'이라는 자의 의미처럼 대단히 겸손하여 자칫 소극적이고 은둔적이기 쉬운 기질이었을 것이다. '나라를 생각하는 정자'라는 아호의 의미대로 그는 일신의 안위보다 나라라는 공동체의 안위를 먼저 생각하는 사람이었을 것이다.

장작개비나 세고 화투판의 셈이나 하는 그런 셈이 아니었다. 나라의 살림살이에 대한 통계를 훤히 다 꿰고 있었다. 예산 결산과 인구 통계에 남다른 재주를 지니고 있었다. 얼마나 건전한 별명이고 영광스러운 별명인가. 예산 결산의 귀재요 통계의 왕이라는 의미가 아닌가.

단순히 성격이나 외모나 몇 가지 스타일을 꼬집어서 지어낸 별명이 아니라, 나라에서 요긴하게 사용할 수밖에 없는 개인적 특기를 근거로 지어준 별명인 것이다.

'나라를 생각하는 정자' 라는 아호의 의미대로 그는 나랏일을 숫자적으로 잘 꿰고 있었다. '있을 곳에 마땅히 있다' 는 이름처럼 그는 철저히 실제적이고 실용적이고 현실적인 사람이었다. 공상이나 환상이나 이상을 별로 좋아하지 않았다.

과학적이고 실천적인 것만을 대상으로 연구하고 싶어 했다. 회계 및 통계 전문 행정가였던 셈이다. 기획력이 뛰어난 유능한 행정가였던 셈이다.

임진왜란 직전에 일본의 전쟁 준비상황을 파악하고 돌아온 통신사 일행으로 黃允吉황윤길(1536년 출생; 장수 황씨)과 金誠一김성일(1538-1593; 의성 김씨)이 있었다.

서인에 속했던 정사 황윤길은 54세였고 동인에 속했던 부사 김성일은 52세였다. 그런데 임진왜란 직전에는 동인이 조정의 대세를 거머쥐고 있었기 때문에 '전쟁 위험이 없다' 는 부사 김성일의 보고가 '전쟁위험이 높으니 철저히 대비하지 않으면 큰 일 날 것' 이라는 정사 황윤길의 보고보다 더 정확하다고 여겨졌다.

결과적으로 정확히 일년 2개월 뒤(통신사 일행이 일본에서 돌아온 것이 1591년 2월이었고 임진왜란은 이듬해 4월에 발발했음)에 임진왜란이 일어나자 임금(선조)은 정사 황윤길의 말을 듣지 않아 이 꼴이 되었다며 후회했고 김성일은 안방준 등으로부터 전쟁위험이 없다고 거짓보고를 하여 이 지경에 이르게 했다는 공격을 받아 파직되었다.

하지만 김성일의 젊은 날의 성격은 그렇게 호락호락하지가 않았다. 18세에 예안의 도산서원으로 달려가 이황의 제자가 되었을 때부터 그는 남다른 정의감과 의협심을 지니고 있었다.

24세 때에는 비록 유생 신분이었지만 당대의 권력 정

*문정대비 : 중종의 계비로 명종의 모친; 아들 명종의 수렴청정을 끝내고도 계속해서 국정에 깊이 관여하여 숭불정책을 펼쳤음

점이던 문정대비*를 정면으로 공격하는 상소를 올릴 정도였다.

김성일은 26세 때에 진사가 되고 29세에 과거에 급제했다. 정사 황윤길이 25세에 문과에 급제했으니 부사로 함께 가게 되는 김성일은 그보다 6년이 지나서 과거에 급제했던 것이다. 나이로는 두 살 차이지만 과거시험으로는 6년 차이가 나는 것이다.

34세 때인 선조 임금 초(1572년 선조 5년)에는 사육신을 복권시켜야 한다고 상소를 올렸다. 39세 때에는 종계변무宗系辨誣*를 청하러 명나라에 가는 사절단의 서장관이 되어 동행했다.

그는 요동에서 정학서원에 들러 학문하는 목적에 대해 명나라 학자들과 토론을 벌이기도 했다. 41세에 사헌부 장령이 되었는데 어찌나 자신의 감찰, 탄핵업무에 충실, 엄격한지 다들 그를 두고 대궐 호랑이(전상호殿上虎)라고 불렀다.

아마도 김성일에게 걸려들면 뼈도 못 추리게 되니 일찌감치 피하는 게 상책이라는 뜻에서 그런 별명을 지어 불렀을 것이다. 관리들의 타락과 방종을 경계하는 자리이니 아무리 엄하다고 해도 결코 지나침이 있을 수 없었을 것이다. 그리고 그가 대궐의 호랑이로 불리면 불릴수록 조정의 분위기나 대신들의 근무자세는 점점 더 나아졌을 것이다.

45세 때에는 왕의 특명에 의해 나주 목사로 나가 관리들의 민폐를 시정했다. 바로 그 때 金汝岉김여물이란 자가 순무어사로 지방을 감찰하고 다녔는데 한 번은 그가 술을 잔뜩 마시고 늦은 밤중에 관아로 들어서려 했다.

김성일은 '어디서 술에 취해 돌아다니느냐' 며 크게 꾸짖고 문을 열어주지 말도록 엄히 지시했다.

황윤길과 같이 일본에 갔을 때는 풍신수길은 국왕이 아니고 일개 추장에 불과하니 절대로 임금에 준하는 외교관례를 적용할 수 없다고 강력하게 우겨 결국 관철시키고 말았다.

어찌 보면 고루하기 짝이 없고 한편으로 생각하면 비현실적이고 비타협적인 외교의 전형이었다고 볼 수도 있겠지만, 그는 그렇게 소신과 주장이 분명하고 완강했던 것이다.

하지만 스승 이황 밑에서 동문수학한 金睟김수(1547-1615; 안동 김씨)가 경상우감사로 내려와 5세 연하의 의병장 곽재우와 극심한 갈등을 빚어 곽재우가 희생당하게 되었을 때는 발벗고 나서서 두 사람을 화해시켜 함께 왜적을 물리치도록 했다.

경상도 초유사招諭使로 내려와 자진하여 군사를 모아 왜적을 물리치고 있던 의병장들과 조화를 이루며 전력이 최대한 발휘될 수 있도록 공동 전선을 구축하게 했던 것이다.

곽재우, 金沔김면(1541-1593; 고령 김씨), 鄭仁弘정인홍(1535-1623; 서산 정씨) 등이 그의 지휘와 조정을 받아 효과적인 전선을 구축하고 있었다.

김성일(誠정성 성 一한 일)은 '외길로 공을 들여 오로지 하나로 통한다' 는 이름 뜻처럼 그는 대단한 외골수였을 것이다.

자는 사순(士선비 사 純생사 순)이고, 아호는 학봉(鶴학 학 峯봉우리 봉)이다. '비단실 같은 선비' 라는 자의 의미에서는 그의 고결한 품성을 엿볼 수 있고, '학 떼가 춤을 추는 산봉우리' 를 뜻하는 아호에서는 초월과 신비를 꿈꾸는 무한한 욕망을 짚어볼 수 있다.

임진왜란을 만나지 않고 평화시에 태어나 평화롭게 살았다면 대단한 학문적 영역을 개척했을 것이다. 고집이 엄청나게 세지만 생각의 갈래가 무궁무진하여 그는 듣고 배우고 느낄수록 더욱더 커지고 깊어지고 넓어질 수 있었을 것이다.

대궐 호랑이라는 별명을 들을만한 이름이고 자이고 아호이다.

타협을 모르는 성격인데다 품고 있는 이상과 목표마저 범인의 범접을 모조리 물리칠 정도로 높고 깊으니, 자연히 비타협적이고 때로는 무자비하게까지 보여졌는지도 모른다.

품고 있는 소망과 타고난 성격이 엄연히 갑남을녀甲男乙女의 그렇고 그런 것들과 엄연히 다른데, 어떻게 좋은 게 좋은 거라며 함부로 뒤섞일 수 있었겠는가.

순결하고 고결하면 누구라도 호랑이 소리를 들을 수 있다. 자기 임무에 충실하며 한 눈 팔지 않으면 누구라도 호랑이라는 별명을 들을 수 있다. 하지만 사헌부 장령掌令(정4품)으로서 대궐 호랑이 소리를 듣는 것은 여러모로 위험천만한 일이었을 것이다.

더욱이나 40대 초반이었으니 인생으로 보나 벼슬길로 보나 중요한 고비였던 셈이다. 삐끗하면 벼랑이고 잘만 하면 성층권 바로 아래까지 비상할 수도 있었다. 출세의 갈림길이요 편안한 말년의 시험대였던 셈이다.

아무나 할 수 있는 일이 아니었기에 대궐 호랑이라는 별명을 들을 수 있었을 것이다. 청년시절의 열정이나 추진력, 돌파력이 거의 다 소진되었을 나이가 아닌가. 잘 보이지 않던 정략과 정치적 술수가 훤히 다 보일 나이였지 않은가. 대궐의 생쥐들과 대궐의 박쥐들, 승냥이들, 족제비들, 바퀴벌레들, 좀벌레들이 즐비하게 널려 있었을 텐데도 전혀 개의치 않고 호랑이로 남을 수 있었다는 것은, 실로 대단한 용기였다고 볼 수밖에 없을 것이다.

하늘을 우러러 부끄럽지 않다고 확신하는 떳떳함이 있어야 비로소 가능했을 것이다. 유아독존식의 처신만으로는 결코 주위의 호응과 동조를 얻어낼 수 없었을 것이다. 깨끗하고 떳떳하고 바르게 살지 않았다면 불가능한 일이었을 것이다. 자칫 잘못하면 직권 남용이나 월권으로 탄핵받아 죽을 수도 있었을 것이다.

이율곡은 23세부터 29세까지 자그마치 아홉 차례나 과거시험에 응시하여 아홉 번 다 장원을 했기 때문에 '9도장원공九度壯元公'이라는 별명을 들었다.

대개 20대와 30대에 과거시험에 응시하게 마련인데 기껏해야 병과 급제(11등에서 33등까지의 23명)이거나 을과 급제(4등에서 10등까지의 7명)이었던 시절에 아홉 차례나 장원급제를 했으니 실로 조선의 천재요 조선의 수석왕이었다고 해야 할 것이다.

보통 문과 최종 합격자인 33명 중 2등인 아원亞元으로만 급제해도 대단한 기록인데 9번이나 장원급제를 했다면 그 어느 누구도 감히 李珥이이(1536-1584)를 넘볼 수 없었을 것이다.

이름은 이(珥귀걸이 이)지만 '햇무리'를 의미하기도 한다.

자는 숙헌(叔아재비 숙 獻바칠 헌)이다. 두 개의 아호는 각각 본가가 있던 파주 '栗谷율곡'과 처가가 있던 해주 '石潭석담'에서 따온 것이다.

'햇무리'를 뜻하는 이름, '어진 사람'을 뜻하는 자, 그리고 '밤나무 골'과 '호수 속 바윗돌'을 암시하는 두 개의 아호…

인품이 고결하고 태어난 운세가 고귀하다는 암시가 곳곳에 배어 있다. 사상이 깊고 이상이 드높음을 암시하는 이름이고 아호이다. 단순한 재주나 암기력 때문에 아홉 번 수석합격을 한 것이 아닐 것이다. 본래 생각이 뛰어나고 깊었기 때문에 비로소 그런 남다른 시험성적을 낼 수 있었을 것이다.

대사헌의 말(horse)! 못 먹어서 비슬거리는 짐승을 보면 '저거 대사헌의 말이 아닌가'라며 의미심장한 농담을 주고받았다고 한다.

李芑이기(1476-1552; 덕수 이씨)가 워낙 청렴결백하여 재물을 전혀 탐내지 않았기 때문에 늘 생활이 빈한하기 마련이었는데, 하루는 그가 타고 다니는 말이 번화한 네거리에서 풀썩 쓰러지고 말았다.

사정을 알아보니 굶어서 기운이 다 빠진 탓에 그만 주인의 몸무게를 못 이겨 저자거리에서 쓰러졌던 것이다. 이후 사람들은 대사헌 이기의 영양실조 걸린 말에 빗대어 주인이 가난하여 덩달아 영양실조로 비쩍 마른 가축을 보면 '대사헌의 말'로 풍자했다.

이기는 25세에 문과 병과로 급제하여 벼슬을 시작했다. 그리고 50세까지는 12년간이나 함경도 일원에서 변방을 수호하며 지냈다.

51세에 명나라에 다녀와 중앙관직을 두루 거쳤지만 4세 연하의 김안로라는 희대의 정치 모리배를 만나 그의 탄핵으로 강진에 유배되었다. 57세에 유배형이라는 액땜을 한 것이다. 그러나 61세에 석방되어 이듬해에 예조참판을 지냈다.

그가 66세 때에는 건주위建州衛 야인들이 준동하자 노구를 이끌고 다시 북방영토를 지키기 위해 삭풍이 휘몰아치는 거친 고원으로 향했다.

69세에 명종(경원대군:1534-1567)이 11세 어린 나이로 즉위하자 우의정 겸 병조판서로 명실상부한 황금기, 전성기를 맞았다.

그런데 세월의 흐름을 따라가다 보니 명종의 외삼촌으로 막강한 권력을 휘두르던 윤원형*과 한 패가 되어 정치적 보복과 숙청의 악순환에 끼어들고 말았다.

*윤원형 : 1563년 영의정을 지내고 1565년에 귀양 가서 죽음

그 결과 76세로 장수했지만 죽고 나서 선조 임금 대에 크나큰 치욕을 당해야 했다. 간신 윤원형과 한 패가 되어 숱한 선비들을 죽음으로 내몰았다, 죄 없는 인재들을 죽음으로 내몰았다는 부끄러운 죄명으로 살아서 누리고 쌓은 모든 명예가 다 박탈되고 무덤의 묘비도 통째로 뽑혀나가고 말았던 것이다.

이기(부추조기 芑)는 상추 같은 채소를 뜻하는 글자이다.

자는 문중(文무늬 문 仲버금 중)이고, 아호는 경재(敬공경할 경 齋계할 재)이다.

'재주보다 기질로 살아간다' 는 것을 암시하는 자에서 '이론보다 실천에 강한 사람' 임을 읽을 수 있다. '공손하고 정중한 사람' 을 의미하는 아호에서는 충성스럽고 우직한 사람임을 엿볼 수 있다.

더욱이나 30대와 40대를 북방방어에 바쳤던 사람이니 신분은 비록 문신이나 기질은 이미 반 이상 무인에 가까웠을 것이다.

나라와 종묘사직을 위한 일이라면 사람 몇쯤은 죽어도 좋다는 대단히 경직된 국가관을 갖고 있었을 수 있다.

12년을 국경 지키고 영토 넓히는 일에 바쳤던 사람이다. 오십이 되어서야 한양에 올라와 중앙 무대에 본격적으로 진출했던 사람이다. 변방의 거칠고 가난한 생활에 익숙하여 말을 배불리 먹이는 것조차 죄짓는 일로 여겼던 사람이다.

'대사헌의 말' 로 대변되는 그의 청렴 강직함은 모략과 권력 남용에 이골이 난 난세의 간신 윤원형을 만나자 그만 변질된 국가관으로 뒤바뀌고 말았던 것이다.

실천력은 쥐뿔도 없으면서 입만 나불거리는 한양 조정의 선비들이 몹시 한심해 보였을 것이다. 몇 놈 잡아 죽여야 정신을 바짝 차리게 될 것이라며 마구 밀어붙였을 수도 있다. 하지만 69세의 노인이었으니, 옳고 그름과 충신, 간신 정도는 훤히 다 꿰고 있었어야 하지 않았을까.

그래도 죽어서야 삭탈관직되고 묘비가 뽑혀나가는 부끄러움을 당했으니, 대단한 운세요 조상귀신들이 똘똘 뭉쳐 비호해준 행운 아였던 셈이다.

병자호란(1636년)으로 조선이 늘 야만족으로 여기며 깔보던 여진족의 나라 청淸에 항복하자 제일 먼저 왕실이 치욕과 박해를 입기 시작했다.

세자와 왕자들이 줄줄이 청나라로 끌려가야 했으니, 말은 정치적 인질이지만 따지고 보면 영락없는 중죄인이요 전쟁 포로였던 것이다.

소현세자의 처지가 가장 딱했을 것이다. 아버지(인조)에 이어 임금이 될 사람인데도 물도 안 맞고 말도 설은 이민족의 땅에서 십여 년 가까이나 인질 생활을 해야 했으니 그 괴로움이 오죽했겠는가.

25세에 끌려가서 33세에 영구 귀국했으니, 인생의 황금기에 해당되는 20대와 30대의 절반을 전쟁포로 내지 승전국의 국제인질로 허송세월 한 셈이다. 하지만 청나라의 주요 행사와 황제의 사냥 등에 동참하며 청나라의 속과 겉을 속속들이 다 알게 되었다. 더욱이 나 32세에는 동갑내기인 청나라 제9왕 다리곤*이 명의 수도 북경을 농민 반란군 우두머리 이자성으로부터 수복하기 위해 명나라 군대와 함께 출전할 때 동행했다.

명나라 장수 오삼계가 청나라 군대를 끌어들여 양국 합동으로 북경 수복 전쟁을 치렀던 것이다.

소현세자는 북경에서 청나라의 막강한 국력을 똑똑히 확인했다. 그 후 조선이 살려면 청나라와 잘 지내야 한다고 굳게 믿고 청나라 왕실의 실력자들의 환심을 사는 일에 재물과 정력을 바쳤다. 그러다 보니 자연히 소현세자의 체재비가 엄청나게 소요되었던 것이다.

특히 청나라의 온갖 요구(군량미, 군마, 선박, 병력, 특산물 등)를 중간에서 조정하고 해결해야 하는 역할을 띠고 있던 입장에서 청나라의 요구사항을 일방적으로 들어주다 보니 자연히 조선의 부담이 날로 커질 수밖에 없었다.

기분이 좋은 청나라 왕실에서는 소현세자를 젊은 임금님 내지 어린 임금님(소군少君)으로 높여 부르며 한껏 추켜세워 주었다.

인조와 조선 조정은 당연히 불만을 갖고 소현세자와 청나라의 밀착관계를 의혹의 눈으로 볼 수밖에 없었을 것이다.

소현세자는 33세에 조선 땅에 돌아왔지만 냉대가 아주 심했다. 부왕인 인조가 미워하는데 어느 누가 가까이 하려 했겠는가. 독살인지 병사인지 그는 귀국 후 2개월만에 급사했다. 그러자 인조는 원손(혹은 세손; 소현세자의 장남)을 폐위시키고 둘째아들 봉림대군(후에 효종으로 즉위)을 세자에 봉했다.

설상가상으로 소현세자가 죽고 나서 1년도 채 안되어 부인 강씨가 사약을 받고 죽고(1646년 3월) 말았다. 인조의 총애를 받던 소의昭儀(정2품) 조趙씨가 모함하여 남편 없는 청상과부 강빈姜嬪*을 죽음으로 내몰았던 것이다. 친정어머니와 친정 네 형제들, 그리고 그녀의 세 아들들이 모조리 큰 화를 당했다.

당시 영의정으로 있던 金自點김자점*은 강빈을 처형해야 한다고 강력하게 주장했다.

*강빈 : 우의정을 지낸 강석기의 딸
*김자점 : 1588-1651; 안동 김씨. 손자 '김세룡'이 인조의 소생인 효명옹주와 결혼하자 더욱 방자하게 굴었음; 아들 '익'이 역모사건에 연루되자 그도 63세로 처형됨

소현세자의 이름은 '汪 넓을 왕' 이다. 뜻이야 어찌되었건 발음 자체가 임금을 의미하는 '왕' 이었으니 꽤나 큰 이름이요 오해받기 꼭 알맞은 이름이었던 셈이다.

장인은 강석기(碩클 석 期기약할 기)이고, 자는 복이(復돌아올 복 而말이을 이)다. 아호는 월당(月달 월 塘못 당) 혹은 삼당(三석 삼 塘못 당)이다.

'뒤집어서 잇는다' 는 자의 의미가 자못 의미심장하다. 두 개의 아호는 '달이 비친 연못' 과 '세 개의 연못' 이다.

이름에 들어있는 '기약할 기期' 나 자에 들어있는 '돌아올 복復', 그리고 아호에 들어있는 '연못 당塘' 이 왠지 을씨년스럽고 외롭기 한이 없다.

사위 소현세자가 급사할 것과 딸이 남편을 독살한 죄로 사사될 것을 미리 내다본 이름 같기만 하다. 자신의 아내와 네 아들들, 그

리고 세 명의 외손자들이 줄줄이 비참한 최후를 맞게 될 것을 미리 내다보고 비극이 들이닥치기 3년 전에 63세로 타계한 것인지….

아버지 인조 임금의 이름 諱(휘)은 '상고 신인 倧(종)'이다. 사람은 사람인데 신이 사람의 탈을 쓰고 태어난 엄연한 신인神人이라는 이름이다.

자는 화백(和화할 화 伯맏 백)이고 아호는 송창(松소나무 송 窓창 창)이다. '화합의 귀재'라는 자와 '소나무에 둘러싸인 창문'을 뜻하는 아호에서 마음먹은 대로 일을 꾸며내는 정치력이 물씬 묻어난다.

인조는 반란군을 직접 지휘하여 궁궐을 난입한 대담무쌍한 28세의 젊은 왕이었다. 아들 소현세자가 33세로 급사할 때 그는 50세였다. 다년간의 해외생활에서 알게 모르게 조선과 거리가 생긴 세자는 17세 연상의 부왕과 예전처럼 따뜻한 부자관계를 회복하기 힘들었을 것이다.

일곱 살 아래의 동생 봉림대군(효종)의 이름은 호(淏맑을 호)이다. 자는 정연(靜고요할 정 淵못 연)이고, 아호는 '대나무 죽(竹대나무 죽 梧벽오동나무 오)이다.

'고요한 호수'와 '대나무와 벽오동나무가 어우러진 정원'을 의미한다. 한 마디로 아버지 인조의 이름이나 자나 아호에서는 뭔가 단단하고 결연한 면이 보이고, 동생 봉림대군의 이름이나 자나 아호에서는 뭔가 차분하게 안정된 느낌을 갖게 된다.

인조와 두 아들(소현세자, 봉림대군) 사이의 얽히고 설킨 인간관계에서 소현세자만 뒤로 벌렁 나자빠지고만 것이다.

장인어른의 '큰 것을 기약한다'는 이름이나 '뒤집어 이어간다'는 자가 '하늘에서 내려온 신인'을 뜻하는 부왕 인조의 이름을 이겨내지 못한 것이다.

'달빛이 비친 연못'이라는 장인어른의 아호도 동생 봉림대군의 '고요한 호수'를 뜻하는 자에 그만 눌리고만 것이다.

결국 소현세자는 청나라에 잡혀간 전쟁포로 시절에나 소군少君으로 불리며 왕이 아닌 왕으로 대접받았다. 이름이 '왕'이듯이 그저 불리기나 하는 왕 노릇으로 끝나고만 것이다.

金宇杭김우항(1649-1723; 김해 김씨)이란 이는 참으로 이상적인 별명을 들었던 사람이다. 사람들이 그를 두고 '장자長子'니 '완인完人'이니 했으니, 그 얼마나 명예로운 호칭인가. 도대체 어떤 이력을 지닌 사람이었기에 그런 영예로운 별명을 지니고 있었을까.

김우항은 20세에 진사가 되었다. 26세(1675년 숙종 1년)에는 유생들과 함께 송시열 구명운동을 펴기 위해 연명으로 상소를 올렸다.

현종 말년에 인선왕후가 별세하자 자의대비 복상문제가 조정의 주 이슈(main issue)로 떠올랐다. 송시열을 중심으로 한 서인 일파는 9개월 복상(대공설)을 주장했고 남인 일파는 1년 복상(기년설)을 주장했다. 결국 남인의 1년 복상이 받아들여져 서인 일파는 수세에 몰리게 되고 서인의 우두머리였던 송시열은 유배형에 처해졌던 것이다.

26세의 팔팔한 김우항은 유생들과 합세하여 68세의 노 대신(송시열)을 위해 상소를 올렸던 것이다. 하지만 이미 남인이 득세한 상황이라 실패로 끝나고 말았다.

김우항은 그 후 학문에 열중하여 32세에 문과 을과(4등에서 10등까지)로 급제했다. 그리고 외교문서를 담당하는 승문원 관직을 거쳐 성균관 전적典籍(정6품)과 예조, 병조의 좌랑佐郎(정5품)을 지내며 관직생활을 하다가 40세에 기사환국으로 남인이 득세하자 낙향했다.

*이상 : 1620-1690;우봉
이씨.38세에 박세채,윤
증 등과 함께 사림의
학사로 천거되어 벼슬
을 시작.41세에 대사헌
을 지내며 송시열의 정
치적 노선을 충실히 따
름.69세에 기사환국으
로 서인이 실각하자 70
세로 옥사함.
*신임사화 : 경종 즉위
초인 1721년과 1722년
에 있었던 신축옥사와
임인옥사를 합쳐서 부
르는 말로,같은 서인
계열인 소론이 노론을
대대적으로 숙청한 일
*목호룡의 모함 : 후에
영조로 즉위하게 되는
연잉군을 적극 옹호하
던 노론이 병약한 경종
을 죽이고 대신 연잉군
을 왕으로 세우려 했다
는 것

그런데 얄궂게도 앞서서 李翔이상*이란 자를 변호한 일이 꼬투리가 되어 철산으로 유배되었다가 곧 풀려났다.

그가 45세에 갑술옥사(1694년)로 서인이 재등장하자 그도 세자 시강원(侍講院) 사서司書(정6품)로 재기용되었다. 회양 부사와 전라도 관찰사로 나가 선정을 베푼 목민관으로 존경받았다.

54세에는 형조, 병조판서를 역임하고 좌참찬에 올랐다.그리고 61세에는 호조판서로서 산성 축성과 행궁 축조에 매진했다. 64세에 우의정을 지내고 72세에는 중추부 영사(정1품)에 올랐다.

그때 신임사화*가 일어나 소위 노론 4대신(김창집,이이명, 이건명,조태채)이 외딴 벽지로 귀양가자 그 부당함을 적극적으로 주장했지만 이미 역부족이었다.

결국 귀양 갔던 노 대신들과 수십 명의 노론계열 신하들이 형조판서인 소론 金一鏡김일경(1662-1724;광산 김씨)과 그가 매수한 노론 睦虎龍목호룡(1684-1724)의 모함*으로 모두 죽임을 당하고 말았다.

노론인 목호룡을 내세워 '나도 그 역적모의에 동참했었다' 며 고발하게 했으니 세상이 그만 발칵 뒤집힐 수밖에 없었던 것이다.완벽한 물귀신 작전으로 조선 최초의 자살 테러 혹은 무시무시한 자폭에 해당되었던 셈이다.

2년 뒤 영조가 30세로 즉위하자 세상이 다시 뒤집혀지고 말았다.사필귀정이라고나 할까. 청주 유생 宋載厚송재후가 경종 임금 대에 생겼던 신임사화는 김일경과 목호룡 등이 짜고 만든 억지 사기극이었다고 상소했다.

62세의 김일경은 참형을 당하고 40세의 목호룡은 옥중에서 급사한 뒤 당고개에서 효수되었다.

김우항은 이런 난세를 살았으면서도 '흠 하나 없는 대인'이라는 의미를 지닌 '장자長子'와 '완인完人'으로 불렸다. 청빈淸貧의 대명사요 선비의 사표師表였던 것이다. 만백성의 맏형이요 많은 벼슬아치들의 이상적 모델이었다.

김우항(字집 우 杭건널 항)의 이름 뜻은 '물을 건너 한참 걸어야 집이 나온다'이니 가난을 낙으로 알고 살았을 법하다.

자는 제중(濟건널 제 仲버금 중)이고, 두 개의 아호는 각각 갑봉(甲등껍질 갑 峰봉우리 봉), 좌은(坐앉을 좌 隱숨길 은)이다.

'한 발 늦게 건넌다'는 자의 의미처럼 그는 남의 어려움에 적극 뛰어들어 옳고 그름을 명확히 가려놓고자 했을 것이다. 남의 어려움을 그냥 지나치지 못하는 성격이었던 것이다.

'단단한 껍질을 쓰고 산꼭대기에 오른다'는 아호, '물러앉아 자신을 숨긴다'는 아호처럼 그는 되도록 욕심 내지 않고 주위상황, 시대상황에 순응하며 살고자 했을 것이다.

정파의 이익을 대변하기보다 언제나 옳고 그름을 갈라놓고자 나섰기 때문에, 그가 아무리 시비를 걸고 문제를 일으켜도 주위에서는 모두 그가 주장하면 틀림없이 그만한 이유가 있을 것이라고 생각했을 것이다.

하늘의 뜻과 백성의 뜻이 그와 함께 하는데 누가 감히 맞서서 왈가왈부하겠는가. 캐릭터가 분명하고 카리스마까지 지니고 있었으니, 다들 기꺼이 승복할 수밖에 없었을 것이다.

평생 한 번 유배를 갔던 일도 결국은 처벌받게 된 사람을 변호한 것이 꼬투리가 되었던 것이다. 29세 연상인 李翔이상이 68세의 나이로 재산을 탐내 제 친척을 모함했다는 죄명으로 처벌받게 되자 실제 사실과 다르다며 변호했던 것이다.

정적인 소론 일파에서 억지로 죄를 꾸몄을 가능성이 대단히 높았다. 노론의 영수인 송시열의 오른 팔 역할을 하던 그였으니 당연히 정적인 소론 일파의 집중 공격을 받을 만했다.

이상(翔빙빙 돌아날 상)은 '날개를 한껏 펴고 위를 향해 불어오는 바람을 이용해 빙글빙글 제 자리를 돌며 날아오르는 형상'을 뜻하는 이름이다. 바람에 몸을 맡긴 모습이다.

두 개의 자는 운거(雲구름 운 舉들 거)와 숙우(叔아재비 숙 羽깃 우)이고 아호는 타우(打칠 타 寓머무를 우)이다.

두 개의 자는 각각 '구름에 들려 올라간다'는 뜻과 '날개를 단 사람'을 뜻한다. 아호는 '두드려 공간을 만든 후 그 속에 머문다'는 의미다.

이상은 과거를 보지 않고 재야 학자로 천거되어 관직에 나갔다. 13세 위인 거물급 정치인 송시열의 비호와 후원 아래서 그가 속한 노론의 부침과 정확히 일치하며 자신의 벼슬이력을 쌓아 나갔다. 벼슬길과 생애를 마감하는 것도 후원자인 송시열과 정확히 똑같았다.

그가 충직하게 따랐던 송시열은 82세로 사약을 받고 죽었고 그 자신은 70세로 옥중에서 죽었다. 그는 고맙게도 송시열이라는 거물과 김우항이라는 멋쟁이 선비를 만나 중요 고비마다 큰 도움과 위로를 받았다.

29세 연하인 金宇杭김우항은 이름부터가 '물을 건너가야 집이 나온다'는 뜻이었다. '두드려 집을 만든다'는 李翔이상의 아호 打寓타우와 한 쌍을 이루는 의미인 셈이다.

연산군을 몰아내고 왕위에 오른 중종 임금 대에는 독한 인물들이 제법 많았던 모양이다. 연산군의 폐정이 만들어낸 독한 기운 탓인지 스승을 역적으로 몰아 죽게 한 제자까지 나타나 가뜩이나 흉흉한 세상을 더욱 살벌하게 만들었다.

머리가 좋고 재주가 많아 문화 콘텐츠(글씨와 문장 등)를 제법 많이 남겨놓았지만, 제 비위에 맞지 않으면 그 원한을 아이들에게까지 앙갚음하여, 역사를 기록하는 사관들에게 '독사'라는 별명과 '극적極賊'이라는 악평을 들은 인물이 있다.

경기도 풍덕 출생으로 여양 진씨인 陣復昌진복창이란 자가 바로 그 문제의 인물이다.

조선 성리학의 명실상부한 대들보였던 이율곡의 장인인 盧慶麟노경린(1516-1568)마저도 그의 사사로운 악감정으로 인해 사헌부 지평持平(정5품)에서 파면되는 쓰라린 경험을 해야 했다.

사헌부 지평은 이조의 전랑과 더불어 조선의 관료사회를 지탱시켜주는 두 개의 핵심 축으로 재상을 바라보는 유능하고 강직한 젊은 관료들이 반드시 거쳐야하는 성공의 필수 코스였다.

그러니 사헌부 지평에 진급되어 전도가 양양한 노경린을 탄핵하여 파면시킨 일은 실로 한 사람의 창창한 앞길을 흙빛으로 뒤바꿔놓은 것이나 마찬가지였다.

그는 스승 具壽聃구수담(1500-1550)이 자신의 비행을 나무라자 악감정을 품고 결국 죽음의 길로 내몰았다. 나는 새도 떨어뜨린다는 세도가 尹元衡윤원형*의 심복이었으니 마음만 먹었으면 얼마든지 스승의 억울함을 풀어 죽음만은 면하게 할 수도 있었을 것이다. 보스인 윤원형마저도 그를 두고 간교하고 음험한 자로 몰아 가까이 두기를 꺼려했으니, 그의 권력 남용과 정적 탄압이 얼마나 지독했는가를 쉽게 짐작해볼 수 있을 것이다.

스승을 죽게 한 제자 진복창(復돌아올 복 昌창성할 창)의 자는 수초(遂이를 수 初처음 초)이다.

*윤원형 : 1563년에 영의정을 지냈지만 누이인 문정왕후의 타계 후 삭직, 유배되어 유배지에서 1565년에 죽음

운을 뒤집어 끝까지 제 몫을 챙기는 이름이니 스승의 꺾인 운을 올라타고 제 길을 신나게 걸어갔을 것이다.

자는 '처음에 기반을 잘 다져 제 목적한 바를 꼭 이룬다'는 뜻이다. 운을 뒤집는 강한 기세와 첫 단추를 잘 끼워 넣는 재주가 느껴지는 이름이고 자이니, 제자 생각만 하는 스승의 고루함이 어떻게 제자의 고약한 기질과 팔팔한 야심을 잠재울 수 있었겠는가. 그렇다면 스승은 어떤 운세를 타고났었기에 기고만장한 제자에게 목숨을 앗기고 말았을까.

스승 구수담(壽목숨 수 聃귀바퀴 없을 담)의 자는 천로(天하늘 천 老늙은이 로)이다.

이름 뜻은 '목숨을 지켜주는 담벼락이 없어 늘 위태롭다'이고, 자는 '나이 들면 그저 하늘만 바라보아야 할 팔자'라는 희한한 암시를 지니고 있다.

결국 스승 구수담은 제자의 막 가는 기질과 수단방법을 가리지 않는 야욕에 발목이 잡혀 사약을 받고 50세 생애를 마감하게 되었던 것이다. 그에게는 무엇보다도 제자를 잘못 둔 탓에 죽어야 하는 그 한심한 팔자가 억울하고 한스러웠을 것이다.

정조 임금 대의 막강한 권력실세였던 洪國榮홍국영(1748-1781)은 여러 모로 신기한 팔자를 타고난 사람이다.

뒤주에 갇혀 죽은 아버지 사도세자에 대한 죄의식과 할아버지 영조 임금을 둘러싼 온갖 협잡과 권모술수로 한시도 두 발을 쭉 뻗고 잘 수 없었던 세손世孫 시절의 정조(1752-1800)를 최측근에서 경호하고 조언한 탓에 정조가 임금이 되자 당연히 실세로 자리잡게 되었던 것이다.

임금의 비서실장에 해당하는 도승지와 특수 경호실장에 해당하는 숙위소宿衛所* 대장을 겸하며 임금에게 올리는 모든 문서까지 검열했으니 조정 대신들의 비난이 쏟아진 것은 너무도 당연했다.

자신의 누이동생을 임금의 빈(후궁)으로 들여놓고 왕자 생산만을 손꼽아 기다리다가 그 누이가 일년여 만에 병으로 죽자 정조 임금의 세살 아래 이복동생인 은언군恩彦君*의 아들 湛담(완풍군: 뒤에 상계군으로 개칭)을 죽은 누이동생 원빈元嬪의 양자로 삼아 세자 책봉을 은근히 추진했으니, 삼십대 초반의 야심치고는 실로 대단했던 셈이다.

결국 영조의 옹주인 화완옹주의 아들로 옹주와 더불어 권력을 유린했던 정후겸의 방자한 처신을 빗대어 사람들은 홍국영을 '대후겸大厚謙'으로 부르며 비아냥거렸다.

가족을 따라 뱃사람이 될 처지에서 졸지에 옹주의 양자로 팔자가 바뀐 뒤 사도세자와 세손(뒤에 정조가 되는)을 해치는데 앞장섰던 鄭厚謙정후겸(1749-1776)보다도 더 못된 놈이라는 비난이 그 별명 속에 암시되어 있었던 셈이다.

홍국영은 자신이 그토록 보호하려 무던히 애썼던 정조 임금에 의해 모든 것을 잃은 채 쫓겨나 강원도 벽지를 헤매다 객사했다.

홍국영(國나라 국 榮꽃 영)의 이름 뜻은 '나라를 꽃처럼 피어나게 한다'이고 자는 '덕을 끼치며 나이 들어간다'는 의미의 덕로(德덕 덕 老늙은이 로)이다. 이름도 좋고 자의 의미도 좋은데, 섣불리 넘본 권력의 생리에 몸과 마음이 잡아먹혀 그만 모든 걸 잃고 집 잃은 개처럼 죽어간 것이다.

본래는 나라를 위해 큰 일을 할 운세를 타고난 데다 심성 또한 나이에 비해 꽤나 괜찮은 편인데, 권력을 너무 쉽게 보다가 스스로 묻힐 무덤을 제 손으로 파고만 것이다.

*숙위소 : 궁궐 경호를 담당하고 있던 '금군'과 별개로 건양문 동쪽에 따로 설치; 홍국영이 대역죄로 쫓겨나자 폐지됨
*은언군 : 1755-1801; 장헌세자와 숙빈 임씨 사이에서 출생; 철종의 조부; 홍선대원군 이하응의 조부인 '은신군'의 친형으로 처와 며느리가 가톨릭 박해로 신유교난 때 처형되자 사사됨

정후겸이나 '대후겸'으로 불린 홍국영이나 모두 더 많은 권력을 차지하려다 그만 그 권력의 희생물이 되고 말았다.

15세에 장원掌苑 봉사奉事(종8품 문관직)로 처음 벼슬 맛을 보기 시작한 이후 19세에 승지, 20세에 개성부의 책임자가 되는 등 이십 대에 벌써 참판벼슬을 두루 누린 정후겸은 세손이 24세로 임금(정조)으로 등극하자 27세의 나이로 사사되었다.

'대후겸' 홍국영도 23세에 과거에 급제한 이후 화려한 이십대와 막강한 삼십대 초반을 누리다가 33세로 객사했다. 젊은 혈기에 지혜가 덧입혀지기도 전에 짧은 생애, 말썽 많은 일생을 마감하고만 것이다. 불꽃 같은 권력에 너무 가까이 다가간 탓에 젊은 나이로 그만 안타깝게 타죽고만 셈이다.

어부가 될 팔자에서 임금의 총애를 받는 옹주의 양자로 뒤바뀐 원조 정후겸(厚두터울 후 謙겸손할 겸)의 자는 백익(伯맏 백 益더할 익)이다.

도대체 어떤 이름이기에 그런 엄청난 인생역전이 가능했을까. '厚謙후겸'이라는 이름이 암시하듯이 '윗사람에게 고분고분하게 굴며 귀엽게 구는 기질' 덕에 옹주와 임금(영조)의 총애를 독차지할 수 있었을 것이다.

'伯益백익'이라는 자가 내포하듯이 '뭔가 보탬이 되고자하는 타고난 성격' 덕에 어린 나이, 보잘것없는 출생배경에도 불구하고 승지, 지방목민관, 참판벼슬을 거뜬히 거쳐냈을 것이다.

실수는 누구나 할 수 있다

권율은 56세에 3천여 명의 군대로 3만여 명의 왜군을 맞아
행주산성에서 대승을 거두고 도원수로 승진했지만
도망병을 즉결처분한 죄로 해직되었다. 곧이어 한성부판윤으로
재기용되어 비변사 당상을 겸했지만 도망병 즉결처분으로
인한 후유증은 오래도록 그를 괴롭혔다.

　실수를 밥 먹듯이 하면 못 쓰지만 평생에 몇 번 하는 것은 그런
대로 이해해 줄 수 있다. 영웅호걸들의 경우에도 판단 잘못인지, 아
니면 소신을 지나치게 편 탓인지 해서는 안 될 실수를 한 경우가
종종 있었다.

　어떤 때는 자신의 파면으로 이어지기도 했고, 또 어떤 경우에는
자신의 목숨을 잃었을 뿐만 아니라 나라마저 위태롭게 한 예도 있
었다.

　임진왜란과 정유재란의 호국영웅인 충무공 李舜臣이순신(1545-1598)
의 경우를 살펴보자.

　31세에 무과에 병과로 급제하여 임시직(권지權知)으로 훈련원 봉사
奉事(종8품)를 맡아 관직에 나서기 시작했다. 함경도의 미관말직을 거
쳐 32세에는 수군의 만호萬戶*가 되었다.

*만호 : 종4품으로 육
군의 '첨절제사'에 해
당

　38세에는 훈련원 참군參軍(정7품)이 되고 41세에는 궁중
의 가마와 말과 목장을 관할하는 사복시의 주부主簿(종6품)가 되었다.
이어 수군의 만호로 다시 승진했는데 이 때 그만 큰 실책을 범하고

말았다. 즉, 침략한 호인들을 제대로 못 막아 처벌받게 되자 그답지 않게 부득부득 자신의 주장을 늘어놓았던 것이다.

"원군을 요청했다. 한데도 지원군을 보내주기는커녕 아예 못 본척한 탓에 그만 전선이 뚫리고만 것이다. 어째서 나만 중형을 받아야 하느냐? 원인은 지휘부의 판단 미스에 있는 데 왜 나만 가지고 못 살게 구느냐?"

결국 그는 간신히 중형을 면하고 백의종군하게 되었던 것이다.

그나마 덕수 이씨 먼 친척뻘인 4살 위의 李洸이광(1541-1607)이 마침 전라도 관찰사로 있었기 때문에 비빌 언덕을 만날 수 있었다. 이광 덕택에 전라도 조방장으로 발탁되어 44세에 선전관과 정읍현감을 지냈다.

*절충장군 : 무인에게 주는 최고 품계로 정3품 당상관에 해당; 종2품 이상으로 승진하면 문신과 동일하게 처우

그러다가 임진란 직전인 1591년에 46세가 되어서야 유성룡의 천거로 절충장군折衝將軍*, 진도군수, 전라좌도 수군절도사로 발돋움하게 되었다. 그가 좌수영(여수)에 부임한 것이 결국은 왜란을 막고 조선반도를 지키는 교두보를 쌓는 일이 되고 말았다.

이순신의 제 1차 백의종군을 전화위복의 기회로 만들어준 이광과 유성룡은 따지고 보면 미관말직에 머물러 있던 영웅을 수렁에서 건져내 나라를 구할 진정한 영웅으로 활짝 피어나게 해 준 중요한 인물들인 셈이다.

이순신(舜임금 순 臣신하 신)이고, 자는 여해(汝너 여 諧화할 해)이다. '어진 임금을 섬기는 신하'가 될 이름이고, '두루 잘 지내 많은 이웃을 둔다'는 의미를 지닌 자다. 이름과 자에서 충성스럽고 어진 성품을 읽을 수 있다.

이광(洸물 용솟음할 광)의 자는 사무(士선비 사 武군셀 무)이고, 아호는 우계산인(雨비 우 溪시내 계 散흩을 산 人사람 인)이다.

'힘차게 솟구친다'는 이름에서 그의 옹골찬 기질을 엿볼 수 있다. '재능을 유감없이 발휘하는 선비가 된다'는 자에서는 '야심만만한 모험심과 공격적인 추진력'을 엿볼 수 있다. 그리고 아호는 '빗물에 불어난 개울에서 한가로이 지내는 팔자'를 내다보고 있다.

전체적으로 보아 대단히 모험적이고 적극적인 기질이라 잔잔한 물가보다는 풍랑이 거칠게 일어나는 바닷가에 설 가능성이 대단히 높은 팔자다. 그런 탓인지 그는 비록 명문가*에 태어나 33세에 문과에 급제한 문신이었지만, 51세에 맞이한 임진란으로 졸지에 전선을 지키는 장수의 소임을 다하게 되었다.

*명문가 : 조부는 좌의정을 지낸 이행이고 부친은 종5품직인 도사를 지낸 이원상이다

대단한 소신파였던지 그는 자신의 판단대로 밀고 나가다가 여러 차례 곤욕을 치렀다.

40대 후반에 첫 번째로 전라도 관찰사로 나갔을 때는 전라도 일부 지방을 근거지로 했던 정여립의 모반사건 연루자들을 온건하게 처리하여 탄핵을 받고 삭탈관직되었다.

50세에 호조참판으로 재기한 후 임란이 일어나자 다시 전라도 관찰사로 발탁되었지만 한성이 왜군에 함락되었다는 말을 듣고 서울로 진격하던 군대를 일방적으로 해산했다. 공주에 머물고 있을 때 무과 급제자로 드물게 당상관까지 올랐던 白光彦백광언이 찾아와 큰 소리로 공박하자 전주로 내려가 군대를 모아 다시 서울로 진격했지만 용인 전투에서 결정적으로 참패하게 되었다. 방어사 곽용 휘하에서 조방장으로 참전한 백광언은 적의 동태를 오판한 죄로 이광에게 장형을 당하고 분기탱천, 다시 전선에 뛰어들어 끝내 전사했다.

용인 전투 참패로 평양에서 전세를 살피던 선조 임금은 허겁지겁 의주로 북상하게 되었다. 참패한 이광은 관직에서 쫓겨나 백의종군을 하기도 하고 투옥과 유배형을 당하기도 했다. 53세에 석방되어 66세로 죽기까지 평범하게 살며 학문과 창작으로 소일했지만, 50대 초반에 맞게 되었던 왜란은 결국 그에게 영광보다는 상처와 후회만을 안겨 주었다.

솟구쳐 오르는 타고난 적극성과 모험심 탓에 파란만장한 관료생활을 하게 되었지만, 아호인 우계산인雨溪散人에서 나타나듯 모든 걸 잊고 한가로이 살고자 하는 또 다른 본성 덕분에 전쟁으로 황폐해진 산하와 인심 속에서도 유유자적하며 천수를 누릴 수 있었을 것이다.

유성룡(成이룰 성 龍용 용)의 자는 이현(而말이을 이 見나타날 현)이고, 아호는 서애(西서녘 서 厓언덕 애)이다.

용龍인 임금을 어려움에서 건져내 다시 세운다는 이름이다. '끊어진 것을 다시 이어 제 모습을 올바로 나타나게 한다' 는 자처럼 그는 평생 일그러진 것들과 흩어진 것들을 다시 주워 모으고 다시 기워 온전하게 하는 일을 했다.

24세에 문과 병과로 급제하여 평범한 관료생활을 시작했지만 50에 맞게 된 왜란을 앞장서서 잘 막아 나라와 백성을 온전히 보전했다. 바다의 이순신과 육지의 권율을 두 축으로 삼아 왜란에서 임금과 나라와 백성을 구해낸 것이다.

'동쪽에서 밀어닥친 엄청난 파도를 서쪽 언덕으로 무사히 막아낸다' 는 아호처럼 그는 동편에서 침략한 왜를 서편의 명나라와 쌍벽을 쌓고 잘 막아냈다.

임란 한 해 전에 좌의정과 이조판서를 겸하며 인재의 벽을 공고하게 쌓았다. 임란이 발발하자 도체찰사로서 군을 총괄했다. 임금이 평양으로 옮겨가자 영의정을 맡아 평양 '피난 조정'을 이끌며 왜적 격퇴를 진두지휘했다. 그런데도 그를 향한 탄핵이 빗발쳤다.

"당신이 바로 왜란을 자초한 사람이 아니냐? 당신의 정세 판단 착오와 대비 소홀로 난리가 난 것 아니냐? 한데도 난리가 나도록 방임하고 자초한 자가 다시 난리에서 나라와 조정을 구한다며 앞장을 서니 그게 어디 말이나 되느냐? 당장 물러나 죄 값을 치러야 하는 것 아니냐?"

그는 결국 직책을 벗고 멀찍이 뒤로 밀려나야 했지만 의주로 자리를 옮긴 선조 임금은 그를 다시 평양 수복의 최고 책임자로 발탁했다. 명나라 이여송 장군과 손잡고 평양을 되찾은 후에는 영의정에 다시 올라 왜적을 물리치는 일에 전념해야 했지만 6년여의 왜란이 막을 내리자 다시 왜란 자초의 책임을 지고 삭탈관직되어야 했다.

50세에 난리를 만나 56세까지 전화에 휩싸인 국토 수복에 온 힘을 기울였으나 마지막에는 삭탈관직이 되고만 것이다.

58세에 복직의 기회가 왔지만 그는 65세로 타계할 때까지 초야에 묻혀 학문과 글짓기에만 매달렸다.

이름과 자와 아호에서 나타나듯 평생 공직생활에 묶여 살아야 하는 팔자를 스스로 벗어 던지고 50 후반과 60대 말년을 스스로 한가롭게 보낸 것이다.

權慄권율(1537-1599)처럼 대단한 인물도 깜빡 자신을 잊고 실수를 한 적이 있다. 45세에 문과 병과에 급제했으니 어지간히 늦깎이 벼슬아치였던 셈이다. 중년의 나이에도 미관말직부터 관직생활을 시작

하여 50세에는 겨우 종5품 전라도 도사를 지내고 51세에는 정랑正
郎(정5품)을 지냈다.

54세에는 의주목사를 지냈고, 임진왜란 발발 시에는 광주 목사로
있었다.

왜란이 터지자 방어사 郭嶸(곽영)의 휘하에 들어가 중위장으로 참
전했으나 용인 전투에서 참패했다. 곧이어 남원에서 의병을 모집
한 후 금산 전투에서 대승을 거두고 그 공으로 전라도 순찰사로 승
진했다.

그런데 바로 이 때에 용맹스러운 裴慶男(배경남(1597년 전사)의 전공
을 중앙 조정에 잘못 보고하여 파직시키는 오류를 범했다. 부산진
첨절제사(종4품)로 큰 전공을 세웠는데도 순찰사 권율의 오보로 파
직당하고만 것이다. 비록 파직당했지만 종군을 강력히 소망하여
결국 2년 뒤에 삼도 수군절제사 이순신의 휘하에서 좌별도장으로
참전, 당항포 해전에서 큰 전공을 세우고 조방장으로 승진했다.

권율은 56세에 3천여 명의 군대로 3만여 명의 왜군을 맞아 행주
산성에서 대승을 거두고 도원수로 승진했지만 도망병을 즉결처분
한 죄로 해직되었다.

곧이어 한성부판윤으로 재기용되어 비변사 당상을 겸했지만 도
망병 즉결처분으로 인한 후유증은 오래도록 그를 괴롭혔다. 59세
에 충청도 순찰사로 나갔다가 다시 도원수로 기용되어 정유재란
을 맞았지만 명나라 장수들의 약속 위반으로 인해 번번이 전공을
세울 기회를 놓치고 말았다. 62세에 노환이 깊어져 낙향했지만 전
쟁에 지친 심신을 채 회복하기도 전에 이승을 하직하고 말았다.

권율(慄두려워할 율)의 자는 언신(彦선비 언 愼삼갈 신)이다. 두 개의 아호
는 각각 만취당(晩저물 만 翠물총새 취 堂집 당)과 모악(暮저물 모 嶽큰 산 악)이
다.

'겁이나 부르르 몸을 떨게 된다'는 이름이니 그 의미가 자못 기이하다. 자에는 '신중하게 굴어 큰일을 이뤄낸다'는 의미가 내포되어 있다.

또한 두 개의 아호에는 공통적으로 '저물다, 늦다, 더디다'는 의미가 들어 있다. '물총새 취翠'는 비취빛을 함께 암시하니 귀한 신분이 된다는 뜻이 들어있는 셈이다. '큰 산 악嶽'은 큰 신하나 제후를 의미하기도 한다. 늦게 출세하지만 대표급 인재가 된다는 의미가 강하게 암시되어 있는 아호들이다.

45세에 관직에 나가 55세가 되기까지 평범한 관료생활을 하다가 나라 자체가 뒤흔들리는 큰 전쟁을 만나 6년여간 전선을 종횡무진했다. 하지만 그 6년여간의 노익장 과시를 통해 불세출의 영웅으로 자리잡게 된 것이다.

말년에 맞은 큰 난리에서 비로소 그가 지닌 모든 잠재력이 송두리째 드러난 셈이다. 실로 '저물어서야 큰 불꽃을 내며 높이 타올라' 온 세상을 환하게 비춰 준 것이다.

무엇보다도 5차례나 병조판서를 지내며 임진, 정유의 왜란에서 나라를 구하는데 혁혁한 공을 세운 오성鰲城부원군 백사白沙 李恒福 이항복(1556-1618; 경주 이씨)을 사위로 둔 것이 무척이나 자랑스러웠을 것이다. 이항복은 고향 포천에서부터 죽마고우였던 한음漢陰 李德馨이덕형(1561-1613; 광주 이씨)과 더불어 임진, 정유의 왜란에서 나라를 구하는 일에 전념했다. 이항복이 임금 곁에서 국내를 담당했다면 이덕형은 일본 사신과 화의를 교섭하기도 하고 명나라에 원병을 요청하기도 하며 바깥의 일을 담당했다. 그리고 전쟁 후에는 똑 같이 중년의 영향력 있는 정승으로서 전쟁으로 피폐해진 국토와 백성을 쓰다듬는 일에 매진했다.

친구란 운세가 엇비슷하게 마련인지, 광해군 시대(1608-1623)를 맞아 함께 정승을 지냈지만 어려움에 처한 영창대군(1606-1614)과 인목대비(1584-1632)를 보호하려다 한결같이 생애 마지막 해에 삭탈관직되고 말았다.

다섯 살 위인 이항복은 함경도 북청北靑 유배지에서 62세로 최후를 맞았고 이덕형은 양근楊根(경기도 양평)에서 52세로 생애를 마쳤다.

*토사구팽 : 한나라 건국에 공을 세우고도 한고조 유방의 정략에 의해 억울한 죽음을 맞이하게 된 한신이 '세상 사람들이 말하기를 교활한 토끼가 죽으면 날랜 사냥개를 잡아먹고 나는 새가 사라지면 튼튼한 활을 광 속에 처넣게 되며 적국이 무너지면 꾀 많은 신하도 망하게 된다더니, 이미 천하가 통일된 마당에 내가 죽는 것은 너무도 당연하구나' 라고 말했다는데서 유래. 사마천의『사기』 '회음후열전'에 나옴.

사람들뿐만 아니라 하늘과 운명도 토사구팽兎死狗烹*을 밥 먹듯이 하는지… 이항복과 이덕형의 최후에서 보듯이 전쟁에서 나라를 구하고도 빛을 보기는커녕 비참한 말년을 맞이하는 일이 종종 있었던 모양이다.

불우했던 조선의 천재 김시습

천재는 박복薄福한 것인지 김시습은 가장 중요한 청소년기에
어머니를 여의고 외숙모의 손에 맡겨지게 되었다.
가정의 어려움 속에서도 그는 훈련원 도정都正(종친이 맡던 정3품직)
南孝禮남효례의 딸과 결혼하여 새 삶을 펼치게 되었다.
그런데 그때 38세의 삼촌(수양대군)이 열네 살 어린 조카를 몰아내고
왕이 되는 희대의 정치적 변고를 보고 책을 모두 불사른 뒤
입신양명의 포부를 송두리째 버렸다.

한양의 성균관 근처에서 출생한 강릉 김씨 김시습(1435-1493)은 겨우 두 살 때에 한시漢詩를 지을 정도로 대단한 신동이었다.

어머니가 맷돌에 보리를 가는 것을 보고 그 둔탁한 소리를 천둥소리에 빗대어 시를 지은 것이다. 맷돌이 내는 소리를 천둥에 견주며 흩어지는 구름을 상상했으니 실로 대단한 상상력이고 은유였던 셈이다.

무우뇌성 하처동無雨雷聲 何處動
황운편편 사방분黃雲片片 四方分
비도 안 오는데 천둥소리는 어디서 나나
누런 구름 조각들이 사방으로 흩어지네

얼마나 서울 장안에 소문이 파다했으면 42세의 세종 임금이 네 살 밖에 안된 어린 김시습을 직접 불러 장차 나라를 튼튼히 하는 훌륭한 재목이 되라며 특별한 애정과 관심을 보였겠는가.

하지만 천재는 박복薄福한 것인지 김시습은 가장 중요한 청소년기에 어머니를 여의고 외숙모의 손에 맡겨지게 되었다. 14세에 외가에 맡겨졌지만 3년도 되기 전에 그 외숙모마저 세상을 떠나 그는 중병에 걸린 아버지 곁으로 다시 오게 되었다.

가정의 어려움 속에서도 그는 훈련원 도정都正(종친이 맡던 정3품직) 南孝禮남효례의 딸과 결혼하여 새 삶을 펼치게 되었다. 그런데 그때 38세의 삼촌(수양대군)이 열네 살 어린 조카를 몰아내고 왕이 되는 희대의 정치적 변고를 보고 책을 모두 불사른 뒤 입신양명의 포부를 송두리째 버렸다.

20세의 혈기왕성한 청년으로 골리앗(수양대군)과 다윗(단종)의 불공정한 정치게임을 도저히 묵과할 수 없었던 것이다.

그는 끝내 중이 되어 속세를 훌훌 털어 버렸다. 雪岑설잠이라는 법명法名을 지닌 채 9년간 전국 방방곡곡을 떠돌아다니며 산란한 마음을 가라앉히려 애썼다.

9년여의 구도 여정을 접고 그는 관서, 관동, 호남으로 묶어 세 권의 기행문으로 펴냈다. 『탕유관서록岩遊關西錄』『탕유관동록岩遊關東錄』『탕유호남록岩遊湖南錄』이 바로 그것들이다.

'방탕할 탕岩 놀 유遊'를 첫머리에 올린 것부터가 실로 그답다. 하지만 불교에 특별히 관심과 애정을 기울이던 자그마치 61세 연상의 효령대군(1396-1486)이 28세 된 그를 적극적으로 회유했다.

> "자비의 불심으로 다 용서하고 세조 임금의 불경언해 사업을 돕는 것이 그 또한 부처의 가르침을 본 보이는 일 아닌가? 해박한 불경지식으로 제발 도와드리게나."

결국 그는 조카(세조)를 돕고자 하는 효령대군의 간청에 못 이겨

내불당에서 불경언해 사업을 도와주게 되었다.

그 후 30세 되던 해에는 경주 남산에 금오산실金鰲山室을 짓고 구도의 길에 정진했다. 하지만 32세 되던 해에는 83세의 효령대군이 간청하여 하는 수 없이 원각사圓覺寺 낙성식에 참석하려 한성 땅을 다시 밟았다.

온갖 질병에 시달려야 했던 세조는 이후에도 여러 차례 그를 불렀지만 한낱 불자의 몸으로 세상일을 잊은 지 오래라며 극구 사양했다.

최초의 한문 소설집인 금오신화金鰲新話(5편이 수록되어 전해지고 있음)를 쓰느라 산사를 떠나기 싫었을 것이다.

40세경에 상경하여 성동에서 농사를 지으며 잠시 창작활동에 전념했다. 46세에는 아예 환속하여 안씨 여인과 새 살림을 차렸다. 그러나 구도의 방랑생활을 끝내 버리지 못하고 2년 뒤 다시 방랑의 길에 나섰다.

그 후 십 년이 지나 부여 외산면外山面 만수산萬壽山의 무량사無量寺에서 한 많은 58세의 일생을 마쳤다.

그는 아마도 90세를 일기로 생애를 접은 효령대군의 장례행렬을 먼발치서 바라보며 극락으로의 또 다른 여정을 간곡히 기원했을 것이다.

18세 연상의 세조에 대한 인간적인 미움을 61세 연상의 효령대군에 대한 존경과 감사로 감싸며 조선왕조의 무궁한 전도를 진심으로 바랐을 것이다.

그는 33세 되던 해에 경주 남산의 금오산실에서 조카를 몰아내 죽이고 십여 년간 왕 노릇을 한 세조의 죽음을 전해 듣고 아무 말 없이 합장했을 것이다.

자신의 생애를 백 팔십 도로 뒤바꿔놓은 수양대군(세조)이지만, 불자의 몸인지라 밉고 섭섭한 마음을 모두 털어 냈어야 했을 것이다.

김시습(時때 시 習익힐 습)의 자는 열경(悅기쁠 열 卿벼슬 경)이다. 네 개의 아호는 각각 매월당梅月堂, 동봉東峰, 청한자淸寒子, 벽산碧山이다.

'때 맞춰 세상이치에 눈뜬다' 는 이름에서 평생 구도의 길에 매달렸던 그의 생애를 엿볼 수 있다.

'기뻐하며 흔쾌히 나가 나라의 귀한 신분을 지닌다' 는 자에서 어디서 무엇을 하던 세상의 빛이 되고 소금이 되는 귀한 팔자임을 어렴풋이 짐작할 수 있다.

그리고 네 개나 되는 아호는 '구도의 방랑자, 낭만을 가슴 속에 숨긴 천재 작가' 의 면면을 엿보게 한다.

'가느다란 매화나무 가지 끝에 살짝 걸린 밝은 달' 이라는 매월당梅月堂은 섬세하고도 낭만적인 기질을 암시한다. '동녘 하늘을 향한 산봉우리' 라는 의미의 동봉東峰, '해맑고 차디찬 품성' 이라는 청한자淸寒子, '파란 빛을 띤 큰 뫼' 인 벽산碧山에서는 영원히 변하지 않을 높은 이상을 향한 순수한 열의를 엿볼 수 있다.

비록 평생 불우한 방랑의 구도자로 살았지만 세상 사람들은 그를 대표적인 생육신生六臣으로 받들며 그의 대쪽같은 충절을 본 받고자 했다.

그는 뜻 없이 떠돌았다고 크게 후회했을지 몰라도 세상의 모든 선비들과 생각이 있는 사람들은 그가 왜 평생 산사山寺에서 산사로 떠돌아야 했는가를 너무도 잘 알고 있었던 것이다.

법명마저도 '모든 때를 말끔히 씻어내고 큰산에 깊이 숨는다' 는 의미를 지닌 설잠(雪눈 설 岑봉우리 잠)이다.

눈덮인 산봉우리를 쳐다보며 그는 세상 사람들에게서 받은 온갖 서러움과 섭섭함, 그리고 세상에서 배운 미움과 노여움을 슬그머니 골짜기 아래로 내버렸을 것이다.

이우각

충북 보은 출생
대전고등학교·서울대학교 졸업
미국 University of South Carolina 사회학 석사·국제정치학 박사
여의도연구소 기획실장
미국 University of South Carolina 국제문제연구소 교환교수
중앙대학교 행정대학원 객원교수

27권의 책을 출판하여 시, 소설, 수필 등 다방면에 걸친 관심을 보여 왔다.
다년간 이름을 연구한 후 〈이름 속에 든 한자 이야기〉를 펴내 '이름과 운명
사이의 함수관계'를 풀어보고자 애썼다.
대표적인 저서는 〈아빠가 들려주는 인생이야기〉, 〈넋의 메아리〉, 〈대권전
쟁〉, 〈너, 이거 알아?〉, 〈미리 쓰는 유서〉, 〈염라대왕 행차시오〉, 〈영어표
현〉, 〈아내 몰래 쓴 남편의 일기〉 등이 있다.

조선역사의 비밀 下

인쇄일	2022년 5월 13일
발행일	2022년 5월 16일
저 자	이우각
발행처	신 진리탐구
신고번호	제2022-000007호
주 소	서울시 금천구 시흥대로 492 삼주빌딩
전 화	(02) 866-9410
팩 스	(02) 855-9411
이메일	san2315@naver.com